党纪笔谈

严明党的纪律和规矩

晓山 · 著

人民东方出版传媒
People's Oriental Publishing & Media
東方出版社
The Oriental Press

前　言

纪律是党的生命线，是管党治党的“戒尺”。中国共产党是一个历经百余年淬炼、拥有9900多万名党员的世界第一大执政党。没有铁的纪律，就没有党的团结统一，党的凝聚力和战斗力就会大大削弱，党的领导能力和执政能力就会大大削弱。“我们这么大一个政党，靠什么来管好自己的队伍？靠什么来战胜风险挑战？除了正确理论和路线方针政策外，必须靠严明规范和纪律。”这是习近平总书记对我们党纪律建设经验的深刻总结，也是对全党的谆谆告诫。

当前，世界百年变局加速演进，我们党面临的国际国内形势愈加复杂、肩负的改革发展稳定的任务日益艰巨，此时就越要加强党的纪律建设，加强党的团结统一。党的十八大以来，以习近平同志为核心的党中央把纪律建设摆在全面从严治党的突出位置，强调“打铁必须自身硬”，以“得罪千百人、不负十四亿”的使命担当祛疴治乱，“打虎”“拍蝇”“猎狐”多管齐下，反腐败斗争取得了压倒性胜利并全面巩固，党的自我净化、自我完善、自我革新、自我提高能力显著增强，管党治党宽松软状况得到了根本扭转，风清气正的政治生态与干事创业的良好环境不断形成。

“加强纪律性，革命无不胜。”纪律严明是党的光荣传统和独特优势。作为一个老组工干部和老党员，我也不揣浅陋地将自己多年来撰写的有关学习习近平法治思想和党的纪律的相关文章作了一个整理。这些文章涉及全面从严治党、自我革命、政治纪律和政治规矩、党性党风党纪、廉洁自律拒腐防变等方方面面，我尝试以六个部分的专题作了精选和归类，一方面作为对自己多年来党的纪律教育的学习与回顾，重新检视这些年来自己的言谈举止；另一方面也想将这些学习感悟和心得与党员同志们做一下交流和分享。如果这些思考能给大家的纪律学习提供一些启发和帮助，那将深慰我心。

晓　山

目　录

CONTENTS

第三部分　坚持党性党风党纪一起抓

第四部分　守住底线廉洁自律懂规矩

第五部分 自我修炼提高拒腐防变能力

第六部分 把权力关进制度的笼子里

第一部分

全面从严治党永远在路上

纪律和规矩

全面从严治党的根本遵循

——学习领会习近平总书记全面从严治党战略思想

党的十八大以来，习近平总书记统筹伟大事业与伟大工程，统筹理论创新、实践创新、制度创新，就党的建设提出了一系列新思想、新观点、新论断，形成了全面从严治党战略思想，为新的历史条件下推进全面从严治党提供了根本遵循。习近平总书记全面从严治党战略思想，内涵丰富、博大精深，其中一个鲜明特征，就是运用辩证唯物主义的世界观和方法论认识和指导新形势下党的建设。这是对马克思主义执政党建设理论的丰富和发展。学习领会习近平总书记全面从严治党战略思想尤其是其中的辩证思维，对于我们更加深入把握党的建设规律，提高管党治党科学化水平，具有重大的理论和实践意义。

一、坚持思想建党和制度治党紧密结合，同向发力、同时发力

习近平总书记指出，要坚持思想建党和制度治党紧密结合，既从思想教育上严起来，又从制度上严起来。思想建党和制度治党，二者一柔一刚、一内一外，同向发力、同时发力，相得益彰、相互促进。实践证明，全面从严治党，不靠思想教育不行，光靠思想教育也不行；不靠制度不行，光靠制度也不行，必须把二者紧密结合、有机统一起来。思想上松一寸，行动上就会散一尺。党的思想建设最根本的任务，就是解决好共产党员的信仰问题。革命理想高于天，理想信念动摇是最危险的动

摇，理想信念滑坡是最危险的滑坡。必须把坚定理想信念作为党的思想建设的首要任务，筑牢信仰之基、补足精神之钙、把稳思想之舵，坚定中国特色社会主义道路自信、理论自信、制度自信、文化自信，不忘初心、继续前进。一个政党的成熟，不仅体现在思想理论上，也体现在制度建设上。制度建设的过程，也是价值观、权力观、是非观正本清源的过程；制度治党的过程，也是党员干部形成行为习惯、重塑价值观念的过程。制度建设更具有根本性、全局性、稳定性、长期性，是我们党跳出历史周期率，实现党的事业薪火相传、实现党和国家长治久安的根本保障，是管党治党的刚性约束。我们党要获得强大的战斗力、旺盛的生命力，就必须把思想的柔性和制度的刚性结合起来，一手抓教育、一手抓制度，补足共产党人的精神之钙，全方位扎紧制度笼子，同向发力、同时发力。

二、坚持依法治国与依规治党相统一，统筹推进、一体建设

国家法律是党员干部不可逾越的红线，党纪是不可触碰的底线。习近平总书记强调，推进全面依法治国，必须努力形成国家法律法规和党内法规制度相辅相成、相互促进、相互保障的格局。依法治国与依规治党相统一，实质是用法治思维和法治方式管党治党，是我们党管党治党总思路的重大创新。正确把握依法治国与依规治党的关系，需要深刻理解党的主张与国家意志、党的领导与依法治国、党规党纪与国家法律之间的辩证统一性。首先，正确把握好党的主张与国家意志的关系。宪法和法律是党的意志、人民意志的体现。党的执政地位和先锋队性质，决定了党的主张同人民意志在根本上是一致的。党的主张可以引领和影响国家法律的制定，通过法定程序向国家法律转化，体现党的主张的党内法规和党的政策必须同时体现人民的意志和利益，必须符合宪法和有关法律，确保党在宪法和法律范围内活动，并为宪法和法律的实施提供

政治保障。其次，正确把握好党的领导与依法治国的关系。党的领导和依法治国是一致的，社会主义法治必须坚持党的领导，党的领导必须依靠社会主义法治。全面推进依法治国，首先要依靠党内法规规范党组织及党员的工作和行为。最后，正确把握好党规党纪与国家法律的关系。党规与国家法律既有区别，又有联系，既各自发挥作用，又相互协调衔接，相辅相成、相得益彰。党规党纪是党的意志的体现，国家法律是在党的领导下制定的，依法治国是依规治党的基础和依托，依规治党是依法治国的引领和保障。党要履行好执政兴国的重大历史使命，必须坚持依法治国与制度治党、依规治党统筹推进、一体建设，注重党内法规同国家法律的衔接和协调，加快构建以党章为根本、若干配套党内法规为支撑的党内法规制度体系，提高党内法规执行力，推动党的制度优势更好转化为治国理政的实际效能；必须坚持纪在法前、纪严于法、纪法分开，运用党内法规把党要管党、全面从严治党落到实处，促进广大党员干部带头遵守国家法律法规，实现依法治国和依规治党的良性互动。

三、坚持治标与治本统筹兼顾，持续用力、久久为功

全面从严治党要坚持标本兼治，既立足当前又着眼长远，既着力治标又注重治本，不断推动治标转向治本。“标”和“本”，是现象和本质的辩证统一，既相辅相成又互为因果。有治标而无治本，就纤芥之疾而舍心腹之患，势不可长久；重治本而轻治标，求千里之远而无足下之行，亦必困于当前。党的十八大以来，党中央坚持把长远目标和当前问题统一起来，清醒认识和准确把握党内存在的突出现实问题，首先从人民群众意见最集中的作风问题入手，逐步向制度建设、思想建设迈进，坚持思想从严、管党从严、执纪从严、治吏从严、作风从严、反腐从严，既着力解决当前突出问题，又注重建立管党治党的长效机制，形成标本兼治的管党治党格局。治标方面，主要是驰而不息纠正“四风”，坚持以零

容忍的态度惩治腐败，持续形成高压态势，以强大震慑力不断挤压腐败分子生存空间，有效减少腐败存量、遏制腐败增量，通过治标促治本，使形势不断向着有利于治本的方向转化，推动全面从严治党向纵深发展。治本方面，主要是深入总结共产党执政规律和社会主义建设规律，把全面从严治党作为“四个全面”战略布局重要内容，着力加强和改进党内政治生活，注重谋划长远、固本培元，真正实现从“不敢腐”“不能腐”向“不想腐”的转变。实践表明，治标之举本身也是治本的重要步骤。只有以踏石留印、抓铁有痕的精神，从细处入手，向实处着力，一环紧着一环拧，一锤接着一锤敲，在治标的基础上不断总结经验、完善机制，才能一步一步地无限靠近治本，达到标本兼治的效果。

四、坚持党内监督和人民监督相结合，相互补充、形成合力

习近平总书记指出，党要管党、从严治党，“管”和“治”都包含监督；党内监督在党和国家各种监督形式中是最根本的、第一位的，但如果不同有关国家机关监督、民主党派监督、群众监督、舆论监督等结合起来，就不能形成监督合力。就党组织而言，党内监督是自律，是内因，是重点，是主要矛盾和矛盾的主要方面。加强党内监督可以带动其他监督、完善监督体系、形成监督合力、消除监督盲区。我们党之所以伟大，不在于不犯错误，而是从不讳疾忌医，敢于直面问题，具有自我修复的能力。外疾之害，轻于秋毫，人知避之；内疾之害，重于泰山，而莫之避。我们国家要出问题主要出在共产党内，我们党要出问题主要出在干部身上。因此，必须认真贯彻《中国共产党党内监督条例》，从根本上解决主体责任缺失、监督责任缺位、管党治党宽松软的问题。同时，我们还要清醒地认识到，知屋漏者在宇下，知政失者在草野。从严治党必须依靠人民。广大党员干部来自人民群众，生活在人民群众中，人民群众最有发言权。我们必须坚持人民的历史主体地位，重视和加强人民

监督，这既是我们党始终扎根人民、赢得人心、永葆生机与活力的关键所在，也是完善监督体系，永葆党的肌体健康的必然要求。只要把党内监督和人民监督紧密结合起来，相互补充、互为促进，发挥各自优势，健全监督体系，就能不断增强全党向体内“病灶”开刀的自觉性，用纪律管住大多数，使积极开展监督、主动接受监督成为全党的自觉行动，不断锻造和增强党在长期执政条件下自我净化、自我完善、自我革新、自我提高能力，保持和发展党的先进性和纯洁性。

五、坚持以上率下和以下促上相结合，协同推进、齐抓共管

习近平总书记强调，全面从严治党，既要抓住领导干部这个“关键少数”，充分发挥示范引领作用，以上率下；又要向基层延伸，从“关键少数”向广大党员拓展，以下促上。以上率下、以下促上，是特殊与普遍、重点与一般、局部与全局的关系，体现了上下互动的机理性。“人不率则不从，身不先则不信。”党的十八大以来，中央政治局以巨大的政治勇气和历史担当，以上率下、身体力行推进全面从严治党，要求全党做到的，中央政治局首先做到；要求全党不做的，中央政治局首先不做。从中央八项规定到规范党和国家领导人生活待遇等，都是从中央政治局做起、从党的高级领导干部做起，为全党作出了表率、立起了标杆。各级领导干部示范带头、以上率下，党风政风为之一新，党心民心空前凝聚。同时，把全面从严治党延伸到每个党支部、拓展到每个党员，筑牢基层基础。基础不牢，地动山摇。无论是党的群众路线教育实践活动、“三严三实”专题教育，还是“两学一做”学习教育、党纪学习教育，通过加强基层基础，发挥“倒逼效应”，发扬党内民主，尊重党员主体地位，发挥以下促上的作用。推进全面从严治党，一方面，要通过以上率下，抓住管党治党重点和难点，从中央政治局到每个党支部、从党和国家领导人到普通党员干部，做到齐抓共管，实现从严治党全覆盖、不留

死角，确保全面从严治党协调推进。另一方面，要以下促上、上下联动，保持全党团结统一、步调一致，牢固树立“四个意识”，更加紧密地团结在以习近平同志为核心的党中央周围，更加坚定地维护以习近平同志为核心的党中央权威和集中统一领导，更加自觉地在思想上政治上行动上同以习近平同志为核心的党中央保持高度一致，更加扎实地把党中央的各项决策部署落到实处。

六、坚持从严管理和热情关心干部相结合，规范约束、引导激励

习近平总书记强调，党要管党，首先是管好干部，从严治党，关键是从严治吏；要把严格管理干部和热情关心干部结合起来，推动广大干部积极作为、敢于担当，最大限度调动干部的积极性、主动性、创造性。对干部既从严要求又真诚关心，是从严治党的核心内容，是干部管理的重要原则，两者相辅相成，目的都是促进干部健康成长。真诚关心是爱，从严要求是对干部的最大爱护和保护。当严则严、当宽则宽、宽严相济，内因和外因同时发力，才能更加有效地调动和保护干部干事创业的积极性。一方面，要把严的要求贯彻到干部队伍建设全过程。各级党组织必须理直气壮坚持严字当头，从严教育、从严管理、从严监督，以严的标准要求干部、以严的措施管理干部、以严的纪律约束干部，使干部自觉履行组织赋予的各项职责，严格按照党的原则、纪律、规矩办事。另一方面，要热情关心干部，有效调动干部的积极性、主动性、创造性。党的干部是党的事业的骨干，落实新发展理念，化解各种矛盾风险，全面建设社会主义现代化国家，需要广大干部积极作为、敢于担当。各级党组织对干部要政治上激励、工作上支持、待遇上保障、心理上关怀，让广大干部安心、安身、安业，心情舒畅、充满信心，积极作为、敢于担当，努力营造风清气正的政治生态和干事创业的从政环境。特别要针对一些干部中存在的“为官不为”问题，出重拳、下猛药，着力加以整治。

通过精准科学选人用人，旗帜鲜明地支持改革者、保护干事者、褒奖担当者，把党和人民需要的好干部及时发现出来、合理使用起来，形成能者上、庸者下、劣者汰的用人导向。坚持“三个区分开来”，强化政绩考核，健全容错纠错机制，加大正向激励力度，推行职务与职级并行制度，引导广大干部保持良好精神状态，奋发有为、敢于担当，建设堪当民族复兴重任的高素质干部队伍。

七、坚持党内政治生活、政治生态和政治文化有机统一，把党内政治生活这个“炉子”烧旺

习近平总书记指出，严肃党内政治生活是解决党内自身问题的重要途径，党要管党必须从党内政治生活管起，从严治党必须从党内政治生活严起；党内政治生活、政治生态、政治文化是相辅相成的。党内政治生活、政治生态和政治文化，遵循普遍联系的系统论。党内政治生活包含着政治文化和政治生态，有什么样的党内政治生活，就有什么样的党员干部作风和政治生态、政治文化，而政治生态和政治文化又会反作用于党内政治生活。这就要求我们以宽广的视野、系统的思维，深刻认识党内政治文化与政治生态、政治生活的密切关联，充分认识党内政治文化对推动党的建设的积极作用，努力使党内政治文化建设目标与政治生活、政治生态相适应、相协调，与党的建设和社会文化建设相呼应、相融合。必须统筹抓好党内政治生活、政治生态、政治文化，以良好的政治文化涵养风清气正的政治生态，以党内政治文化建设强党兴党，夯实全面从严治党的思想基础、组织基础、文化基础，实现思想建党、制度治党、文化强党相辅相成、相得益彰。严肃党内政治生活是全面从严治党的基础。必须认真贯彻《关于新形势下党内政治生活的若干准则》，切实加强和规范党内政治生活，使全党各级组织和全体党员干部都按照党内政治生活准则和党的各项规定办事，不断增强党内政治生活的政治性、

时代性、原则性、战斗性。党内政治文化是政治生活的灵魂，对政治生态具有潜移默化的影响。必须倡导和弘扬忠诚老实、光明坦荡、公道正派、实事求是、艰苦奋斗、清正廉洁等价值观，不断培厚良好政治生态的土壤。坚持激浊和扬清“两手抓”，倡导清清爽爽的同志关系、规规矩矩的上下级关系，旗帜鲜明地抵制和反对关系学、厚黑学、官场术、“潜规则”等庸俗腐朽的政治文化，不断祛除“政治雾霾”，努力实现干部清正、政府清廉、政治清明。

八、坚持继承传统和改革创新有机统一，总结经验、勇于创新

习近平总书记指出，要注重把继承传统和改革创新结合起来，把总结自身经验和借鉴世界其他政党经验结合起来，增强从严治党的系统性、预见性、创造性、实效性，使从严治党的一切努力都集中到增强党自我净化、自我完善、自我革新、自我提高能力上来，集中到提高党的领导能力和执政能力、保持和发展党的先进性和纯洁性上来。任何一项伟大而久远的事业都必须处理好继承与创新的关系。中国共产党在长期实践中积累了从严治党的宝贵经验，这是党的宝贵财富。面对新的时代条件和当前党内存在的突出问题，要以改革创新精神推进全面从严治党，实现继承传统与改革创新的有机统一。党的十八大以来，以习近平同志为核心的党中央以崇高的使命追求、非凡的理论勇气、无畏的担当精神、卓越的创新实践，采取了一系列新举措，带领全党实现了由“从严治党”到“全面从严治党”的新跨越，不仅创造性地解决了党自身存在的一系列突出问题，而且也在更高层次、更宽领域、更深程度上，为党的建设积累了系列创新成果。我们必须坚持解放思想、实事求是，积极探索、勇于实践，总结运用和丰富发展执政党建设的基本经验，着力贯彻党的十八大以来党中央提出的新理念新思想新战略，既善于用改革的办法破解党的建设中的难题，又善于用创新的思路探索提高党的执政能力、保

持和发展党的先进性的途径，保证党始终走在时代前列。

全面从严治党永远在路上，党的建设实践探索和理论创新永无止境。我们要深刻领会习近平总书记全面从严治党战略思想，深化对执政党建设规律的认识，保持聚精会神抓党建的政治定力，不断研究新情况、解决新问题、总结新经验，不断开辟思想纯洁、组织纯洁、作风纯洁的新境界，更好担当起历史使命，使我们党永远立于不败之地。

领导干部永远不能丧失自我革命精神

党的十八大以来，习近平总书记站在新时代党和国家事业发展全局的高度，多次强调党要勇于自我革命。2017 年 2 月 13 日，在省部级主要领导干部学习贯彻十八届六中全会精神专题研讨班开班式上，习近平总书记全面阐述了党保持自我革命精神的重要性，强调要兴党强党，就必须以勇于自我革命精神打造和锤炼自己。2019 年 1 月 11 日，在十九届中央纪委三次全会上，习近平总书记强调在进行社会革命的同时不断进行自我革命，是我们党区别于其他政党最显著的标志，也是我们党不断从胜利走向新的胜利的关键所在。2019 年 5 月 31 日，在“不忘初心、牢记使命”主题教育工作会议上，习近平总书记强调党员干部要以刀刃向内的自我革命精神，认真检视反思，把问题找实、把根源挖深，切实把问题解决好。2019 年 6 月 24 日，在十九届中央政治局第十五次集体学习时，习近平总书记强调越是长期执政，越不能忘记党的初心使命，越不能丧失自我革命精神。2022 年 10 月 16 日，习近平总书记在党的二十大报告中强调：“全党必须牢记，全面从严治党永远在路上，党的自我革命永远在路上，决不能有松劲歇脚、疲劳厌战的情绪，必须持之以恒推进全面从严治党，深入推进新时代党的建设新的伟大工程，以党的自我革命引领社会革命。”2024 年 1 月 8 日，习近平总书记在二十届中央纪委三次全会上强调：“坚持解放思想、实事求是、与时俱进、守正创新，不断进行实践探索和理论创新，不断深化对党的自我革命的规律性认识，把党的自我革命的思路举措搞得更加严密，把每条战线、每个环节的自我革命抓具体、抓深入。”这些重要论述，充分肯定了党的十八大以来全面从严治党取得的新的重大成果，深刻总结了党进行自我革命、永葆先进性和纯洁性的宝贵经验，具有鲜明深刻的政治性、思想性、理论性和指导性，为我们站在新时代扎实推进全面从严治党、继往开来推动党领导的新的社会革命提供了重要遵循。我们一定要领会精神实质，把握核心要义，不忘初心、牢记使命，不断进行自我净化、自我完善、自我革新、自我提高，在新时代把党的自我革命精神发扬光大。

一、准确把握自我革命精神的科学内涵

自我革命精神的科学内涵，可以从社会革命、自我革命、自我革命精神几个层面来深化认识。

第一，正确理解社会革命。“革命”一词有广义和狭义之分，从广义上讲，是指推动事物发生根本变革，引起事物从旧质变为新质的飞跃；从狭义上讲，主要是指社会革命和政治革命。马克思和恩格斯在《德意志意识形态》中指出，革命从它最全面的意义来说，是从一个时代向另一个时代的剧变性的跃进。马克思主义认为，共产党人要进行的社会革命，就是打破旧世界，创造新社会。具体地说，社会革命以生产力和生产关系的矛盾运动为基础，不仅仅是一种破除旧的政治上层建筑的社会运动，更是一种新的社会建设运动。从这个意义上说，中国共产党成立100多年来始终不断地领导着从革命到建设、再到改革的一系列社会革命，中国特色社会主义是伟大社会革命的产物。

第二，正确理解自我革命。所谓“自我革命”，就是自我变革与创新的破立过程。简而言之，就是主体在自身内扬弃落后的、错误的因素，形成符合新的发展规律的进步因素的变革过程。党的自我革命的实质是党的自我扬弃和辩证否定，既是一种实践行动，也蕴含着丰富的精神内

涵。社会革命和自我革命是紧密联系、有机统一的。我们党历来注重运用唯物辩证法作为剖析事物包括自身的基本方法，强调直面矛盾、分析矛盾、解决矛盾，这种清醒、透彻的认识及实践蕴含的批判和革命精神，赋予了我们党极大的主观能动性、高度的政治自觉性、坚实的革命彻底性。这是一个成熟大党保持自身先进性纯洁性、永葆旺盛生命力的重要途径和根本保障，也是党成功推进社会革命的根本原因。

第三，正确理解自我革命精神。“自我革命精神”是中国共产党人在长期革命、建设和改革实践中形成的以自我反思、自我超越、自我完善等变革意识为基本内核的精神品格，主要包括直面矛盾、刀刃向内的政治勇气，坚持真理、修正错误的崇高追求，勇于探索、开拓进取的责任担当等，体现了中国共产党人的信仰信念、精神品格、优良传统。我们党一路走来，风雨兼程、砥砺奋进，自我革命精神已经熔铸在中国共产党人的血脉里，成为我们党精神基因的重要组成部分，构成了党发展壮大的鲜明底色。一部中国共产党推进社会革命的历史，就是一部不断进行自我革命的奋斗史。伟大的党培育伟大的精神，伟大的精神滋养伟大的党。只要我们始终不忘党的性质宗旨，勇于直面自身存在的问题，以刮骨疗毒的决心和意志消除一切损害党的先进性和纯洁性的因素，就能够探索形成党长期执政条件下实现自我净化、自我完善、自我革新、自我提高的有效途径。

二、深刻认识党永葆自我革命精神的极端重要性

勇于自我革命是我们党战胜一切艰难险阻的动力源泉。中国特色社会主义进入新时代，世情国情党情发生深刻变化，党面临的“四大考验”“四种危险”更加严峻，统筹推进伟大斗争、伟大工程、伟大事业、伟大梦想的历史使命更加光荣而艰巨。在新征程上，我们党要始终走在时代前列、得到人民衷心拥护、经得起各种风浪考验，就必须永远保持

自我革命的精神，把党的自我革命推向深入。

第一，永葆自我革命精神，是进行伟大斗争的必然要求。自知者明，自胜者强。自我革命，意味着勇于坚持真理，随时修正错误；意味着不断提升自我，确保肌体的健康与活力。习近平总书记强调：“中国共产党的伟大不在于不犯错误，而在于从不讳疾忌医，敢于直面问题，勇于自我革命，具有极强的自我修复能力。”历史证明，我们党不断净化发展，始终走在时代前列，保持强盛不衰的根本原因在于具有自我革命的非凡的政治勇气。靠着这种伟大的自我革命精神，党在长期领导革命、建设和改革的过程中，战胜了一个又一个难以想象的困难，取得了一个又一个伟大胜利。“打铁必须自身硬。”进行具有许多新的历史特点的伟大斗争，我们面临的任务越繁重，风险考验越大，就越要发扬自我革命精神，坚持不懈同自身存在的顽瘴痼疾作斗争，确保党始终成为中国人民和中华民族的主心骨，厚植党执政的政治基础。

第二，永葆自我革命精神，是建设伟大工程的必然要求。党的建设新的伟大工程是引领伟大斗争和伟大事业、实现伟大梦想的根本保证。党的十八大以来，我们党在革命性锻造中更加坚强，焕发出新的强大生机活力。全面从严治党永远在路上，中国共产党的自我革命不是一个历史阶段的运动，它没有终点，贯穿中国共产党的过去、现在和未来。我们必须清醒地看到，党内存在的思想不纯、政治不纯、组织不纯、作风不纯等突出问题尚未得到根本解决，在长期执政条件下，各种弱化党的先进性、损害党的纯洁性的因素仍然存在，各种违背初心和使命、动摇党的根基的危险仍然存在。只有一以贯之推进党的建设新的伟大工程，一刻不停歇地推动全面从严治党向纵深发展，把党的伟大自我革命进行到底，不断纯洁党的思想、纯洁党的组织、纯洁党的作风、纯洁党的肌体，不断增强政治领导力、思想引领力、群众组织力、社会号召力，才能把党建设成为始终走在时代前列、人民衷心拥护、经得起各种风浪考验、朝气蓬勃的马克思主义执政党。

第三，永葆自我革命精神，是推进伟大事业的必然要求。中国特色社会主义进入新时代，这是我国发展新的历史方位，也是我们奋进的新的历史坐标。新时代坚持和发展中国特色社会主义是一场广泛、深刻的社会革命，涵盖领域的广泛性、触及利益格局调整的深刻性、涉及矛盾和问题的尖锐性、突破体制机制障碍的艰巨性和复杂性都是前所未有的。新的长征路上，还有许多“雪山”“草地”需要跨越，还有许多“娄山关”“腊子口”需要征服。党的肌体是否健康，关系中国特色社会主义事业的成败。我们党要卓有成效地领导这一伟大社会革命，就必须以勇于自我革命的精神锤炼自己，不断提高执政能力和领导水平，带领人民成功应对重大挑战、抵御重大风险、克服重大阻力、解决重大矛盾，不断谱写新时代坚持和发展中国特色社会主义新篇章。

第四，永葆自我革命精神，是实现伟大梦想的必然要求。中国共产党人的初心和使命，就是为中国人民谋幸福，为中华民族谋复兴。我们党自成立之日起就把全心全意为人民服务作为根本宗旨，勇于直面各种风险挑战，勇于直面自身存在的问题。习近平总书记强调，做到不忘初心、牢记使命，并不是一件容易的事情，必须有强烈的自我革命精神。党要更好肩负起领航中华民族伟大复兴的历史使命，就必须始终保持自我革命的定力，勇于变革、勇于创新，永不僵化、永不停滞，在新时代展现新气象新作为，在实现第二个百年奋斗目标、实现中华民族伟大复兴的历史性“赶考”中交出优异答卷。

三、领导干部要以勇于自我革命的精神打造和锤炼自己

新时代进行党的自我革命，关键在党的各级领导干部。领导干部必须把不忘初心、牢记使命作为终身课题，带头深入学习贯彻习近平新时代中国特色社会主义思想，带头增强“四个意识”、坚定“四个自信”、做到“两个维护”，常怀忧党之心、为党之责、强党之志，以义无反顾、

动真碰硬的政治自觉、思想自觉和行动自觉将自我革命引向深入。

第一，要敢于自我批评。马克思说过，无产阶级革命与其他任何革命不同的地方，就在于它“经常自己批判自己”。习近平总书记指出：“对批评和自我批评这个武器，我们要大胆使用、经常使用、用够用好，使之成为一种习惯、一种自觉、一种责任，使这个武器越用越灵、越用越有效果。”自我批评并不等于自我贬损，勇于自我批评的党员干部，必能赢得人民群众的掌声。领导干部要保持清醒头脑，勇于直面矛盾，增强斗争精神，加强党性锻炼和政治历练，不掩饰缺点，不回避问题，不文过饰非，带头把批评和自我批评武器多用常用、用够用好。要坚决反对个人主义、分散主义、自由主义、本位主义、好人主义，敢于同一切弱化党的领导、动摇党的执政基础、违反党的政治纪律和政治规矩的行为作斗争。

第二，要敢于修正错误。自我革命本身就是对着问题去的，关键是要有正视问题的自觉和刀刃向内的勇气。问题总是客观存在的，有问题甚至有错误并不可怕，怕就怕对问题熟视无睹、视而不见，结果造成小问题变成大问题，“小管涌”变成“大塌方”。“善治病者，必医其受病之处；善救弊者，必塞其起弊之原。”领导干部要常于自省内省，对照党章党规、先贤典型等，以“君子检身，常若有过”的态度检视自己，打扫政治灰尘，增强政治免疫力，切实做到知耻而后勇、知止而后定。要带头坚持真理、修正错误，真刀真枪解决问题，真正做到以上率下。对于那些影响党的先进性纯洁性的问题，对于那些人民群众反映强烈的突出问题，要下定“向顽瘴痼疾开刀”的决心，过滤杂质、清除毒素、割除毒瘤，不断完善自己。

第三，要敢于自我超越。自我革命是始终保持前进状态的催化剂和动力源。自我革命的过程，就是实现自我扬弃、自我超越的过程。保持和发扬自我革命精神，要敢于和善于突破自我设限，敢于否定自己，时刻保持谦虚谨慎、戒骄戒躁、永不满足的心态，保持内在的创造性张力。

要坚持不懈地用习近平新时代中国特色社会主义思想武装头脑，在学懂弄通做实上下功夫，不断加深对辩证唯物主义和历史唯物主义世界观和方法论的学习、领悟、运用，不断改造主观世界、加强党性修养，积累理论厚度、延伸思考深度、拓展实践宽度，坚持使命引领和问题导向相统一，在革故鼎新、守正创新中实现自我超越。

第四，要敢于自我牺牲。自我革命的最高境界是“为党和人民牺牲一切”，就是从“小我”走向“大我”并最终走向“无我”的过程。只有保持无私无畏的革命情怀，才能保持自我牺牲的崇高境界。要时刻牢记公仆身份，面对挑战，敢于“站出来”；面对困难，敢于“冲上去”；面对风险，敢于“豁出去”，吃苦耐劳、甘于奉献，知重负重、攻坚克难，忠诚而踏实地为党和人民的事业奉献自己的力量。

第五，贵在久久为功。辩证唯物主义认为，事物发展是从量变开始的，没有达到一定程度量的积累，就不能实现质的飞跃。自我革命是痛苦的、艰难的，也是最需要勇气、最难能可贵的。自我革命只有进行时，没有完成时。革命者的伟大不在于不犯错误，而在于从不讳疾忌医，坚持自我革命永不松懈。发扬自我革命精神，就要把自我革命当作一种生活方式，在坚持中形成习惯，多积尺寸之功，从实处细处着手，持续用力，起而行之、即知即改，以钉钉子精神一锤接着一锤敲，坚定不移地把自我革命长期坚持下去，不断提升政治境界、思想境界、道德境界，不断增强政治担当、历史担当、责任担当，不断完善自我、提高自我。“不要人夸颜色好，只留清气满乾坤。”共产党永远是革命者，永远是革命的领导者，永远不能丧失自我革命精神。在新时代新征程上，领导干部要保持革命理想、保持革命斗志，不忘初心、砥砺奋进，以蓬勃朝气、昂扬锐气、浩然正气涵养自我革命的勇气，将自我革命进行到底，永葆共产党人政治本色。

新时代党员干部自我革命须臾不可放松

习近平总书记在庆祝中国共产党成立100周年大会上的重要讲话中指出："勇于自我革命是中国共产党区别于其他政党的显著标志。"回顾100多年党史，中国共产党饱经磨难而能不断壮大、历经百年沧桑依然风华正茂，带领中国人民不断从胜利走向新的胜利，其根本原因之一就在于始终保持彻底的自我革命精神，勇于刀刃向内，敢于一次次拿起"手术刀"革除自身病症，从而不断自我净化、自我完善、自我革新、自我提高，始终保持先进性和纯洁性。党员干部只有不忘初心，传承红色基因，推进自我革命，永葆自身的先进性和纯洁性，始终走在时代前列，才能使我们党永葆旺盛生命力和强大战斗力、始终成为坚持和发展中国特色社会主义事业的坚强领导核心。

一、打铁必须自身硬，没有什么外力能够打倒我们，能够打倒我们的只有我们自己

事物的发展是前进性与曲折性的统一。事物发展的总趋势是由肯定到否定，再到否定之否定的循环往复的过程。事物发展的否定之否定，不是简单地再现原物，简单地回到原来的出发点，而是形式的回复、内容的发展。事物的发展表现为螺旋式上升和波浪式前进的过程。在100多年的发展历程中，正是因为敢于自我革命、敢于辩证地否定自己，不

断地发展自己、肯定自己，又不断地否定自己、完善自己，我们党才不断发展壮大、勇往直前。“过也，人皆见之；更也，人皆仰之。”人不可能不犯错误，可贵的是能改正错误。正如习近平总书记所指出的：“我们党之所以伟大，不在于不犯错误，而在于从不讳疾忌医，敢于直面问题，勇于自我革命。”新时代的党员干部，必须坚持自我革命不放松，这是我们党永葆生机活力、实现长期执政的必然要求。

党员干部自我革命是永葆自身先进性和纯洁性的内在需要。习近平总书记指出，一个马克思主义政党，要保持先进性和纯洁性，实现崇高使命，必须“以补过为心，以求过为急，以能改其过为善，以得闻其过为明”，一刻不放松地解决自身存在的问题，始终跟上时代、实践、人民的要求。党员干部要保持自身的先进性和纯洁性，必须具备强烈的自我革命精神，不断打造和锤炼自己，清除毒素、固本培元，实现思想上、行动上、能力上的提升，才能确保党不变质、不变色、不变味，保证党的肌体健康，保证我们党始终走在时代前列。

党员干部自我革命是不忘初心、牢记使命的必然要求。习近平总书记强调，“党的初心和使命是党的性质宗旨、理想信念、奋斗目标的集中体现”，“做到不忘初心、牢记使命，并不是一件容易的事情，必须有强烈的自我革命精神”。初心易得，始终难守。初心不会自然保质保鲜，稍不注意就可能蒙尘褪色，久不滋养就会干涸枯萎，很容易走着走着就忘记了为什么要出发、要到哪里去，很容易走散了、走丢了。因此，党员干部要始终做到不忘初心、牢记使命，必须具备强烈的自我革命决心和意志，居安思危、时时警醒，把新时代党的自我革命推向深入。

党员干部自我革命是把党和人民事业不断推向前进的现实需要。习近平总书记指出：“我们党要团结带领人民有效应对重大挑战、抵御重大风险、克服重大阻力、解决重大矛盾，必须进行具有许多新的历史特点的伟大斗争，任何贪图享受、消极懈怠、回避矛盾的思想和行为都是错误的。”中华民族伟大复兴，绝不是轻轻松松、敲锣打鼓就能实现的。

今天，我们比历史上任何时期都更接近、更有信心和能力实现中华民族伟大复兴的目标，同时必须准备付出更为艰巨、更为艰苦的努力。党员干部自我革命是担当历史重任、矢志为党奉献的强大精神动能。只有坚持自我革命，才能在奋斗拼搏中敢于迎难而上、攻坚克难，拿出敢啃硬骨头的勇气和勇涉险滩的决心，展现新气象、新担当、新作为，推动党和人民事业永续发展。

党员干部自我革命是确保我们党长期执政的重要保证。习近平总书记强调："越是长期执政，越不能丢掉马克思主义政党的本色，越不能忘记党的初心使命，越不能丧失自我革命精神。"在长期执政条件下，各种弱化党的先进性、损害党的纯洁性的因素无时不有，各种违背初心和使命、动摇党执政根基的危险无处不在。党员干部只有自觉加强党性锻炼和政治历练，不断接受思想洗礼、进行行为纠偏，坚持问题导向、真刀真枪解决自身存在的问题，努力提升政治境界、思想境界、道德境界，全面增强执政本领，才能保证党的队伍纯洁、思想纯洁、组织纯洁、作风纯洁、肌体纯洁，不断巩固党的长期执政地位，确保党在新时代坚持和发展中国特色社会主义的历史进程中始终成为坚强领导核心。

二、在以史为鉴、开创未来的新征程上，党员干部必须不断增强自我革命的自觉性

习近平总书记指出："在进行社会革命的同时不断进行自我革命，是我们党区别于其他政党最显著的标志，也是我们党不断从胜利走向新的胜利的关键所在。"正是一代代共产党人勇于自我革命，不断修正和超越自己，才使百年大党永远得到人民拥护和支持。新时代的党员干部，必须不忘初心、牢记使命，始终坚持把理想信念鲜明地写在旗帜上，把为民情怀根植于群众心中，以正视问题的高度自觉、自我批评的强大武器，随时准备修正错误，不断自我净化、自我完善、自我革新、自我提高，

以久久为功的韧劲和态度，把党的伟大自我革命推向深入。

要坚定理想信念、坚守人民立场，不断自我净化。习近平总书记强调，“我们党要永远立于不败之地，就要不断推进自我革命，教育引导党员、干部特别是领导干部从思想上正本清源、固本培元”，“我们要始终把人民立场作为根本立场”。坚定理想信念是自我净化的不竭源泉，坚守人民立场是自我净化的价值尺度。没有坚定的理想信念，自我净化就失去了方向；没有坚定的人民立场，自我净化就失去了价值。新时代的党员干部，要坚定理想信念，始终保持对马克思主义的信仰、对社会主义和共产主义的信念，深入学习贯彻习近平新时代中国特色社会主义思想，不断净化和纯洁自己的思想，把信仰之基筑得更加牢固，把精神之钙补得更加充足，始终保持崇高的革命理想和旺盛的革命斗志。要始终坚持以人民为中心的根本立场不动摇，切实解决好“为了谁、依靠谁、我是谁”这个根本问题，始终保持党同人民群众的血肉联系，自觉涵养忘记“小我”、服务“大我”的为民情怀，以“无我”之境践“为民”初心，想群众所想，忧群众所忧，急群众所急，扎扎实实为群众解难题、办实事、办好事。要坚持“活到老改造到老”，持之以恒加强主观世界改造，切实解决好世界观、人生观、价值观这个“总开关”问题，努力在自我净化中增强党性、改进作风、磨炼意志、陶冶情操、提升境界，不断砥砺亲民之心、爱民之情、为民之志。

要坚持问题导向、勇于修正错误，不断自我完善。习近平总书记强调，共产党员要“随时准备坚持真理，随时准备修正错误”。坚持问题导向是自我完善的基本着力点，勇于修正错误是自我完善的根本路径。没有坚持好问题导向，自我完善就无从下手；不通过修正错误，自我完善就永远不可能实现。新时代的党员干部，要始终坚持问题导向，积极培养问题意识，自觉对照党章党规、先进典型和身边榜样，深入查找自身存在的问题和差距，敢于正视自身短板和不足，善于查出病因、对症下药，严肃认真加以解决。要始终勇于修正错误，以“知其不善，则速改以从善”的自觉，拿出刮骨疗毒的勇气、壮士断腕的魄力、绳锯木断的坚持，有错必改、有错必纠，通过一次次艰难和痛苦的蜕变，不断砥砺完善自己，成为党和人民事业发展的先锋模范。要坚持自我完善，不断加强党性锻炼，不断加强自身修养，不断完善人品操行，不断增强自身免疫力，不放过小事小节、一点一滴，不断强弱项、补短板，始终以只争朝夕、不负韶华的精神抓紧丰富自己、强大自己、完善自己。

要坚持自我批评、善于总结反思，不断自我革新。习近平总书记指出：“对批评和自我批评这个武器，我们要大胆使用、经常使用、用够用好，使之成为一种习惯、一种自觉、一种责任，使这个武器越用越灵、越用越有效果。”自我批评是自我提高的锐利武器，总结反思是自我提高的重要途径，自我提高是自我革命的价值所在。党员干部加强自我革命，就要经常审视自己、时刻反省自己、严格要求自己，让自己的信仰更加坚定，品质更加纯粹，脚步更加坚实。新时代的党员干部，要带头多用常用自我批评这个武器，始终保持清醒头脑，摆正个人位置，不掩饰缺点，不回避问题，不文过饰非，敢于揭短亮丑，发自内心地深刻反省，自觉革除身上的侥幸、懒惰和懈怠思想，在自我批评中不断取得进步。要注重培养总结反思的习惯，积极主动调整心态，对一段时间内出现的问题，进行细致回顾、深度剖析，找准问题源头，吸取教训、反躬自省，争取下一次把事情做完美。要增强自我革新的动力和勇气，常怀忧党之心、为党之责、强党之志，始终拥有蓬勃朝气、昂扬锐气、浩然正气，使自己在胸襟、眼界、思路、格局、境界、能力、作风上每天都有新的进步。

要坚持守正创新、敢于自我超越，不断自我提高。习近平总书记指出，推进党的自我革命“要坚持守正和创新相统一”，“全党同志要跟上时代步伐，不能身子进了新时代，思想还停留在过去，看问题、作决策、推工作还是老观念、老套路、老办法”。如果故步自封、抱残守缺，则永远只会原地踏步、停滞不前。只有坚持守正创新、敢于自我超越，在继承中求突破、在发展中求创新，不断战胜自我、完善自我、超越自我，才能实现自我提高。新时代的党员干部，要坚持该“破”的必须“破”、该“立”的必须“立”的鲜明态度，既坚守党的性质宗旨、理想信念、初心使命不动摇，积极弘扬光荣传统、赓续红色血脉，又勇于创新，敢于破除因循守旧、自我满足、求安图稳、裹足不前等不合时宜的思想做法，牢牢把握新时代的新机遇。要自觉形成“祛尘、除垢、清堵”的习惯，积极学习先进的思想、先进的理念、先进的知识、科学的方法，大胆改革创新，积极识变、善于应变、主动求变，使自己的思想、能力、作风不断提高，推动党和人民事业不断取得新进步。要勇于自我超越，始终坚持“人无我有”“人有我优”“人优我特”的精神，时刻以更远的目标、更高的标准、更严的要求激发自己，从而塑造出更好的自己。

第二部分

严守政治纪律和政治规矩

纪律和规矩

坚决做在党言党爱党忧党兴党护党的表率

中国特色社会主义最本质的特征是中国共产党领导，中国特色社会主义制度的最大优势是中国共产党领导。每一名党员都是我们党的肌体细胞，党的领导离不开每一名党员能力作用的发挥。习近平总书记强调，广大党员要“平常时候看得出来、关键时刻站得出来、危急关头豁得出来，充分发挥先锋模范作用”，这样“我们党就会很有力量，我们国家就会很有力量，我们人民就会很有力量，党的执政基础就能坚如磐石”。新时代的党员干部，一定要以党为荣、为党骄傲，始终牢记自己的第一身份是党员、第一职责是为党工作，坚决做在党言党、在党爱党、在党忧党、在党兴党、在党护党的表率。

一、坚持政治首位，做在党言党的表率

党员干部的第一身份是政治身份，做在党言党的表率，最首要的就是始终旗帜鲜明讲政治。习近平总书记强调，党员干部要“自觉把讲政治贯穿于党性锻炼全过程”。

政治属性是政党第一属性，讲政治是对党员干部的根本要求。旗帜鲜明讲政治是我们党作为马克思主义政党的根本要求，是共产党人的立身之本。入了党的门，就是党的人。党员干部从入党那一刻起，个人政治生命就与党的兴衰存亡紧密联系在一起，在党言党就是最起码的政治

要求，必须始终听党话、跟党走，对党忠诚、永不叛党。习近平总书记指出：“干部在政治上出问题，对党的危害不亚于腐败问题，有的甚至比腐败问题更严重。”如果“身”在党却“心”不在党、不讲党“话”，对党心口不统一、言行不一致，就是没有做到对党的理想信念宗旨虔诚而执着、至信而深厚，就是没有做到在思想上政治上行动上同以习近平同志为核心的党中央保持高度一致，这本身就是不合格，谈何做在党言党的表率？作为党员干部，在党言党既是权利，也是义务，更是责任。组织上入党一生一次，思想上入党一生一世。党员干部不仅要在组织上入党，而且要在思想和言行上一生一世入党。

始终把讲政治放在第一位，坚决听党话跟党走。千条万条，讲政治是第一条。讲政治是我们党补钙壮骨、强身健体的根本保证，党员干部必须始终听党话、永远跟党走。要提高政治觉悟，真学真懂真信真用党的创新理论，练强马克思主义“看家本领”，学出坚如磐石的信仰、学出纯粹无瑕的忠诚，始终保持清醒政治头脑，真正做习近平新时代中国特色社会主义思想的坚定信仰者、忠实实践者。要提升政治素质，加强政治历练、思想淬炼、实践锻炼，不断提高从政治上把握方向、把握大势、把握全局的能力和从政治上分析问题、解决问题的能力，自觉把“两个确立”“四个意识”“四个自信”“两个维护”融入灵魂和血液，善于把党的声音和党的理论传递到群众中去，在思想上政治上行动上同以习近平同志为核心的党中央保持高度一致。要严守政治纪律，自觉贯彻“五个必须”、防止“七个有之”，坚决做到党中央提倡的坚决响应、党中央决定的坚决照办、党中央禁止的坚决杜绝，在重大政治原则问题上态度非常鲜明、立场非常坚定、行动非常自觉，永远做政治上的“明白人”“老实人”，绝不做“两面派”“两面人”。

二、永怀感恩之心，做在党爱党的表率

“落其实者思其树，饮其流者怀其源。”习近平总书记强调：“有一颗感恩的心很重要，所有的人都要有感恩的心。”“要有饮水思源、懂得回报的感恩之心，感恩党和国家，感恩社会和人民”。世界上没有哪一个人生来就万事皆能，要想获得成长、有所成就，都需要得到外界的支持和帮助。特别是党员干部成长，个人的素质能力、勤奋努力、实干实绩固然重要，但更离不开党的培养、人民的哺育。那些认为自己的一切都是“凭本事”挣来的、“凭功劳”应得的、“凭年限”熬来的等错误认识，都是党性不强的表现。古人讲：“知恩图报，善莫大焉。”做人要有良知，人生需要感恩。感恩既是一种爱、一种情，也是一种素质、一种境界，更是共产党人党性、品格的重要体现。对于党员干部来说，学会感恩，最重要的就是要感恩党、热爱党。

爱党是共产党员最朴素的党性修养。心中始终有党、发自心底地爱党，来自对党的性质、宗旨、历史使命以及党的纲领和任务等的自觉认识，反映的是一名党员干部的政治觉悟和党性修养。党员干部必须时刻清醒地知道，自己是党的一员，对党具有深厚的感情，是最根本、最朴素、最真切的党性修养，是忠诚于党的根本前提。只有对党怀有深厚的感情，才能坚定理想信念、把党摆在心头，才能始终心怀感恩，真正一心向党、一切为党，随时准备为党和人民奉献一切、牺牲一切。

把爱党之情内化于心外化于行。共产党人的党性是具体的，爱党也是具体的。习近平总书记指出：“每个党员特别是领导干部都要强化党的意识和组织观念，自觉做到思想上认同组织、政治上依靠组织、工作上服从组织、感情上信赖组织。”党员干部爱党，要认真学习党的创新理论和党的基本知识，认真学习党的理论、路线、方针、政策和决议，认真学习党史、新中国史、改革开放史、社会主义发展史和中华民族发展史，

坚定理想信念，强化为民宗旨，真正做到思想上认同组织。要自觉增强组织观念，坚持组织原则，严格按照组织程序办事，始终对党讲真话实话，自觉接受组织管理约束，自觉维护党的形象，真正做到政治上依靠组织。要坚持个人利益服从党和人民的利益，坚决执行组织决定，坚决服从组织安排，坚决完成好党交给的每一项任务，绝不和组织谈条件、讲价钱，真正做到工作上服从组织。要从心底感恩组织的培养、教育，无论什么时候都相信党、相信组织，把自己的一切托付给组织，真正做到感情上信赖组织。

三、树牢底线思维，做在党忧党的表率

“备豫不虞，为国常道。”坚持忧患意识和底线思维，是人类生存的重要智慧，更是我们党治国理政的一条基本经验。我们党是一个诞生于忧患、成长于忧患、壮大于忧患的政党，正是因为具备底线思维，不断强化忧患意识，才能不断从胜利走向胜利。习近平总书记强调：“我们共产党人的忧患意识，就是忧党、忧国、忧民意识，这是一种责任，更是一种担当。”党员干部只有树牢底线思维，增强忧患意识，以党的忧患为忧患、以为党分忧为己任，才能使我们党真正成为始终走在时代前列、人民衷心拥护、勇于自我革命、经得起各种风浪考验、朝气蓬勃的马克思主义执政党。

天下兴亡匹夫有责，党之兴亡党员有责。“我们决不当李自成”，这是党中央离开西柏坡“进京赶考”前，毛泽东向全党发出的深刻警示。1945 年在党的七大上，毛泽东面对抗战即将“胜利”的大好形势，一口气列出了我们可能遭遇的“十七条困难”。红岩烈士在生命的最后时刻仍想着党的未来，并给党留下了宝贵的“八条建议”。这些都是共产党人运用底线思维思考党的建设、谋划党和人民事业的生动写照，彰显了中国共产党人强烈的党的意识和深厚的忧党情怀。任何时候任何情况下，都

没有“板上钉钉”的事情，很多事物都瞬息万变，只有树牢底线思维、强化忧患意识，做事才能更稳重、更清醒，取得更好的结果。习近平总书记深刻指出：“我们的事业越前进、越发展，新情况新问题就会越多，面临的风险和挑战就会越多，面对的不可预料的事情就会越多。我们必须增强忧患意识，做到居安思危。”党的十八大以来，以习近平同志为核心的党中央带领全党全国各族人民，推动党和国家事业取得全方位开创性的成就，发生历史性变革，推动我国迈上全面建设社会主义现代化国家新征程。但是，必须清醒看到，我们党面临的“四大考验”“四种危险”是复杂的，影响党的先进性、弱化党的纯洁性的因素也是复杂的。作为党的一员，没有忧党情怀就是不够格。党员干部只有始终坚持底线思维，增强“愈大愈惧，愈强愈恐”的忧患意识，凡事从坏处准备，努力争取最好的结果，才能做到有备无患、遇事不慌，牢牢把握主动权，不断为党作出积极贡献。

“居安”不忘常思危，“位卑”未敢忘忧党。古语云：“安而不忘危，存而不忘亡，治而不忘乱。”当今世界百年未有之大变局加速演进，各种风险和挑战层出不穷。党员干部必须常怀在党忧党之心，强化忧患意识，牢记“生于忧患，死于安乐”的古训，涵养“先天下之忧而忧”的胸怀，对党和人民事业始终保持思想上的清醒和政治上的敏锐，始终保持如临深渊、如履薄冰的警醒，不断增强“啃硬骨头”“涉险滩”的锐气和勇气，绝不能盲目乐观、麻痹大意、消极懈怠、回避矛盾。必须尽好为党分忧之责，努力提高防范化解风险的能力，练就草摇叶响知鹿过、松风一起知虎来、一叶易色而知天下秋的本领，面对各种新情况新问题新矛盾，未雨绸缪、防微杜渐，尽可能把工作中各种可能的情况想全想透，把各项措施制定得周详完善，积极主动御风险、迎挑战、攻难关、解难题，不断为党和人民事业“添砖加瓦”。

四、强化担当作为，做在党兴党的表率

习近平总书记强调，“党员是党的肌体的细胞”，“党的执政使命要靠千千万万党员卓有成效的工作来完成”。共产党人的初心和使命就是为中国人民谋幸福、为中华民族谋复兴。行百里者半九十。中华民族伟大复兴，绝不是轻轻松松、敲锣打鼓就能实现的，全党必须准备付出更为艰巨、更为艰苦的努力。党员干部只有能负重、敢担当，我们的事业才能一往无前。党员干部做在党兴党的表率，就要把党的初心和使命铭刻于心，为党和人民的事业勇于担当负责、积极主动作为，甘于奉献、不怕牺牲。

坚持党和人民的利益高于一切。这是我们党的性质和宗旨决定的，是党章明确规定党员应尽的义务。中国共产党作为全国各族人民利益最忠实的代表，党员干部是党和人民事业的骨干，“坚持党和人民的利益高于一切”是具体的、实践的。习近平总书记强调：“能否敢于负责、勇于担当，最能看出一个干部的党性和作风。”回顾历史，中华民族站起来、富起来、强起来的不凡征程，无不刻印着中国共产党人的担当和奉献。新时代赋予新使命，新使命呼唤新担当。党员干部更应把党和人民的利益放在高于一切的位置，把使命放在心上，把责任扛在肩上，做新时代的坚定者、奋进者、搏击者，以永不懈怠的精神状态和一往无前的奋斗姿态，创造新业绩，书写新辉煌。

牢记初心使命以身许党。中国共产党立志于中华民族千秋伟业。千秋伟业呼唤每个共产党员坚守初心、勇担使命。习近平总书记指出，我们已走过千山万水，但仍需跋山涉水。实现中华民族伟大复兴，摆在我们面前的使命更光荣、任务更艰巨、挑战更严峻、工作更伟大。党员干部必须把个人的命运同党和人民的事业紧紧联系在一起，以初心砥砺前行的精神、以使命鼓舞奋发的斗志，勇担为人民谋幸福、为民族谋复兴

的重任，始终勤勉工作，主动开拓创新，为党和人民的事业无私奉献；必须把守初心担使命作为一种政治责任、一种行为操守、一种思想境界，增强政治担当、历史担当、责任担当，敢字为先、干字当头，敢于担当、善于担当，在其位谋其政、履其职担其责，守土有责、守土担责、守土尽责，努力创造出经得起实践、人民和历史检验的业绩。

五、永葆清廉本色，做在党护党的表率

习近平总书记强调，“为政清廉才能取信于民，秉公用权才能赢得人心”，“只要我们始终坚持党的性质和宗旨，不变色，不变质，就一定能够跳出这个历史周期率”。共产党人只有永葆清正廉洁的政治本色，才能始终保持党同人民群众的血肉联系，才能使我们党始终立于不败之地。党员干部应当清清白白做人、干干净净做事、堂堂正正为官，做在党护党的表率。

清正廉洁是共产党人的政治本色。习近平总书记强调，党员干部要“清正廉洁作表率”。清正廉洁是共产党人代代相传的红色基因，是党战无不胜、攻无不克的制胜法宝。从党诞生之日起，清正廉洁作为共产党人的政治操守，就始终与党的初心使命紧密联系在一起，使我们党在人民心中树立起崇高形象，赢得人民信赖、爱戴和拥护，从而赢得了中国革命、建设和改革一个又一个胜利。我们党作为执政党，面临的最大威胁就是腐败。习近平总书记强调：“如果任凭腐败问题愈演愈烈，最终必然亡党亡国。”中国历史上因为统治集团严重腐败导致人亡政息的例子比比皆是，当今世界上由于执政党腐化堕落、严重脱离群众导致失去政权的例子不胜枚举。为官腐败就是对党不忠诚。党员干部如果丧失了清正廉洁本色，就会影响我们党的肌体健康。覆巢之下，焉有完卵？如果我们党弱了、散了、垮了，作为个体的党员干部何谈尊严和梦想，又何谈前途和命运？雪崩时，每一片雪花都有不可推卸的责任。党员干部不以

清廉护党，党如何壮大，如何兴盛？党员干部在党护党就必须始终做到清正廉洁。

自觉捍卫党的先进性和纯洁性是共产党人的责任。先进性和纯洁性是马克思主义政党的本质属性。加强党的先进性和纯洁性建设，保持党同人民群众的血肉联系，党就坚强有力，国家就繁荣稳定，人民就幸福安康。党的先进性和纯洁性来自全体党员的先进性和纯洁性，党员干部理当坚决捍卫党的先进性和纯洁性，维护党的肌体健康。必须炼就“金刚不坏之身”，坚定对马克思主义的信仰、对中国特色社会主义的信念，解决好世界观、人生观、价值观这个“总开关”问题，树立正确的权力观、地位观、利益观，提高党性觉悟，常修为政之德，把好权力关、金钱关、美色关，任何时候都稳得住心神、管得住行为、守得住清白，筑牢廉政之基，保持清廉本色。必须做“敢于善于斗争的战士”，发扬斗争精神、增强斗争本领，敢于坚持原则、敢于发声亮剑、敢于较真碰硬，坚定斗争意志、把握斗争方向、掌握斗争规律、讲求斗争方法，同一切可能动摇党的根基、阻碍党的事业的因素作坚决斗争，坚决清除一切影响党的先进性、弱化党的纯洁性的因素，坚决割除一切滋生在党的肌体上的毒瘤，坚决防范一切违背初心和使命的危险，坚决同一切消极腐败现象斗争到底。

新时代领导干部必须增强政治领导本领

旗帜鲜明讲政治是我们党作为马克思主义政党的根本要求，也是我们党的一大传统和优势。习近平总书记指出：“不断增强党的政治领导力、思想引领力、群众组织力、社会号召力，确保我们党永葆旺盛生命力和强大战斗力。”这既是对坚持全面从严治党，坚持和加强党的全面领导的成功经验的科学总结，也是对领导干部新时代提高领导能力的新要求。我们党对领导干部的要求，首先是政治上的要求，政治标准是衡量领导干部的首要标准。讲干部素质，最重要的是政治素质；讲领导本领，第一位的是政治领导本领。

当前领导干部队伍政治能力和水平总体上是比较强的。但我们同时应当看到，同新形势新任务相比，领导干部的政治能力和水平，还有许多不适应、不符合新时代要求的方面，还存在不少突出问题。主要体现在：一些领导干部政治意识淡漠，政治敏锐性和政治鉴别力不强；有的坚持政治操守、政治纪律不严；有的政治上模糊变成政治上糊涂，面对明显的政治问题迟钝麻木；有的政治担当不足，在大是大非面前不敢亮剑斗争，明哲保身；等等。这些都严重损害着领导干部的政治领导本领，进而影响党员干部保持党的政治本色、巩固党的执政地位。习近平总书记强调，各级领导干部“要注重提高政治能力，牢固树立政治理想，正确把握政治方向，坚定站稳政治立场，严格遵守政治纪律，加强政治历练，积累政治经验，自觉把讲政治贯穿党性锻炼全过程，使自己的政治能力与担任的领导职责相匹配”。可见，领导干部的政治本领主要体现在政治能力上，具体表现在政治理想牢不牢、政治方向对不对、政治立场稳不稳、政治纪律严不严上，政治定力强不强、有没有政治担当上。

一、牢固树立政治理想

牢固树立政治理想是领导干部提高政治领导本领的灵魂和根本。一个领导干部只有真正具有政治理想，才可能有追求、有主见、有决断、有担当，才谈得上有政治能力。中国共产党人的政治理想，是每一个党员领导干部的命脉和灵魂，是“精神之钙”“压舱之石”“立命之本”。实践证明，领导干部只有坚定共产主义远大理想和中国特色社会主义共同理想，把中国特色社会主义道路自信、理论自信、制度自信、文化自信融入灵魂和血脉，做马克思主义的坚定信仰者和忠实实践者，才能面对大是大非旗帜鲜明，面对大风大浪无所畏惧，面对各种诱惑立场坚定，面对利益得失保持定力。习近平总书记强调：“共产主义远大理想和中国特色社会主义共同理想，是中国共产党人的精神支柱和政治灵魂，也是保持党的团结统一的思想基础。”新时代我们党要团结带领人民进行伟大斗争、推进伟大事业、实现伟大梦想，必须毫不动摇地增强全党的政治自觉，不忘初心、砥砺前行，凝聚起为理想而奋斗的共同意志和磅礴力量。

革命理想高于天。我们党自诞生之日起，就把马克思主义写在自己的旗帜上，把实现共产主义确立为最高理想。我们党一路走来，正是靠着坚定的理想信念，由弱变强，由小变大，不断取得了革命、建设、改革的胜利。我们共产党人的根本追求，就是对马克思主义的信仰，对共产主义和社会主义的信念，对党和人民绝对忠诚。这是我们党无往不胜的核心密钥，也应该成为所有党员干部特别是领导干部的终身追求。正如习近平总书记强调的：“我们党是否坚强有力，既要看全党在理想信念上是否坚定不移，更要看每一位党员在理想信念上是否坚定不移。”“求木之长者，必固其根本。”领导干部没有理想信念或者理想信念不坚定，精神上就会“缺钙”，就会得“软骨病”，政治上就靠不住。盘点落马贪官的忏悔书，失足者都是从理想信念的松弛开始堕落的。同样的道理，一个政党的衰落，往往从理想信念的丧失或缺失开始。坚定的理想信念是有客观标准的，必须坚定“四个自信”。习近平总书记提出的20字新时代好干部标准的第一条就是信念坚定。当好干部，就是要把实践中国特色社会主义共同理想和坚定共产主义远大理想统一起来，把理想信念建立在对科学理论的理性认同上、建立在对历史规律的正确认识上、建立在对基本国情的准确把握上，必须不断增强道路自信、理论自信、制度自信、文化自信，增强对坚持和加强党的全面领导的信念，用自己的模范行为和高尚人格感召群众、带动群众、团结群众，不断把为崇高理想奋斗的伟大实践推向前进。坚定理想信念是思想上的返璞归真，也是党性上的固本培元，最终体现为政治意识的增强。要把坚定理想信念作为党的思想建设的首要任务，始终牢记党的宗旨，挺起共产党人的精神脊梁，解决好世界观、人生观、价值观这个“总开关”问题，自觉做共产主义远大理想和中国特色社会主义共同理想的坚定信仰者和忠实实践者。要增强政治意识，坚定政治自觉，不论在什么地方、在哪个岗位上工作，都要经得起风浪考验，善于从政治上观察、分析、解决问题，自觉为党工作、为民服务。

理想信念不仅是一个认识问题，更是一个实践问题，必须把崇高理想落实到具体工作中。共产党人的理想信念不是盲目的，而是科学认识人类社会发展规律的结果，这种向往、追求是人类社会发展的走向，是终将实现的远大理想。实践证明，在马克思主义理论指导下，中国共产党团结带领各族人民走过革命、建设、改革的光辉历程，取得了举世瞩目的成就，为人类社会发展进步贡献了中国智慧和中国方案。共产党人的信念、信仰不是虚妄空洞的，而是历史的、具体的、可实践的。认真尊崇党章，既是领导干部的应尽义务，又是庄严责任。党章是我们党立党、治党、管党的总章程，是全党最基本、最重要、最全面的行为规范，也是领导干部正心修身的根本标准。领导干部的政治理想就蕴藏在党章的每一个条款中，蕴含在对党员义务与权利、行为的标准与底线的认知与态度里。每一个领导干部都应自觉学习党章、遵守党章、贯彻党章、维护党章，自觉加强党性修养，增强党的意识、宗旨意识、执政意识、大局意识、责任意识，切实做到为党分忧、为国尽责、为民奉献。扎实的马克思主义理论基础，是领导干部保持政治清醒的基本前提。习近平总书记指出：“我们一些同志之所以理想渺茫、信仰动摇，根本的就是历史唯物主义观点不牢固。”解决这一问题，亟须加强理论学习，打牢历史唯物主义根基。要学习马克思主义经典著作，掌握马克思主义基本理论；学习习近平新时代中国特色社会主义思想，学习和掌握其世界观和方法论，坚持好、运用好贯穿其中的立场观点方法，提高“五种思维”能力，正确判断形势，始终保持政治上的清醒和坚定。在干事创业中深化政治理想。空谈误国，实干兴邦。理想信念的价值在于坚定不移，理想信念的威力在于脚踏实地。任何高谈阔论、流于形式的虚功假功都是水中月、镜中花，只有立足实际、苦干实干才是高扬理想信念的正确方式。要牢固树立群众观点，筑牢宗旨和服务意识，坚守一心为民，干在实处、走在前列的价值取向，坚决摒弃作风散漫、为官不为等突出问题。

二、正确把握政治方向

正确把握政治方向是提高政治能力关键之举。方向决定道路，道路决定命运。中国共产党人的政治方向，就是中国特色社会主义的前进方向。正确把握政治方向，必须高举中国特色社会主义伟大旗帜，坚持党中央的集中统一领导，坚持党的基本理论、基本路线、基本方略，特别是坚持党的基本路线。领导干部只有牢牢把握正确政治方向，才能始终保持强大政治定力和战略定力，才能在复杂的形势面前做到头脑清醒、明辨是非，才能在重大政治原则和大是大非问题上毫不含糊、毫不动摇，才能始终确保政治方向不偏、政治信仰不变、政治立场不移。习近平总书记深刻指出："中国特色社会主义是适合中国国情、符合中国特点、顺应时代发展要求的理论和实践，所以才能取得成功，并将继续取得成功。"新中国成立以来特别是改革开放以来，我们党坚持把马克思主义基本原理同我国具体实际和时代特征相结合，成功开辟了中国特色社会主义道路。这是一条我们必须坚定不移走下去的正确政治道路。

中国特色社会主义道路是党领导人民接力探索、接续奋斗的伟大成果。旗帜决定方向，也决定道路，更决定命运。对一个国家、民族和政党的发展来说，举什么旗、走什么路，是关系前途命运的头等重大问题。马克思曾经说过："人们自己创造自己的历史，但是他们并不是随心所欲地创造，并不是在他们自己选定的条件下创造，而是在直接碰到的、既定的、从过去承继下来的条件下创造。"中国特色社会主义道路是伴随着改革开放伟大实践而开创的，也是在中国革命已经取得胜利、新中国已经建立起社会主义基本制度并进行 20 多年建设的基础上开创的，是在一代又一代共产党人不忘初心、继续前进的接力探索和接续奋斗中坚持和发展的。新民主主义革命拯救了中国，使中国取得了反对帝国主义、封建主义和官僚资本主义的伟大胜利，中国人民从此站起来了；中国特色社会主义结合了中国实际，实现了全党工作中心向经济建设的转移，实行了改革开放，中国人民从此富起来了。党的十八大以来，党和国家事业发生的历史性变革，取得举世瞩目的辉煌成绩，根本原因也是始终高举中国特色社会主义伟大旗帜，坚持走中国特色社会主义道路。中国特色社会主义道路是实现我国社会主义现代化的必由之路，是创造人民美好生活的必由之路，是中华民族实现民族复兴真正强起来的必由之路；只有社会主义才能救中国，只有中国特色社会主义才能发展中国，这是党和人民从历史和现实中得出的不可动摇的结论。

必须毫不动摇地持续谱写好中国特色社会主义这篇大文章。习近平总书记强调："历史是不断向前的，要达到理想的彼岸，就要沿着我们确定的道路不断前进。"坚持和发展中国特色社会主义是一项长期的艰巨的历史任务，需要一代又一代共产党人接力奋斗。新时代坚持和发展中国特色社会主义，必须坚定"四个自信"，保持正确方向，既不走封闭僵化的老路，也不走改旗易帜的邪路，紧紧围绕坚持和发展中国特色社会主义这一"执政主题"，以永不懈怠的精神状态和一往无前的奋斗姿态，把中国特色社会主义推向前进。必须立足社会主义初级阶段这个最大实际，顺应我国社会主要矛盾的变化，统筹推进"五位一体"总体布局，协调推进"四个全面"战略布局，统揽伟大斗争、伟大工程、伟大事业、伟大梦想，推进中国特色社会主义事业不断前进。必须始终坚持把发展作为第一要务，推动高质量发展，不断改革创新，贯彻落实新发展理念，着力解决好发展不平衡不充分问题，大力提升发展质量和效益，更好满足人民在经济、政治、文化、社会、生态文明等方面日益增长的需要，更好推动人的全面发展、社会全面进步。必须全面落实以人民为中心的发展思想，不忘初心、牢记使命，永远把人民对美好生活的向往作为奋斗目标，勇于担当、实干兴邦，继续朝着建成富强民主文明和谐美丽的社会主义现代化强国目标奋勇前进。

牢固树立"四个意识"，自觉维护党中央权威和集中统一领导。习近平总书记指出："中国特色社会主义最本质的特征是中国共产党领导，中国特色社会主义制度的最大优势是中国共产党领导，党是最高政治领导力量。"党政军民学，东西南北中，党是领导一切的，坚持和完善党的领导，是党和国家的根本所在、命脉所在，是全国各族人民的利益所系、幸福所系。坚持党的领导，首要的就是自觉维护党中央权威和集中统一领导。这是重大政治原则问题，领导干部必须时刻保持清醒头脑。事在四方，要在中央。党中央有权威，才能把全党牢固凝聚起来，进而把全国各族人民紧密团结起来，形成万众一心、无坚不摧的磅礴力量，赢得具有许多新的历史特点的伟大斗争。党中央的权威是具体的而不是抽象的，维护习近平总书记党中央的核心、全党的核心地位，就是维护党中央权威。实践充分证明，确立习近平同志党中央的核心、全党的核心地位，确立习近平新时代中国特色社会主义思想的指导地位，是我们党的郑重选择，是众望所归、名副其实，是党心和民心所向。坚决维护习近平总书记党中央的核心、全党的核心地位，坚决维护党中央权威和集中统一领导，就是要不折不扣地执行好党的路线方针政策，坚持党的基本理论、基本路线、基本方略，增强“四个意识”，坚持“四个服从”，坚持以党的旗帜为旗帜、以党的方向为方向、以党的意志为意志，党中央提倡的坚决响应，党中央决定的坚决照办，党中央禁止的坚决杜绝，对于党中央从全局出发、集中各方面智慧作出的决定，要坚决贯彻执行，不允许任何人讨价还价。坚决维护党中央权威，坚决维护习近平总书记党中央的核心、全党的核心地位，就是要坚持党的民主集中制原则，保证政令畅通。既善于集中正确的意见，也要敢于拍板决断。充分发挥各地方各部门的积极性、主动性、创造性，但决不允许自行其是、各自为政，决不允许有令不行、有禁不止，绝不允许搞上有政策、下有对策。俗话说，三个臭皮匠赛过一个诸葛亮，再美的珍珠也需要用线串起来，一个人即使再有水平、再有才干，也有一定的局限性，需要群策群力，凝聚各方面智慧。当然民主的结果要通过集中才能实现。一方面，重大决策都要按照程序办事，充分发扬民主，广泛听取意见和建议，做到兼听善听、防止偏听偏信，做到科学决策、民主决策、依法决策；另一方面，在充分发扬民主的基础上，要有正确的集中。如果只有民主的讨论而没有集中的决断，就会导致议而不决。当断不断，反受其乱。

不断增强把方向、谋大局、定政策、促改革的能力，确保党始终总揽全局、协调各方。所谓总揽全局，就是各级党委要把主要精力放在抓方向、议大事、管全局上，集中精力抓好带有全局性、战略性、根本性和前瞻性的重大问题，把握政治方向，决定重大事项，安排重要人事任免，抓好思想政治工作，维护社会政治稳定，有效地实施党在各个领域的政治、思想、组织的领导。所谓协调各方，就是党委要从推进全局整体工作的要求出发，统筹协调好党委、人大、政府、政协的关系，统筹安排好纪检、组织、宣传、统战、政法、武装以及群众团体等方面的工作，使各方面都能各司其职，各尽其责，相互配合，形成合力。进一步发挥好总揽全局、协调各方的工作体制机制，一是从领导体制上，要强化党委决策和监督作用，加强党的全面领导，统筹协调好与人大、政府、政协班子之间的关系，支持人大及其常委会依法履行职能，通过人民代表大会制度，将党的主张变成人民意志；支持政府依法行政，加快“放管服”改革，转变职能，集中精力抓好经济调节、市场监管、社会管理、公共服务和环境保护；支持政协加强政治协商、民主监督和参政议政。二是从工作机制上，推动党委加强对全局工作的通盘考虑，合理划分工作层次、工作重点、工作职责，构建各方负责、分类实施的推进机制，凝聚起共谋发展的强大合力。

三、坚定站稳政治立场

站稳政治立场是领导干部提高政治本领的核心之要。领导干部政治领导本领最直接的表现，就是能够把人民群众动员和组织起来，为人民群众的利益而奋斗。中国共产党人的政治立场，就是人民立场，党的立场和人民立场是完全统一的，即坚持一切为了人民、一切依靠人民。“得众则得国，失众则失国。”毛泽东曾精辟指出，所谓政治，就是把我们的人搞得多多的，把敌人搞得少少的。对于一个政党来说，选取和坚守自己的立场是一个根本性的问题，这关系到它的政治命运和存在价值。领导干部必须把人民放在心中最高位置，坚持全心全意为人民服务的根本宗旨，与人民风雨同舟、生死与共，不断实现好、维护好、发展好最广大人民的根本利益。立场说到底就是代表谁、服务谁。这是检验一个政党、一个政权性质的试金石，也是衡量一个领导干部政治能力的试金石。“坚持以人民为中心”，是习近平新时代中国特色社会主义思想的十四条基本方略之一。习近平总书记强调：“人民立场是中国共产党的根本政治立场，是马克思主义政党区别于其他政党的显著标志。”党的根基在人民、党的力量在人民。自成立伊始，中国共产党就坚定不移站在人民的立场上。与人民风雨同舟、生死与共，始终保持血肉联系，是党战胜一切困难和风险的根本保证，也是新时代领导干部践行党的宗旨的具体体现。

永远把人民对美好生活的向往作为奋斗目标。“乐民之乐者，民亦乐其乐；忧民之忧者，民亦忧其忧”，“民心是最大的政治”，政治能力主要就是为人民服务的能力。带领人民创造美好生活，是我们党始终不渝的奋斗目标。党的十八大以来，习近平总书记在不同场合多次提到：“人民对美好生活的向往，就是我们的奋斗目标。”他强调，“全党同志一定要永远与人民同呼吸、共命运、心连心，永远把人民对美好生活的向往作为奋斗目标”。这充分体现了中国共产党人“为中国人民谋幸福，为中华民族谋复兴”的初心和使命。新时代，我国社会主要矛盾已经转化为人民日益增长的美好生活需要和不平衡不充分的发展之间的矛盾。党的领导干部必须扎实践行以人民为中心的发展思想，从人民群众的根本利益出发谋发展、促发展，不断满足人民群众日益增长的美好生活需要，努力促进人的全面发展。坚持人民利益至上，无论是创新驱动、激发活力的改革举措，还是统筹城乡、区域经济社会发展；无论是治理环境污染，顺应人民对良好生态的期待，还是注重内外联动发展、做大蛋糕同时更公平地分好蛋糕，都要充分兼顾人民利益。坚持发展为了人民，全心全意为人民服务，把增进人民福祉、提高人民生活水平和质量、促进人的全面发展作为根本出发点和落脚点，把实现好、维护好、发展好最广大人民根本利益作为发展的根本目的，把人民拥护不拥护、赞成不赞成、高兴不高兴、答应不答应作为衡量一切工作得失的根本标准。坚持发展成果由人民共享，以百姓之心为心，多谋民生之利、多解民生之忧，在发展中保障和改善民生，使改革发展成果更多更公平惠及全体人民，让人民群众在共建共享发展中有更多的获得感，朝着实现全体人民共同富裕不断迈进。

把人民群众作为最大的“靠山”。古人云：“政之所兴在顺民心，政之所废在逆民心。”习近平总书记强调：“一个政党，一个政权，其前途和命运最终取决于人心向背。”人民群众是历史的创造者，是决定党和国家前途命运的根本力量。“淮海战役的胜利，是人民群众用小车推出来的。”我们党一路走来，不断从胜利走向胜利，正是依靠人民群众的支持才取得的。无数事实证明，坚持人民主体地位，充分调动人民积极性，始终是我们党在革命、建设和改革中都能立于不败之地的强大根基。人民群众才是最牢固的“靠山”，党员干部只有信仰人民才能领导人民，人民的信任和支持是我们最大的底气。“当官不为民作主，不如回家卖红薯。”当领导干部，要是拿着俸禄不干事、高高在上不管事、欺压百姓干坏事，是会被老百姓用扁担打的。民心向背关系党的生死存亡。然而，有些领导干部，不信仰人民，不依靠人民，反而去依附权贵，搞政治攀附，结党营私获取“政治资源”，最终走向了人民的对立面，对此我们必须时刻高度警惕并坚决反对。人民是真正的英雄，这是历史的真谛，我们必须始终牢记。靠谁都不如靠人民，联系服务群众永远不能断线。要坚持人民群众的主体地位，把人民作为推动工作的力量源泉，充分尊重人民所表达的意愿、所创造的经验、所拥有的权利、所发挥的作用，充分尊重人民群众首创精神，自觉拜人民为师，向能者求教、向智者问策，不断从人民群众中汲取智慧和力量。要践行群众路线，坚持群众观点，站稳群众立场，大兴调查研究之风，倾听人民群众的呼声，回应人民群众的期待。要密切联系群众，深入实际、深入群众、深入基层，始终同人民想在一起、干在一起。有了人民群众这座最大的“靠山”，我们将无往而不胜。

四、严格遵守政治纪律

严格遵守政治纪律是提高政治本领的根本保证。古人云："欲知平直，则必准绳；欲知方圆，则必规矩。"没有规矩不成其为政党，更不能成其为马克思主义政党。纪律严明是我们党的优良传统和独特优势，是全党统一意志、统一行动、步调一致前进的重要保障。只有严格遵守政治纪律，才谈得上提高和发挥政治本领。习近平总书记强调："加强纪律建设是全面从严治党的治本之策。"党的十九大报告把纪律建设与政治建设、思想建设、组织建设、作风建设一道，作为党的建设总体要求的主要内容。党的二十大报告强调："坚持以严的基调强化正风肃纪。"在所有的纪律中，重中之重又是政治纪律和政治规矩。

政治纪律和政治规矩是全面从严治党的治本之策，必须把政治纪律和政治规矩挺在前面。习近平总书记强调："要坚持问题导向，把严守政治纪律和政治规矩放在首位。"在我们党所有的纪律和规矩中，第一位的是政治纪律和政治规矩。对领导干部来说，守纪律首要的是遵守政治纪律，守规矩首要的是遵守政治规矩。抓住了严守政治纪律和政治规矩这个纲，可以带动其他纪律严起来，所以严格遵守政治纪律和政治规矩，是管党治党的治本之策。干部在政治纪律、政治规矩上出问题，对党的危害不亚于腐败问题，有的甚至比腐败问题更严重。要时刻绷紧政治纪律和政治规矩这根弦不放松，谁都不能拿政治纪律和政治规矩当儿戏，谁都不得越过政治纪律、政治规矩的红线，越过了就要严肃追究政治责任，就必须付出惨痛代价。政治纪律和政治规矩也是具体的。现在，有少数党员干部政治纪律意识不强，在原则问题和大是大非面前立场摇摆，有的对涉及党的理论和路线方针政策等重大政治问题公开发表反对意见。有的地方和部门对维护党的政治纪律重视不够，个别的甚至对党中央方针政策和重大决策部署阳奉阴违。有的还专门挑那些党已经明确规定的政治原则来说事，口无遮拦，毫无顾忌，以显示自己所谓的“能耐”，受到敌对势力追捧。近年来党中央和各地对妄议党中央大政方针、破坏党的集中统一领导等违反政治纪律、政治规矩的通报不在少数。对此一定要引起高度重视、深刻警醒。人一生都生活在规矩之中，我们在严守政治纪律和政治规矩的同时，也要严格遵守工作、生活各方面的纪律规矩，言有所戒、行有所止，明白哪些事能做、哪些事不能做，自觉按原则、按规矩办事。

知敬畏是领导干部的优秀品德，敬畏之心须臾不可忘却。习近平总书记强调：“干部一定要知敬畏、存戒惧、守底线，敬畏党、敬畏人民、敬畏法纪。”敬畏，就是对自然的尊崇、对人民的爱戴、对组织的忠诚和对纪法的遵循。西方有句谚语：上帝要让你灭亡，必先让你疯狂。反之，如果你已经很疯狂，那离灭亡就不远了。这说的就是，人要有敬畏之心，万万不可目空一切，为所欲为。从某种程度上说，敬畏在社会治理中起着不可替代的作用。当然，我们共产党人的信仰不能跟这些相提并论，敬畏之心却须臾不可无。邓小平早就指出，共产党员要“一怕党，二怕群众”，这里的“怕”就是敬畏，心存敬畏是道德初心，也是从政良心。官有所畏，业才有所成。习近平总书记强调：“领导干部工作上要大胆，用权上则要谨慎，常怀敬畏之心、戒惧之意，自觉接受纪律和法律的约束。”常怀敬畏之心的干部，不会轻易浮躁，不会进退无度，不容易出格，不容易犯错误。没有敬畏，权力就不受约束，就会出现滥权、专权、弄权，最后是要栽大跟头的。“谨慎能捕千秋蝉，小心驶得万年船。”自律胜于纪律，领导干部要做到慎言、慎行、慎独，特别要把慎独作为从政为官的最高境界，严格要求自己，时刻保持如履薄冰、如临深渊的心态，杜绝权力用偏，防止行为越界，不为名所缚、不为物所累，守得住清贫、耐得住寂寞，确保权力为人民服务，无愧党和人民的重托。

五、切实增强政治定力

政治定力是领导干部执政领导本领的重要内容。主要是指领导干部抵御各种风险和经受住各种考验的能力，具体表现在政治鉴别力、政治免疫力、防范政治风险的能力。习近平总书记反复强调，共产党员特别是党的领导干部一定要有政治定力。当今世界，各种思想文化交流交锋日益频繁激烈，意识形态领域斗争、党面临的执政环境是长期而复杂的，“四大考验”“四种危险”将始终考验着我们党。党员干部特别是高级干部在大是大非面前不能态度暧昧，不能动摇基本政治立场，不能被错误言论左右。

要增强政治鉴别力。政治鉴别力，通俗讲，就是领导干部要明辨大是大非，知道坚持什么、反对什么，应该做什么、不能做什么。“大是大非”就是一个国家和政党的基本方向、基本准则、基本利益和基本道路。对领导干部来说，政治上的大是大非就是党始终教育我们的讲政治、讲基本。针对社会主义国家的基本性质，针对改革开放的基本路线，针对中国特色社会主义的基本道路，针对我们党全心全意为人民服务的根本宗旨，我们要明辨是非，坚持立场，把握方向。大是大非不是死记硬背、死守教条，而在于坚持基本，站稳立场，同时与时俱进，不断改革创新。这就要求领导干部要坚持正确的政治方向、坚定的政治立场、鲜明的政治观点、严格的政治纪律、较高的政治敏锐性，在大是大非面前，保持清醒头脑，在错综复杂的情况下站稳立场，分清主流和支流、真理和谬误、善美和丑恶。不能随波逐流、人云亦云，半点柴米油盐的事也跟着“津津乐道”。不能是非不清，不跟党走而跟人走，不感谢组织而是报答私情，搞“寄生制”“人身依附”。

要增强政治免疫力。免疫力是人的肌体识别并消灭侵入体内病菌的能力。免疫力缺失，人的生命将难以持续。同样，领导干部要维护好自己的政治生命，也需要不断提高政治免疫力。要自觉接受纪律约束，做到哪一条“红线”都不能触碰，哪一种“擦边球”都不能打，不做“两面人”、不搞“两面性”，真正做到知敬畏、明底线、依法办事。要不断加强党性锻炼，勇于自我革命，以刀刃向内的勇气“祛病强身”，能抵抗各种干扰诱惑，不断提高发现和解决自身问题的能力，不能因为自身角色、手中权力的变化而有丝毫懈怠。要善于敏锐鉴别身边复杂的人际关系，珍惜那些敢于交心，能够开诚布公、一针见血地为自己指出问题的诤友、挚友；远离并警惕那些一味阿谀奉承，为了自身利益不惜“捧杀”同志、搞坏政治风气的谄友、损友。在内心深处树立不放纵、不越轨、不逾矩的自律信条，做到带“病”的坚决不碰，自觉抵制形形色色“病菌”的入侵。

要增强防范政治风险的能力。当今世界正处于大发展大变革大调整时期，面临的不稳定性不确定性十分突出，天下并不太平。西方反华势力、境外敌对势力对我们的分裂、颠覆、渗透、拉拢活动从未停止，甚至变本加厉。特别是信息化时代，意识形态领域的斗争日趋复杂，一不小心就有可能迷失方向。如以还原历史为幌子，大肆宣扬历史虚无主义，歪曲、抹黑、污蔑我们党的领袖、党的历史和英雄人物，其根本目的是否定党的领导、否定社会主义。对此我们必须高度警惕，旗帜鲜明地抵制和还击。这就要求领导干部着力提高分析、把握国际国内形势的能力，提高从政治上观大势、定大局、谋大事的本领，做到不管形势多么复杂、挑战多么严峻，都始终保持清醒坚定，努力为以中国式现代化全面推进强国建设、民族复兴伟业作出贡献。

六、始终强化政治担当

政治担当是领导干部政治领导本领的实践特征。敢于担当是我们党的优良作风和优秀品格，是领导干部的基本素质和职责要求，是中国共产党永葆先进性纯洁性、巩固执政地位的重要基石。当领导干部理所当然意味着责任和付出，意味着奉献和牺牲。敢于担当是领导干部的基本素质，没有担当，何谈领导？敢于担当是领导干部的职责要求。领导就是责任，做领导就得有担当。对领导干部来说，责任无处不在，担当义不容辞。党把我们放在重要的领导岗位上，就必须做到守土有责、守土尽责，遇到事情就要担责、负责，出了问题还要追责、问责。对职责范围的工作不认真负责，就不是一个称职的领导干部，就没有资格做领导工作。习近平总书记强调："要加强党性锻炼，不断提高政治觉悟和政治能力，把对党忠诚、为党分忧、为党尽职、为民造福作为根本政治担当，永葆共产党人政治本色。"

敢于担当是共产党人的鲜明品格。无论是增强党的创造力凝聚力战斗力，还是提高党的执政能力、巩固党的执政地位，都需要培养一大批敢作为、敢担当、关键时刻站得出来的优秀领导干部。习近平总书记指出："担当大小，体现着干部的胸怀、勇气、格调，有多大担当才能干多大事业。"有多大的担当才能干多大的事业，尽多大的责任才会有多大的成就。担当精神体现着领导干部的党性和觉悟，体现着领导干部的胸襟和勇气，也决定着领导干部职责的履行、作用的发挥、贡献的大小。进入新时代，我们党正在进行具有许多新的历史特点的伟大斗争，这就要求各级领导干部勤于履责、勇于担责、敢于负责，在敢于担当中历练提高，在真抓实干中建功立业，创造经得起实践、人民、历史检验的业绩。要敢想敢做敢当，牢固树立责任重于泰山的意识，坚持党的原则第一、党的事业第一、人民利益第一，面对大是大非敢于亮剑，面对矛盾敢于迎难而上，面对危机敢于挺身而出，面对失误敢于承担责任，面对歪风邪气敢于坚决斗争，平常时候看得出来、关键时刻豁得出来、危急关头顶得上去，切实做到为党分忧、为国尽责、为民奉献。

敢于担当需要勇气，更需要能力。习近平总书记多次强调，领导干部既要有激情、有韧劲，更要办事管用。办事管用讲的就是要有能力、有水平。这就必须树立科学的世界观和方法论，培养战略思维、创新思维、辩证思维、法治思维和底线思维。关于战略思维，习近平总书记强调，这是一个政党、一个国家的根本性问题，要加强战略思维，增强战略定力，善于从全局视角谋划问题、善于从长远眼光思考问题、善于从整体思路上把握问题。关于创新思维，习近平总书记强调，创新是一个民族进步的灵魂，“惟创新者进，惟创新者强，惟创新者胜”，创新是引领发展的第一动力，要不断推进理论创新、制度创新、科技创新、文化创新等各方面创新。关于辩证思维，习近平总书记强调，辩证思维就是承认矛盾、分析矛盾、解决矛盾，善于抓住关键、找准重点、洞察事物发展规律，在进一步推进全面深化改革中，要坚持正确的思想方法，坚持辩证法。关于法治思维，习近平总书记强调，依法治国是党领导人民治理国家的基本方略，法治是治国理政的基本方式，任何人都没有法律之外的绝对权力，要牢固树立法律红线不能触碰、法律底线不可逾越的观念。关于底线思维，习近平总书记强调，要善于运用底线思维分析处理问题，凡事从坏处准备，努力争取最好的结果，做到有备无患、遇事不慌，牢牢把握工作主动权。这些重要论述，要求我们必须充分认识掌握科学思维方法的重要性，运用科学的思维方法观察事物、分析问题、解决问题。

领导干部的政治本领不是与生俱来的，也不会随着领导干部职务提升而自然提高。提高政治能力是领导干部的终身任务。领导干部要不断加强政治理论学习，特别要深入学习领会习近平新时代中国特色社会主义思想，打牢提高政治本领的思想基础和理论基础；要严肃党内政治生活，带头执行民主集中制，认真开展批评和自我批评，带头参加“三会一课”、民主评议党员、谈心谈话等活动，自觉参加双重组织生活会，虚心接受各方面监督，不断提高政治本领；要在防范各种政治风险，尤其是政治风险中，加强风险调查分析研判，不断提高政治本领；要在重大政治任务和艰难险重任务面前，率先垂范、冲锋在前，敢于负起责任、挑起重担，不断提高政治本领。

领导干部要发扬斗争精神、增强斗争本领

没有斗争，就没有胜利。无论是生命的起源进化，还是时代的发展变革，无论是个人的成长进步，还是民族的昌盛、国家的繁荣，都离不开斗争。恩格斯指出，一个革命的政党也必须懂得斗争；一切争取解放的阶级斗争，尽管它必然地具有政治的形式，归根到底都是围绕着经济解放进行的；为了进行斗争，我们必须把我们的一切力量拧成一股绳，并使这些力量集中在同一个攻击点上；凡是为某种事业进行斗争的人，都不可能不树敌。列宁指出，只有斗争才能决定我们（最终）能够前进多远；斗争是一定生产关系体系的产物；凡是在真正进行斗争的人，自然都会为争取一切而斗争；斗争是有原则的斗争；斗争要得法；要不惧失败，反复地干。毛泽东指出，敢于斗争、敢于胜利，是中国共产党在历次革命斗争中遵循的一贯原则；只有在亲身参加变革现实的实践的斗争中，才能暴露那种或那些事物的本质而理解它们；要分析形势，知己知彼，百战百胜；战略上要藐视敌人，战术上要重视敌人；统一战线是战胜敌人的重要法宝；谈判要讲究原则和策略；采取有理、有利、有节的斗争方针。这些重要论述，对指导我们进行具有许多新的历史特点的伟大斗争，仍然具有重大的现实意义。我们要深刻把握贯穿其中、一脉相承的斗争思想。

一、认真学习习近平总书记关于斗争的重要论述，准确理解新时代伟大斗争的丰富内涵

党的十八大以来，习近平总书记多次强调领导干部要发扬斗争精神、增强斗争本领，要敢于斗争、善于斗争；明确指出新时代坚持和发展中国特色社会主义是一场伟大社会革命，要求我们必须时刻进行具有许多新的历史特点的伟大斗争。习近平总书记关于斗争的系列重要论述，科学回答了伟大斗争的一系列理论和实践问题，为夺取新时代中国特色社会主义伟大胜利提供了强大的思想武器和方法指导。

时代以伟大斗争为标志，实现伟大梦想，必须进行伟大斗争——指明了斗争的必然性。习近平总书记指出："社会是在矛盾运动中前进的，有矛盾就会有斗争。""不忘初心、牢记使命，必须发扬斗争精神，勇于担当作为。"中华民族伟大复兴，绝不是轻轻松松、敲锣打鼓就能实现的。我们党要团结带领人民有效应对重大挑战、抵御重大风险、克服重大阻力、解决重大矛盾，必须进行具有许多新的历史特点的伟大斗争。许多时候胜利要通过斗争获得，谁也不会送给我们。没有斗争，哪有新时代的历史性成就、历史性变革？害怕斗争、一味退让，最后肯定要完败！如果我们不保持箭在弦上的备战姿态，就可能连还手的机会都没有。风险挑战并不可怕，可怕的是没有斗争意识、斗争精神、斗争魄力。学习习近平总书记的这些重要论述，笔者认为，斗争是前进中的必然、发展中的必然、伟大征程中的必然，如果没有斗争，党就不可能有巩固的团结统一，只有敢于斗争、善于斗争，在斗争中求和谐、在斗争中求统一，才能决定我们最终能够前进多远。

斗争比的是毅力、耐力，不能只是三板斧，夺取胜利要善于缠斗——指明了斗争的长期性。习近平总书记指出，我们面临的各种斗争不是短期的而是长期的，至少要伴随我们实现第二个百年奋斗目标全过程。我

们党是在百折不挠、千锤百炼的长期斗争中诞生、成长、壮大的马克思主义政党，要永葆斗争精神，以"踏平坎坷成大道，斗罢艰险又出发"的顽强意志，应对好每一场重大风险挑战，切实把改革发展稳定各项工作做实做好。谁能坚持到最后谁就是最终的胜者。斗争本领是建立在对各方面情况的充分掌握和集思广益基础上的，是建立在长期细致观察、长期琢磨思考、长期谋划准备基础上的，是藏剑匣中、蓄势待发的因时而生、顺势而为。学习习近平总书记的这些重要论述，笔者认为，斗争是一场持久战，是一场马拉松，特别是政治斗争并不取决于一次战斗，需要我们永葆斗争精神，做出坚持不懈的长期努力，久久为功。

狭路相逢勇者胜，我们所处的是一个愈进愈难、愈进愈险而又不进则退、非进不可的时候——指明了斗争的艰巨性。习近平总书记指出，斗则得、服则失。同强手打交道，不能靠乞求，要敢于斗争、善于斗争，在斗争中求合作，在斗争和合作中维护国家尊严和发展环境。中国人民站起来了，富起来了，但我们面临的挑战和问题依然严峻，党面临的长期执政考验、改革开放考验、市场经济考验、外部环境考验具有长期性和复杂性，面临的精神懈怠危险、能力不足危险、脱离群众危险、消极腐败危险具有尖锐性和严峻性。今天的长征，还有许多"雪山""草地"需要跨越，还有许多"娄山关""腊子口"需要征服，都是具有开创性、艰巨性、复杂性的事业，全党必须准备付出更为艰巨、更为艰苦的努力。学习习近平总书记的这些重要论述，笔者认为，斗争越往后越复杂越艰巨，就越需要斗争具备革命性、彻底性。要发扬敢于担当、敢于斗争的精神，认真冷静分析、主动大胆作为、有力有效斗争，才能因势利导、化危为机，以逢山开路、遇水架桥的决心、勇气和斗志来攻坚克难。

斗争是好干部的"试金石"，要在斗争中识别忠诚，在斗争中学到本领——指明了斗争的实践性。习近平总书记指出，斗争不是盲目蛮干，没有本事，一把好牌就会打成烂牌。斗争精神、斗争本领不是自然天成的。大风大浪中才能培养出大智大勇。不经历几次"风吹浪打"，不捧过几块

"烫手山芋"，不当几回"热锅上的蚂蚁"，怎么可能练出真本领！要有组织、有计划地把干部放到重大斗争一线去真枪真刀磨砺，强弱项、补短板，学真本领，练真功夫。干部是否有培养前途、能否堪当大任要在重大斗争实践中去识别。凡是没有重大斗争经验的干部，轻易不要派到党政主要领导岗位上去，要把经过重大斗争考验、有斗争经验和本领的干部用起来。学习习近平总书记的这些重要论述，笔者认为，斗争要真刀真枪有真本领，只有在斗争中，在胜利和失败的时候，顺境和逆境当中，才能看出干部坚韧不拔的性格、无可怀疑的忠诚和始终如一的责任感。

斗争要依纪依法、有理有利有节，不能鲁莽行事、草率作为——指明了斗争的原则性。习近平总书记指出，我们中国人自古就讲"和为贵"，但"和为贵"也是要讲原则的，靠无原则退让是求不到和的。斗争是一门领导艺术，要坚持有理有利有节，在不同时候采取不同的斗争手段和策略，围绕斗争目的选择合理斗争方式，把握斗争火候，有斗有和、知行知止、进退自如，处于强势不可骄傲，处于弱势不可气馁，不能为斗而斗、一味蛮斗。斗争精神不是搞极左的那一套，而是要在事关中国特色社会主义前途命运的大是大非问题上坚定不移，在改革发展稳定工作中敢于碰硬，在全面从严治党上敢于动硬，在维护国家主权、安全、发展等核心利益上敢于针锋相对，面对各种挑衅敢于接招、敢于出击、敢于战胜，不在困难面前低头，不在挑战面前退缩，不拿原则做交易，不在任何压力下吞下损害中华民族根本利益的苦果。学习习近平总书记的这些重要论述，笔者认为，斗争要讲究方式方法，要巧妙运用，必须把我们的一切力量拧成一股绳，并使这些力量集中在同一个攻击点上，集中优势力量逐个击破，任何时候都必须有原则、有底线。

二、清醒认识当前面临的斗争形势，始终保持永不松懈的斗争精神

斗争是永恒的，但在不同时期有不同的表现形式。过去我们党搞武装斗争，在战争中学习战争；改革开放又在经济建设的汪洋大海中学会了“游泳”；推进党的自我革命，更是在坚持“刀刃向内”中实现了自我净化、自我完善、自我革新、自我提高。2018 年 1 月 5 日，在新进中央委员会的委员、候补委员和省部级主要领导干部学习贯彻习近平新时代中国特色社会主义思想和党的十九大精神研讨班开班式上，习近平总书记从政治安全、经济发展、战略安全、主权安全、周边安全、反分裂、社会稳定、自然灾害 8 个方面列举了 16 个需要高度重视的重大风险；2019 年 1 月 21 日，在省部级主要领导干部坚持底线思维着力防范化解重大风险专题研讨班开班式上，习近平总书记再次指出 2019 年比较突出的防范化解政治领域重大风险等 9 个问题。应对其中每一个重大风险和问题都是一场艰巨斗争。我们要清醒认识新时代斗争面临的形势，警惕和防范内外风险、不同领域风险传导转化、叠加碰头，主动迎战，敢于胜利。

从世情看，国际形势云谲波诡，事关国家核心利益的斗争只会加剧、不会停止。当今世界正面临百年未有之大变局，美国等西方国家对我国发展壮大越来越感到如鲠在喉、如芒在背，把我国发展壮大视为对西方资本主义制度和西方主导的世界秩序的威胁，特别是对美国全球霸主地位的威胁，因而对我国进行的颠覆性破坏活动一刻也没有停止。一些国家持续对我国进行多方面遏制、渗透，不断制造议题和事端，蓄意阻碍和破坏中华民族伟大复兴的进程，各种敌对势力搞西化分化、“颜色革命”的图谋一刻都没有停止过，贸易保护主义、单边主义甚嚣尘上，南海东海维护主权斗争暗流涌动，“藏独”“台独”“港独”“疆独”等敌对

势力合流并由境外向境内倒灌，一些所谓“公知”“网络大V”被国外势力收买大搞意识形态输入，我们面临的维护自身主权、安全、发展利益的任务更加复杂繁重。核心利益是关系国家、民族生死存亡的根本利益，任何时候、任何情况下都不能放弃和牺牲。然而有的干部在维护国家核心利益上缺乏自信，不敢坚持原则，不敢开展针锋相对的斗争；有的对意识形态领域以“开明绅士”自居，该发声时不发声，该亮剑时不亮剑。对此，一定要保持清醒的头脑，始终坚定对中国特色社会主义道路的自信，毫不动摇地坚持中国特色社会主义制度，同一切歪曲和否定社会主义制度的言行作斗争，坚决反对一切分裂祖国、破坏民族团结与社会和谐稳定的行为。

从国情看，发展任务繁重、风险隐患增多，事关改革发展稳定的斗争不断深入、更加艰巨。中国特色社会主义进入新时代，我们比任何时候都更接近中华民族伟大复兴的目标，但同时也面临着各种各样的风险和挑战。目前，我国经济发展已由高速增长阶段转向高质量发展阶段，正在向更高级的形态、更复杂的分工、更合理的结构转型升级，经济运行稳中有变、变中有忧，经济下行将使许多长期积累的风险水落石出，推进供给侧结构性改革过程中不可避免地会遇到一些困难和挑战，社会领域风险的叠加效应、联动效应、放大效应更加明显，国家治理体系和治理能力有待加强，长期积累的一些深层次矛盾和问题难以在短期内得到完全解决，各类风险易发高发。防范化解重大风险、污染防治仗仗难打，而且越往后越难，传统观念束缚、体制机制障碍、利益固化藩篱等问题愈益突出，简政放权、放管结合、优化服务等工作面临多重障碍，触及利益比触及灵魂还难。新时代坚持和发展中国特色社会主义是一场事关中华民族前途命运的伟大社会革命，改革发展稳定越是向前拓展，就越要触及深层矛盾和问题，就越需要斗争精神。我们要摆脱传统思想观念束缚，破除体制机制障碍，突破利益固化藩篱，涉“深水区”，啃“硬骨头”，不惧任何风险，排除任何干扰，深化重点领域和关键环节的改革，贯彻新发展理念，让一切劳动、知识、技术、管理、资本的活力竞相迸发，让一切创造社会财富的源泉充分涌流。

从党情看，党面临的“四大考验”“四种危险”日趋复杂，全面从严治党和反腐败斗争永远在路上、没有休止符。我们党自身面临的风险是最致命的风险。党的十八大以来，我们党以自我革命精神推进全面从严治党，清除了党内存在的严重隐患，成效明显。事实反复证明，只要党内不出乱子，我们就能任凭风浪起、稳坐钓鱼台，但影响党的先进性、弱化党的纯洁性的因素是复杂的，党内存在的思想不纯、组织不纯、作风不纯等突出问题尚未得到根本解决。在旗帜鲜明讲政治方面，一些干部政治纪律和政治规矩意识不强，当“两面人”，不信马列信鬼神；有的口口声声拥护党中央，实际上对习近平总书记的指示批示和党中央的决策部署落实不到位，甚至搞变通、作选择，搞阳奉阴违、程序空转；公然结党营私、拉帮结派、团团伙伙的少了，但有些只是隐形变异甚至走入“地下”了。在反腐败斗争方面，反腐败斗争取得压倒性胜利并全面巩固，但远未取得彻底胜利，腐败不收敛、不收手的情况仍时有发生，存量没减完，增量还在长，反“四风”仍然不乐观。在担当作为方面，一些干部不愿作为、不敢作为、不会作为，“只要不出事，宁可不干事”，形式主义、官僚主义等新老问题叠加。所有这些问题，干部群众怨言不少，都会给党的形象带来严重伤害。我们必须树立问题导向，坚持刀刃向内，反复抓抓反复、经常抓抓经常，同一切弱化党的先进性、损害党的纯洁性的问题作坚决斗争，把党建设成为始终走在时代前列、人民衷心拥护、勇于自我革命、经得起各种风浪考验、朝气蓬勃的马克思主义执政党。

三、既要敢于斗争又要善于斗争，领导干部要培养斗争精神增强斗争本领

敢于斗争是共产党人的政治品格，也是我们党的优良传统。在前进

道路上，我们面临的考验和风险一点也不会比过去少，只会越来越复杂，要继续发扬斗争精神，敢于动真碰硬、攻坚克难，绝不能有任何贪图享受、消极懈怠、回避矛盾的思想和行为。当然，发扬斗争精神不是空有一腔热血、逞强好胜，不能盲目冲动、不讲变通，而是要不断增强斗争本领，巧妙使用斗争方式，以达成既定的目标使命。这是当前形势任务对各级领导干部提出的必然要求，是领导干部的必修课。

1. 唤醒斗争意识，坚定顽强不屈的斗争信念。斗争意识是斗争精神的前提。没有斗争意识，就没有斗争精神，更遑论斗争本领。我们党在幼年时期之所以屡受挫折，甚至一度面临生死存亡的危险，其中很重要的一个原因就在于那时党的相当一部分领导者缺乏斗争意识，不坚定、不坚决，没有正确认识到党面临的严峻革命形势，主动放弃革命领导权，以至于在国民党右派叛变革命时束手无策、无所适从。时下，一些干部以为身处和平年代，逐渐滋生松懈麻痹的思想，开始把斗争的武器刀枪入库、马放南山，总想做个“爱惜羽毛”的“开明绅士”，分不清敌我，缺乏时刻警惕、随时准备斗争的意识，结果在对外交往中“吃了亏”；有的对“斗争”存在误解，简单地把斗争等同于阶级斗争或武装斗争，不仅不愿讲，甚至还非常排斥，认为是搞“左”的那一套；有的革命精神、斗争意识淡化退化，避谈革命、不敢斗争。思想的锈蚀比枪炮的锈蚀更可怕。和平年代并不意味着可以告别斗争，平静的海面下往往暗潮汹涌。要时刻绷紧斗争这根弦。风险挑战并不可怕，可怕的是没有斗争意识。要增强斗争意识，准确把握当前面临的新形势新挑战，充分考虑到斗争形势的严峻性、复杂性、艰巨性，把问题想得更深一些、更全一些，时刻做好应对准备，随时准备进行针锋相对的斗争。不当“温良恭俭让”式的“老好人”。好人主义不是什么好主义。正义之怒不可无。领导干部特别是一个地方一个部门的主要负责人，要有点英雄气概，敢于、乐于、习惯于红脸出汗，面对大是大非敢于亮剑、面对矛盾敢于迎难而上、面对危机敢于挺身而出、面对失误敢于承担责任、面对歪风邪气敢于坚决斗争，让坚持真理、明辨是非、敢于担当的优良作风成为社会常态。

2. 强化斗争意志，树立必胜的斗争信心。斗争的长期性、复杂性、艰巨性，决定了斗争要有知难不惧、刚强不屈、坚韧不拔、锲而不舍的意志。100 多年的发展历程充分证明，我们党领导人民从弱小走向强大、从落后走向富强，靠的就是坚韧不拔的斗争意志。然而现实中，一些领导干部一遇到问题、碰到矛盾，就心里发慌、骨头发软，六神无主、丧失意志；有的甚至刻意回避矛盾，任其发展，对错误做法和不良倾向置若罔闻，导致矛盾越积越深，恶果越积越多，最终不可收拾。理想信念是斗争的力量源泉。心中有信念，脚下有力量。没有理想的人是不能指望的。中国共产党的理想信念建立在对马克思主义的深刻理解之上，建立在对历史规律的深刻把握上。实践反复证明，一个政党有了远大理想和崇高追求，就会无坚不摧、无往不胜，就能经受住一次次挫折而又一次次奋起；一名干部有了坚定的理想信念，站位就高了，心胸就阔了，就能坚持正确的政治方向，做到“风雨不动安如山”。要始终保持对远大理想和共同理想的清醒认知和执着追求，争做政治上的明白人、意志上的坚定者、斗争上的先行者，矢志不渝为崇高理想而执着奋斗。正义斗争一定会胜利。“得道多助，失道寡助。”领导干部作为党和人民的直接“代言人”，一切工作都是以人民为中心、为人民谋幸福的，也必然可以获得人民的支持和认可。领导干部要把党的初心、党的使命铭刻于心，把人民放在心中最高位置，同人民风雨同舟、血脉相通、生死与共，想问题、作决策、办事情都要站在人民立场、解决群众难题、增进人民福祉，不断增强人民群众获得感、幸福感和安全感，这是我们战胜一切困难和风险的根本保证。

3. 增强斗争魄力，保持敢于斗争的英雄气概。毛泽东说过，抗美援朝这一仗叫作“打得一拳开，免得百拳来”。领导干部在关键时刻所表现出来的斗争魄力，往往会成为决定斗争胜负的关键因素。现实中，一些领导干部遇到矛盾问题绕道走，不敢拿出自己的意见，甚至把问题推卸给别人；有的在重大原则问题上左右摇摆，一味妥协退让，不敢开展针锋相对的斗争。新时代坚持和发展中国特色社会主义是一场伟大的社会革命，领导干部要有效应对挑战、破解难题，没有斗争魄力是做不到的。要不信邪、不怕鬼。正气充盈则邪不近身。领导干部要襟怀坦荡、光明磊落，以简单对复杂，自觉摒除私心杂念，自觉按原则办事、按规则办事、按程序办事，以“明知山有虎、偏向虎山行”的英雄气概，保持铮铮铁骨，做到真理真话敢讲、歪风邪气敢管、硬事难事敢抓。要不胆怯、不妥协。“兵熊熊一个，将熊熊一窝。”面对纷繁复杂的形势和繁重艰巨的任务，领导干部要始终保持永不懈怠的精神状态和一往无前的奋斗姿态，以蓬勃朝气、昂扬锐气、浩然正气和舍我其谁的胆识，敢于大胆创新，先试先行，带出一支无所畏惧、能打胜仗的队伍。要不慌乱、不犹豫。“用兵之害，犹豫最大。”面对重大斗争，不能在心理上患得患失、在战略上摇摆不定、在行动上随波逐流。要厚积薄发，增强多谋善断、临机决断的能力，做到胆要大、心要热、头要冷，临危不乱、镇定自若，敢于拍板、及时出手，既要防止拍脑袋的异想天开和灵机一动的主观臆断，也不能优柔寡断，错失良机。

4. 讲求斗争策略，牢牢把握斗争的主动权。策略是实现目标的方案聚合。策略正确与否，决定了斗争的胜负与成败。历史一再证明，是否拥有科学合理、清醒理性的斗争策略是检验一个政党或政治家成熟有力的重要标准。然而现实中，一些领导干部不讲斗争策略，工作不得法，习惯于眉毛胡子一把抓，找不到重点，抓不住关键；有的领导干部习惯于用老经验、老办法办事，盲目套用过去的经验，结果往往是“老革命遇到了新问题”；有的领导干部工作方法简单粗暴，单凭个人情绪领导斗争，常常被“讹诈者的无理取闹所破坏”。凡此种种皆是领导干部缺乏斗争策略的表现，必须加以消除。要把准大势、融入大局。“察势者明，趋势者智。”把握了大局大势，才能洞察先机、抓住要害，把握分寸、趋利避害，才能防止意气之争、无谓之争，防止逞一时之能、争一时之利。要始终立足大局、服务大局、融入大局，提高政治站位，把准政治方向，善于从政治上研判形势、分析问题，做到先谋于局、后谋于略、略从局出。要知己知彼、通盘考虑。“知己”，就是要对自身情况进行严格审视和认真分析，以此进行谋略和战术安排；“知彼”，就是要对对方的力量进行全方位深入了解。要坚持具体问题具体分析，善于从纷繁复杂的局势中找到制约工作、需要突破的主要矛盾和关键环节，弄清蕴藏其中的机遇与挑战、有利因素与不利因素，全面掌握情况，聚焦最急最难最忧的问题，集中力量打击当前最主要的敌人。

5.提高斗争艺术，追求斗争效果的最大化。斗争方式不是一成不变的，需要灵活把握、巧妙运用。然而现实中，有的领导干部并没有认识到斗争的本质，只是为斗而斗、一味蛮斗，既费时又费力；有的节奏把握不好，只求一味冒进，忽视了退守，结果导致被动；有的斗争方式选择不恰当，斗争手段单一，斗争效果不佳。这些都是不讲斗争艺术的体现。要坚持有理有利有节。严格区分和正确处理不同性质的矛盾，深入了解斗争的目的和性质，判断斗争的阶段和任务，了解现行法律法规的规定，在法理上、道义上都争取制高点，不做无谓的争执与纠缠，做到打“有理之战”“正义之战”；要摸清对方的具体情况，积蓄力量，把握时机，果断出击，打“有力之战”“准备之战”；要把握节奏，注意斗争的火候，有张有弛，出其不意，攻其不备，出奇制胜，打“毅力之战”“耐力之战”。要坚持知行知止、进退自如。要统筹兼顾、综合平衡，坚持全局和局部相配套，治标和治本相结合，渐进和突破相衔接，抓住关键问题、热点问题、制约工作发展的难点问题等，实现重点突破和整体推进。要科学掌握斗争的分寸，有时抓大放小、以大兼小，有时又要以小带大、小中见大，不因一时失利而忧，不因一时得利而喜，切忌一概而论，一个模式、一种方法包打天下。要坚持在斗争中求合作、促团结。斗争的目的不是斗争本身，而是团结一切可以团结的力量，形成

"共识"，促进"共为"。要尽可能去寻求、扩大这些"共同"的因素，寻求最大公约数。不仅要善于团结志同道合的人，还要善于团结与自己意见不同的人，特别是反对自己的人。当然，对原则问题要坚持原则、敢于亮剑、坚决斗争，对非原则问题要时刻以事业和大局为重，做到以斗争促和谐、以斗争求稳定。

6. 加强斗争历练，在斗争实践中经风雨、长才干。斗争精神不是天生的，斗争本领也不会自然提升，经风雨、见世面才能壮筋骨、长才干。然而，时下一些干部有歇脚松劲的想法，生活节奏、工作节奏都比较慢，干事创业氛围不浓，斗争精神、斗争本领缺乏；一些干部出了校门就进机关，没经过一线磨砺，大风大浪来了就没主见；有的"隐"在机关、"窝"在家里纸上谈兵；有的干部在执行急难险重任务面前一筹莫展，关键时刻"掉链子"。克服干部队伍在重大风险挑战面前的软骨病、恐惧症、无能症，就要到斗争实践中、一线上真刀真枪地干。要主动在实践中磨砺真本领。干部要把全部心思和精力用在干事创业上，自觉加强实践锻炼，克服"本领恐慌"，使专业素养和工作能力跟上时代节拍，具备担当的宽肩膀、成事的真本领。各级党委和组织部门也要把斗争精神、斗争本领作为教育培训干部的重要内容，作为考核考察识别干部的重要方面，作为选拔任用干部的重要依据，作为管理监督干部的重要约束，作为树立表彰典型的重要条件，有组织、有计划地把领导干部特别是年轻干部放到重大斗争的一线实践中真刀真枪经受锻炼，学真本领、练真功夫，把敢于斗争、善于斗争的鲜明导向亮出来、树起来，推动广大干部特别是领导干部保持铮铮铁骨，保持共产党人的风骨、气节、操守、胆魄。要敢于将自我革命进行到底。时刻加强自我改造，增强自我净化、自我完善、自我革新、自我提高的能力，坚决抵制庸俗腐朽的政治文化，自觉抵制商品交换原则对党内生活的侵蚀，坚决防止和反对个人主义、分散主义、自由主义、本位主义、好人主义，自觉开展党内积极健康的思想斗争，同一切影响党的先进性、弱化党的纯洁性的问题作坚决斗争。

领导干部要树立正确的世界观

世界观，是人们对整个世界的根本看法，它建立在对自然、人生、社会的科学的、系统的、丰富的认识基础上，涵盖政治、经济、宗教、文化、自然、科学和道德等各个领域，不同的世界观会指导人们采取不同的行动，从而对社会的发展起着促进或阻碍作用。世界观就是观世界。党的十八大以来，习近平总书记多次强调树立正确世界观的重要性，并指出要“解决好世界观、人生观、价值观这个‘总开关’问题”。中国共产党人在马克思主义科学世界观和方法论的指导下，找到了革命、建设、改革的正确道路，攻克了许多长期没有解决的难题。新时代新征程，我们要进行具有许多新的历史特点的伟大斗争，实现中国社会主义现代化和中华民族伟大复兴的宏伟目标，各级领导干部要牢固树立正确的世界观，更加自觉地坚持和运用辩证唯物主义世界观改造自己、提高自己，为进行伟大斗争、建设伟大工程、推进伟大事业、实现伟大梦想积蓄磅礴力量。

一、坚定政治观，牢牢把握正确的政治方向

习近平总书记强调：“政治方向是党生存发展第一位的问题，事关党的前途命运和事业兴衰成败。”政治标准是衡量领导干部的第一标准，不论在什么地方、在哪个岗位上工作，党的干部都要增强党性立场和政治意识，经得起风浪考验，不能在政治方向上走岔了、走偏了，要不折不

扣把稳政治方向、站稳政治立场、防范政治风险，永葆政治本色，始终做政治上的明白人。

1. 不忘初心方能行稳致远。习近平总书记指出："一切向前走，都不能忘记走过的路；走得再远、走到再光辉的未来，也不能忘记走过的过去，不能忘记为什么出发。"哲学上有三个终极问题："我是谁、我从哪里来、我要到哪里去。"这是任何一个人都应该搞清楚的问题，不然就会因为"走得太远而忘记为什么出发"，最终迷失自己的目标，乃至走向深渊和灭亡。事实上，一个人只有不忘初心，知道自己从哪里来、到哪里去，才不会忘记最初的自己，不会迷茫失落，才能始终脚踏实地、行稳致远。"中国共产党人的初心和使命，就是为中国人民谋幸福，为中华民族谋复兴"，这是共产党人世界观的具体体现，也是激励中国共产党人不断前进的根本动力。从周恩来"为中华之崛起而读书"，到邓小平"出来工作，可以有两种态度，一个是做官，一个是做点工作。我想，谁叫你当共产党人呢。既然当了，就不能够做官，不能够有私心杂念，不能够有别的选择"，再到习近平总书记的"我将无我，不负人民"，无一不体现着共产党人全心全意为人民服务的根本宗旨。可以说，共产党人的追求，一切工作的出发点、落脚点都是为了人民，以保障和改善民生为重点，不断实现好、维护好、发展好最广大人民的根本利益，不断提高人民群众的获得感、幸福感、安全感。把我们党建设成为始终走在时代前列、人民衷心拥护、勇于自我革命、经得起各种风浪考验、朝气蓬勃的马克思主义执政党，就必须弘扬伟大的长征精神，发扬革命战争年代敢于战斗、不怕困难的奋斗精神，勇于战胜各种艰难险阻、风险挑战，在新时代把党的自我革命推向深入，在困境中保持积极心态、昂扬不屈斗志，驱散乌云、熬过黑夜，冲破艰难险阻，扬帆远航。

2. 信念如磐方能扬帆远航。习近平总书记指出，"理想信念就是共产党人精神上的'钙'，没有理想信念，理想信念不坚定，精神上就会'缺钙'，就会得'软骨病'"，"就会在风雨面前东摇西摆"。理想信念动摇是最危险的动摇，理想信念滑坡是最危险的滑坡。盘点落马贪官的忏悔书，失足者都是从理想信念的松弛开始堕落的。同样的道理，一个政党的衰落，往往从理想信念的丧失或缺失开始。中国共产党100多年的发展历史，就是一部革命精神的光大史。伟大建党精神、井冈山精神、苏区精神、长征精神、遵义会议精神、延安精神、抗战精神、红岩精神、西柏坡精神、抗美援朝精神、“两弹一星”精神、改革开放精神、特区精神、抗洪精神、抗震救灾精神、脱贫攻坚精神、抗疫精神等，无一不雄辩地证明，一个国家、一个民族、一个人，要想自立自强，都必须靠理想和信念支撑起个人的精神，才能有勇往直前、百折不挠的意志和勇气。正是因为有了理想信念的指引，我们的革命、建设和改革事业才能一步步成功、一步步胜利。习近平总书记提出的20字新时代好干部标准第一条就是信念坚定，当好干部就要坚持用科学的理论武装头脑、深入学习马克思主义基本理论，深入学习习近平新时代中国特色社会主义思想，把实践中国特色社会主义共同理想和坚定共产主义远大理想统一起来，把理想信念建立在对科学理论的理性认同上，建立在对历史规律的正确认识上，建立在对基本国情的准确把握上，时刻牢记党的宗旨，不断增强道路自信、理论自信、制度自信、文化自信，挺起共产党人的精神脊梁，真正让理想信念成为心中的灯塔。党员干部必须自觉做共产主义远大理想和中国特色社会主义共同理想的坚定信仰者和忠实实践者，用自己的模范行为和高尚人格感召群众、带动群众、团结群众，不论何时何地，永远保持共产党人的奋斗精神，永远保持对人民的赤子之心，自觉为党工作、为人民服务。

3. 人民群众是最大的靠山。波涛蓄势，起于涓滴；事业成败，在于人心。来自人心的力量，是最根本、最持续、最无限的力量，是成就事业、创造奇迹的关键。这股来自人心的力量，足以决定一个政党、一个国家的前途命运，足以成就一个民族的伟大复兴，或者加速一个时代的命运终结。为什么人的问题，是检验一个政党、一个政权性质的试金石。

在人类历史上，不同社会、不同国家、不同政党在发展“为了谁”的问题上是有不同认识的。历史证明，不论你是多么大、多么老的党，只要你不以人民为中心，不同人民群众保持血肉联系，就必定得不到人民群众的拥护，就必定会失败和垮台，苏共的垮台就是一个最突出的例子。而始终坚持以人民为中心的政治立场，正是马克思主义政党区别于其他政党的显著标志，是我们党在革命、建设和改革中都能立于不败之地的强大根基。中国共产党的党性和人民性从来都是一致的、统一的，我们党之所以能克服重重困难，破解层层危机，从胜利走向胜利，从成功迈向成功，最大的优势是人心所向，最强的力量是来自人心的力量。领导干部是党的事业骨干，更是人民的公仆，必须始终牢记“一切服从组织，一切依靠人民”，始终把人民放在心中最高位置，坚持全心全意为人民服务的根本宗旨，坚持以人民为中心的发展思想，永远把人民对美好生活的向往作为奋斗目标，以百姓之心为心，多谋民生之利、多解民生之忧，不断实现好、维护好、发展好最广大人民的根本利益。要坚持人民群众的主体地位，充分尊重人民所表达的意愿、所创造的经验、所拥有的权利、所发挥的作用，充分尊重人民群众首创精神，自觉拜人民为师，向能者求教、向智者问策，不断从人民群众中汲取智慧和力量。

4. 政治纪律是第一纪律。习近平总书记强调：“严明党的纪律，首要的就是严明政治纪律。党的纪律是多方面的，但政治纪律是最重要、最根本、最关键的纪律，遵守党的政治纪律是遵守党的全部纪律的重要基础。”古今中外，任何一个国家、政党、组织都有其特定的纪律约束和行为准则。我国虽然有长达 2000 多年的封建社会人治传统，但封建统治者从不否认律法的重要性，并且宣称“王子犯法，与庶民同罪”。没有规矩不成其为政党，更不能成其为马克思主义政党，在我们党所有的纪律和规矩中，第一位的是政治纪律和政治规矩，纪律严明是我们党的优良传统和政治优势。党的十八大以来，我们党坚持把纪律和规矩挺在前面，推进全面从严治党，党风政风为之一新，社风民风向上向善。对领导干部来说，守纪律首要的是遵守政治纪律，守规矩首要的是遵守政治规矩。干部在政治纪律、政治规矩上出问题，对党的危害不亚于腐败问题，有的甚至比腐败问题更严重。这就要求领导干部坚持正确的政治方向、坚定的政治立场、鲜明的政治观点、严格的政治纪律，保持高度的政治敏锐性，在大是大非面前，保持清醒头脑，在错综复杂的情况下站稳立场，分清主流和支流、真理和谬误、善美和丑恶，不断增强“四个意识”，坚定“四个自信”，做到“两个维护”。要时刻绷紧政治纪律和政治规矩这根弦不放松，谁都不能拿政治纪律和政治规矩当儿戏，谁都不得越过政治纪律、政治规矩的红线，越过了就要严肃追究政治责任，就必须付出惨痛代价。

二、校准政绩观，树立干事创业的正确目标

习近平总书记强调，要牢固树立正确政绩观，既要做让老百姓看得见、摸得着、得实惠的实事，也要做为后人作铺垫、打基础、利长远的好事，既要做显功，也要做潜功，不计较个人功名，追求人民群众的好口碑、历史沉淀之后真正的评价。中国特色社会主义进入新时代，人民群众的需求越来越多元化、精细化，对领导干部的要求也越来越高，只有立足平凡、追求崇高，树立正确政绩观，有“功成不必在我”的境界，脚踏实地做事，把“栽树”留给自己、把“功劳”留给别人，锲而不舍、默默无闻，做一名潜心静气、专心致志、埋头苦干的实干家，才能做出打基础、管根本、利长远的为民之事。

1. 尽多大责任才能有多大成就。一个人能走多远、取得多大成就，取决于他尽了多少责，坚持负责了多久。尽的责任小，就得小的快乐；尽的责任大，就得大的快乐。领导岗位不是休息场所，领导职位不是一种待遇，不是一种享受，也不是一种炫耀，而是一种责任，职位越高，权力越大，责任越重，应尽的义务也就越多。对领导干部来说，共产主

义事业是终身事业，献身事业是党员干部的真正价值和本质特征，无论职位高低，都要立党为公，树牢对党和人民无私奉献的意识，不能只打养家糊口、光宗耀祖的“小九九”。“在其位，谋其政，尽其责”，组织把领导干部放在一个岗位上，负责相关工作，领导干部就要对组织负责、对单位负责、对事业负责，始终有责任重如山的境界，真正承担起这份责任，做到为官一任，造福一方。要把自己的命运与伟大事业结合起来，不管面对什么工作，都要以“视为己任”的态度对待，要有殚精竭虑、全然忘我的精神境界，孜孜以求、一丝不苟的工作态度，要有干就干好、誓争第一的工作标准，以及不达目的誓不罢休的坚强意志，要有昂扬向上、勇争一流的精神状态，要有爱岗敬业、创新创造的职业操守，要有知难而进、坚韧不拔的不懈斗志，努力在平凡的岗位上创造不平凡的业绩。

2. 敢接“烫手的山芋”。邓小平曾经说过，没有一点闯的精神，没有一点“冒”的精神，就走不出一条好路，走不出一条新路，就干不出新的事业。实现梦想的道路是艰难曲折的，如果遇到挫折，就变得消沉，就会被问题难住、被困难吓倒，失去进取的勇气。小到一个人、一个集体，大到一个政党、一个民族、一个国家，在困难和挑战面前，有了背水一战的勇气和信心、攻坚克难的意志和气概，就能愈挫愈奋、愈战愈勇，解危局、破桎梏，在绝境中找到出路。只要有“逢山开路、遇水架桥”的精神，就能梦想成真。越是艰苦环境、关键岗位，越是急难险重、矛盾凸显，越能锻炼人、考验人、激发人、成就人，不经历一些险峻情况，不接一接“烫手山芋”，不当几回“热锅上的蚂蚁”，何以磨出真功夫、练出“大心脏”。各级领导干部要勤于履责、勇于担责、敢于负责，在敢于担当中历练提高，在真抓实干中建功立业，创造经得起实践、人民、历史检验的业绩。要敢想敢做敢当，坚持党的原则第一、党的事业第一、人民利益第一，面对大是大非敢于亮剑，面对矛盾敢于迎难而上，面对危机敢于挺身而出，面对失误敢于承担责任，面对歪风邪气敢于坚决斗争，平常时候看得出来、关键时刻豁得出来、危急关头顶得上去，切实做到为党分忧、为国尽责、为民奉献。要积极主动到党和人民最需要的地方去，到环境艰苦、矛盾集中、困难突出的地方去，在应对复杂局面、解决棘手问题的过程中不断增长见识，促进自身胆识的增强，锤炼出坚强的意志品质、高超的能力本领、过硬的工作作风，扛得了重活、打得了硬仗、担得了重任，在实践中增长才干，发挥最大能量，推动事业向前发展。

3. 一次行动胜过一打纲领。任何改变都要从迈出第一步开始，如果没有开始的勇气，那么终点永远都遥不可及。古今中外，没有一项工作不是干出来的，没有一项事业不是靠干成就的，不能一张嘴巴到处讲，什么事也不干，那样即使说得天花乱坠也是白搭，还会耽误事情。我们的一些工作落实不力、推进不快，不是因为思路不对、道理不清，而是因为一些同志空谈太多，表态性的东西太多，脚踏实地抓落实的却又太少。改革开放之初，邓小平就告诫全党："世界上的事情都是干出来的，不干，半点马克思主义都没有。"干部就要先干一步，要当攻坚克难的奋斗者、不当怕见风雨的泥菩萨；要做起而行之的行动者、不做坐而论道的清谈客，既要想干愿干积极干，又要能干会干善于干，把心思用到求实效上，把劲头用在抓落实上，把"想法"和"看法"转化为"做法"，要能"出活儿"，做出实实在在的成效，勇立时代潮头，铸就灿烂辉煌。要想干出真成绩，既要有干劲也要有韧劲，要以钉钉子精神，一锤一锤接着敲，直到把钉子钉实钉牢，钉牢一颗再钉下一颗，一任接着一任干，一张蓝图绘到底，才能最终抵达成功的彼岸。要坚持"但行好事、莫问前程"，充分相信组织、依靠组织，少设计升迁路线，多设计干事路线，做一名潜心静气、专心致志、埋头苦干的实干家，把全部心思和精力放到干好工作上，以一流的业绩接受组织挑选，在干好事业中实现人生价值。

4. 手持公器还要心存戒尺。习近平总书记指出："各级领导干部尤其要弄明白法律规定我们怎么用权，什么事能干、什么事不能干，心中高悬法律的明镜，手中紧握法律的戒尺，知晓为官做事的尺度。”领导干部掌握着公权力，面临各种各样的诱惑和腐蚀，面对官场中权、钱、色、名等各种诱惑，如果没有内心的约束和克制，而是一味放纵自我，人性中的善就会损耗殆尽，恶就会无限滋长，就会稳不住心神、管不住行为、守不住清白，在贪婪中忘掉初心、迷失本真，甚至扭曲人性，最后难免走上违法犯罪的道路。领导干部越是位高权重，肩上的责任和使命越重，不能把“公器”当“工具”，徇私枉法，擅权谋私，丢了初心使命，忘了从政良知，最终误国误民。要始终正确看待权力，敬畏权力，慎用权力，找准定位，牢记服务之责、常行服务之举，时刻以如履薄冰、如临深渊的谨慎之心警醒自己，以夙夜在公、寝食不安的奋斗之心鞭策自己，才能保持人民公仆的本色。要守住法律原则、道德底线，摒除私心杂念，事事出于公心、时时怀着公心、处处依照公心，自觉按原则办事、按规矩办事，不因私事误公事，不用公权谋私利，做到坦坦荡荡、光明磊落，挺得起腰杆、讲得起硬话，以公正赢公信。

三、把握人生观，铸牢修身立业的基石

习近平总书记强调：“领导干部要讲政德。政德是整个社会道德建设的风向标。立政德，就要明大德、守公德、严私德。”领导干部怎样做人、做什么样的人，不仅关系个人修养、个人形象，更事关政治立场、政治方向和政治鉴别力。

1. 欲治人者必先自治。习近平总书记指出：“从严管理的要求能不能落到实处，领导机关和领导干部带头非常重要。领导机关和领导干部做出样子，下面就会跟着来、照着做。”这既是治理之道，也是领导方法，更是为政之德。风成于上，俗形于下，一名合格的管理者，都是从自我管理开始的，领导的一言一行、一举一动，无形中会潜移默化地影响整

个地方、部门、单位的氛围、作风，形成一种风气。领导干部不自治，律己不严律人严，自治不行治人行，从不反思如何自我管理，整天研究怎么管理别人，忘记了由己及人、以己正人的道理，不但自己长歪了，还把队伍带歪了，如此上行下效，不仅破坏地方政治生态，还给人民群众造成重大损失。党的十八大以来，以习近平同志为核心的党中央为改进作风作出最好的示范，一级做给一级看，一级带着一级干，党风政风持续好转，干事创业蔚然成风。只有做到严格自律、恪守规矩，坚守底线、不碰红线，时时处处约束自己的言行，控制自己的情绪，以身示范、作好表率，要求别人做的，自己首先做，要求别人不做的，自己首先不做，凡事冲锋在前、作出表率，面对工作敢说“跟我来”，面对纪律敢讲“跟我学”，面对危机敢喊“跟我上”，变指派命令为行为感召，使下属不得不服、不忍不服，充分凝聚想干事、敢干事、能干事、干成事的正能量，带动广大干部群众心往一处想、劲往一处使。

2. 持公道才能得公认。党员干部如果公道正派、一心为公，自然而然就能得到群众的拥护与爱戴，就能在百姓中赢得好的口碑。反之，如果在工作中掺杂了私心，掺杂了私欲，就很难做到坦坦荡荡做人、清清白白做事，党在人民群众中的形象也会大打折扣。古人云，“木心不正，则脉理皆邪，弓虽刚劲而遣箭不直”，说的是制弓的木料中心不正，以至纹理都是斜的。这种材料制成的弓虽刚劲有力，但射出去的箭不会直，“非良弓也”。“公道”就是以“公”为“道”，公正公平，不偏不倚，不歪不斜，不左不右，只有明公理、处公心、讲公道、谋公利，待人处事一碗水端平，说话才会腰杆硬、有人听，做事才会让人信、有人跟。否则，就会失去公信力，陷入“塔西佗陷阱”，无论说什么话、做什么事，都被认为是说假话、做坏事。正直的人让人信任、让人敬仰，有影响力、有号召力，从政者更应当正身远邪、公道正派。领导干部要树立正确的是非观、义利观、权力观，时时事事出于公心，大公无私、公私分明、先公后私、公而忘私、公道正派、严于律己，严格按照政策、原则、制度办事，说话才有底气，做事才有硬气，做人才有正气，才能靠崇高的人格去影响人、感染人，才能赢得干部群众的拥护和支持。要恪守本分，以信念、人格、实干立身，靠真理的力量、思想的力量、人格的力量感染人、带动人，努力把党的正确主张变为群众的自觉行动，做到让组织放心、让群众满意。

3. 家风正才会事业兴。习近平总书记指出："每一位领导干部都要把家风建设摆在重要位置，廉洁修身、廉洁齐家，在管好自己的同时，严格要求配偶、子女和身边工作人员。"党的十八届六中全会审议通过的《关于新形势下党内政治生活的若干准则》《中国共产党党内监督条例》，以及新修订的《中国共产党纪律处分条例》均对领导干部的家风提出了要求，将家风建设提到了一个新的高度。家风建设是推进全面从严治党的重要要求，家风败坏往往是领导干部走向违纪违法的重要原因，只有建设良好家风，才能筑起抵御贪腐的"防火墙"。领导干部要注重家庭、注重家教、注重家风，成为道德榜样和良好家风的建立者、守护者，要以自身清正为"齐家"树立标杆，同时，严格要求配偶和子女，决不能纵容、默许亲属利用自己的职权或影响谋取私利，以免"后院起火"、养痈遗患。领导干部要带头弘扬家庭美德，推动尊老爱幼、妻贤夫安，母慈子孝、兄友弟恭，耕读传家、勤俭持家，知书达礼、遵纪守法，使中华民族传统美德薪火相传。

4. 甘于平凡才能铸就辉煌。习近平总书记指出，我们共产党人讲奉献，就要有一颗为党为人民矢志奋斗的心，有了这颗心，就会"痛并快乐着"，再怎么艰苦也是美的、再怎么付出也是甜的。自 1986 年起，王继才和妻子王仕花克服常人难以想象的困难，守岛卫国 32 年，用无怨无悔的坚守和付出，在平凡的岗位上书写了不凡的人生华章。光荣看上去很风光，但背后更多的是平淡和艰辛，其实无论干什么事，一旦平淡而漫长，即便光荣也很艰难，平凡的工作与伟大的事业连在一起，平凡就是伟大，光荣的背后是平平淡淡，艰辛就在于持之以恒。当前，改革发展进入了攻坚期和深水区，我们只有像“老黄牛”一样躬耕不倦，像“拓荒牛”一样奋斗不息，像“孺子牛”一样奉献不止，才能善作善成、干出成效。要发扬钉钉子精神，遵守一万小时定律，沉得下心、吃得了苦，顶得住压力、受得了抱怨、耐得住寂寞，不贪一时之功、不图一时之名，以踏石留印、抓铁有痕的劲头，永远不放松、不停顿、不懈怠。要甘于平淡、勇于坚守、立足平凡、追求崇高，树立正确政绩观，有“功成不必在我、功成必定有我”的境界，脚踏实地做事，把“栽树”留给自己、把“功劳”留给别人，锲而不舍、默默无闻，做一名潜心静气、专心致志、埋头苦干的实干家，静悄悄干大事，在平凡中创造不平凡，致力做好打基础、管根本、利长远的为民之事，做到虔诚而执着、至信而深厚，守护好共产党人的精神高地。

领导干部应该有怎样的政绩观

政绩就是为官从政取得的实绩，政绩观则是施政者对如何履行职责追求何种政绩的根本认识和态度。古人讲“为官一任，造福一方”“当官不为民作主，不如回家卖红薯”，既自我勉励，也拿来勉励他人，这就是一种朴素的政绩观。政绩观对干部如何从政、如何施政具有十分重要的导向作用，政绩观端正不端正、正确不正确，往往影响着干部个人及党的事业的成败。现实中，少数干部政绩观发生偏差，过于追求“功在当代”，为了一己私利，违背现实条件和客观规律，不计成本打造“政绩”，不仅损害了人民的利益，贻误了地方的发展，最终也让自己走向了违纪违法的深渊。党员领导干部只有淡化个人得失，树立正确的政绩观，才不会走弯路、错路，才会真正有所作为。习近平总书记强调，必须树立正确政绩观，解决好政绩为谁而树、树什么样的政绩、靠什么树政绩的问题。实践证明，政绩只有为党、为国家、为人民的利益而树，只有以实现最广大人民的根本利益为出发点和落脚点，才是党和人民之福，才是实实在在最有分量的政绩。新修订的《中国共产党纪律处分条例》第五十七条明确规定：“党员领导干部政绩观错位，违背新发展理念、背离高质量发展要求，给党、国家和人民利益造成较大损失的，给予警告或者严重警告处分；情节较重的，给予撤销党内职务或者留党察看处分；情节严重的，给予开除党籍处分。搞劳民伤财的‘形象工程’、‘政绩工程’的，从重或者加重处分。”党员干部必须树立以人民为中心的政绩观，把为民办事、为民造福作为最重要的政绩，不图虚名、不做虚功，多做打基础、利长远的工作，努力创造经得起实践、人民和历史检验的政绩。

一、政绩观是一面镜子

政绩观反映的是党员干部的党性修养、政治立场、格局境界和责任担当。追求什么政绩，是衡量一名领导干部能否正确对待群众、正确对待组织、正确对待自己的试金石。有什么样的政绩观，直接映射出一名领导干部的选择和作为，正确的政绩观照出的是领导干部的初心使命，错误的政绩观照出的是领导干部内心的妖魔鬼怪。

政绩观能照出是为民办事还是为己当官。古往今来，总有人是为了当官而当官，把当官作为追求荣华富贵、安逸享乐、光宗耀祖的一种途径，甚至认为"富贵不还乡，如锦衣夜行"，思想动机和价值观念以"己"和"利"为先。对于党员干部来说，职位是为民服务的岗位，权力是为民服务的工具，选择当干部就是要俯首甘为孺子牛、一心为民办实事，将公仆意识扎根于心，把群众事当作自己的事。

政绩观能照出是担当作为还是庸碌无为。衡量干部能否干事，关键看敢不敢担当、有没有作为。对于党员干部来说，有多大担当才能干多大事业，尽多大责任就会有多大成就。新时代的党员干部，要不断加强政治理论学习，坚定理想信念，增强使命感和责任感，坚决摒弃被动应付、不思进取的消极心态，主动走出"舒适区"，拿出拼劲、闯劲、韧劲，主动担当尽责，积极干事作为。

政绩观能照出是求真务实还是作风不实。求真务实是辩证唯物主义一以贯之的科学精神，是我们党思想路线的核心内容，也是党的优良传统和共产党人应该具备的政治品格。领导干部要把求真务实作为自己的价值追求，不做"假大空虚"的事，坚持说实话、谋实事、出实招、求实效，让求真务实成为一种思想自觉和行动自觉。

二、没有政绩的干部不是好干部

当干部就要有政绩，没有政绩的干部是立不住的。如果干了两三年还是“涛声依旧”，没有什么作为，就不是一名合格的领导干部。事实上，无功就是过，平庸就是错。占着位子不作为、拿着俸禄不干事，那就是“庸官”“懒官”。党员领导干部必须恪尽职守、勤勉工作，既要想干愿干积极干，又要能干会干善于干，要把精力用到谋发展上，把心思用到求实效上，把劲头用在抓落实上，能“出活儿”，出实效。

实干才能出实绩。空谈误国、实干兴邦。治国理政、干事创业，实则久治，虚则即荒，实干是收获政绩最靠谱的“捷径”。离开实干，为人就会急功近利、好高骛远，干事就会作风漂浮、华而不实。任何“花招”“把戏”都比不上真抓实干，唯有大力弘扬求真务实精神，老实做人、踏实干事，才能立足本职岗位干出一番让人称道的业绩。要保持奋发有为的干事激情，把心思和精力放到干事创业上来，撸起袖子加油干，做出一些让群众称道的实绩，以实干赢得尊重，靠真本事立身，决不能躺在过去的功劳簿上，安于现状、坐享其成。

新官理旧账照样是政绩。新官理旧账，反映的是正确的政绩观。领导干部走上新岗位，不仅要接过权力，也要接下问题，以不怕难、不怕乱的态度迎接任务、解决问题。一些领导干部认为遗留问题多为“烫手的山芋”，历史旧账都是烂账、糊涂账，与己无关，不愿收拾烂摊子。不理旧账，就是不担当不作为。要主动认领这些“旧账”，正常的账要清，失误的账要纠，不完善的账要补，尤其是涉及群众利益的账要分文不差地还。还账不赖账，交账不欠账，才能让人民群众真正对你“买账”。新修订的《中国共产党纪律处分条例》对“新官不理旧账”作出处分规定：“党员领导干部对于到任前已经存在且属于其职责范围内的问题，消极回避、推卸责任，造成严重损害或者严重不良影响的，依照前款规定处理。”

金杯银杯不如老百姓的口碑。时代是出卷人，我们是答卷人，人民是阅卷人。人民不仅是社会发展成果的创造者，也是检验者和评价者。党员领导干部是否有政绩、有多大政绩，政绩对发展起到多少作用、为老百姓带来多少收益，人民群众才是最终评判者。人民群众评价干部，总是要把干部怎样说和怎样做结合起来，评判做事的动机、措施和结果。由人民评价政绩，不仅需要思想的自觉，更需要制度的约束。这就要求我们在干部政绩考核评价和奖惩任用中，要保障群众的知情权、参与权、选择权和监督权，将群众公认原则贯彻于政绩考核的全过程，提升干部组织评价与群众评价的契合度。

三、显绩和潜绩都要有

政绩分显绩和潜绩，显绩立竿见影，易出成效、易被发现、易受关注；潜绩见效慢，费时费力、难以形成“轰动效应”，一时不容易被发现、被认可，“潜”是“显”的基础，“显”是“潜”的结果，二者是对立统一的一对矛盾，共同构成领导干部的政绩。有些领导干部政绩观出现了偏差，一味追求显绩，热衷于“显露山水”的短平快项目，甚至热衷于作秀，搞形式主义，摆花架子，不愿花时间花精力投入“长线”工作。干出一番事业、创造一番成绩、为百姓谋得福祉是为官从政的本质所在，不仅要看党员领导干部任内干了些什么，重要的还要看其走后留了些什么。

要有“功成不必在我”的境界格局。任何工作都不是一蹴而就的，都需要长期的等待和积累，不能总是想着一鸣惊人、出新出彩，而不愿意默默无闻，做一些基础性的工作，甚至为了出成绩而造假，杀鸡取卵、竭泽而渔。事实上，只要是科学的、切合实际的、符合人民愿望的，一茬接着一茬干，不在于时间长短，必定会干出实绩，干部群众也一定会看在眼里、记在心里。要甘当“铺路石”，树立“功成不必在我”的理念和境界，做一名潜心静气、专心致志、埋头苦干的实干家，多做打基础、管根本、利长远的事，真正把好事办好、把实事办实。

要有绵绵用力久久为功的恒心定力。古人云，“政贵有恒，治须有常”。“恒”强调的是坚持，不仅要落锤，而且要持续用力一锤接着一锤敲。要不断地沉下，才能实现最后的向上。很多显绩需要潜绩的不断积累，如果大家都不甘于默默无闻地奉献，显绩便无从谈起。要跑好“接力赛”，发扬钉钉子精神，不贪一时之功、不图一时之名，以踏石留印、抓铁有痕的劲头，一张蓝图绘到底，一任接着一任干，善作善成，注意防止和纠正各种急功近利的行为。

要有把握大局大势的历史眼光。领导干部在看待政绩和创造政绩的问题上应有一个准确的历史定位，使思想和行动更加符合实际，更加符合历史发展的趋势和方向。坚持用历史的眼光看待政绩、从历史发展的需要出发创造政绩，让政绩经得起历史检验。要树立对历史高度负责的态度，在重要政策制定、重大项目实施和重要问题解决上，注重科学把握经济社会发展的主要矛盾和基本规律，充分考虑是不是符合历史发展的阶段和需要，正确处理全局与局部、当前与长远的关系，坚持求真务实的精神，脚踏实地地为人民谋幸福、为民族谋复兴。

四、要政绩，不要“政绩工程”

政绩是实实在在的工作业绩，而“政绩工程”是指一些领导干部为了个人或小团体的利益，不顾群众需要和地方实际，利用手中的职权搞出劳民伤财、浮华无效的用来标榜“政绩”的工程，作为个人升迁和官声的“垫脚石”。在群众眼中，“政绩工程”就是急功近利、形式主义、贪图虚名的代名词。

为民谋利的政绩才是群众所盼。老百姓对“政绩工程”嗤之以鼻，并不是对为政者讲政绩有意见，而是对形式主义、假大空的行为有意见，对干部“唯官是图”的思想有意见。一段时间以来，一大批党员干部认真履职尽责，在符合发展规律、群众需要和工作程序的基础上，一步一个脚印、艰苦努力地作出了显著的成绩，得到群众的信赖和认可。“七一勋章”获得者、云南丽江华坪女子高级中学校长张桂梅以党建引领办教育，帮助1804名贫困山区女孩考上大学、走出大山，华坪女子高中连续10年高考综合上线率保持100%。她将自己的工资、奖金和社会各界捐款累计100多万元全部投入教育事业，把一切都献给了党、献给了山区的孩子们。这样的党员干部越多群众越高兴、越拥护，越显得干部有责任心、有本事。

要实绩不要“劣绩”。有的干部个人私心欲望膨胀，为了升迁和谋利，违背客观规律和人民现实需求，片面追求表面政绩，大肆建造一些“造势工程”“形象工程”“盆景工程”作为自己的政绩，这往往是“劣迹”，而不是真正的政绩，是为官的“耻辱柱”。这样的“劣绩”不仅造成国家资源的损失、污染了政治生态、助长了浮夸之风，而且严重损害了党和国家的形象，贻害无穷。党员领导干部决不能搞主观臆断和违背客观规律的“拍脑袋”决策，不盲目攀比，不提哗众取宠的空洞口号，不搞劳民伤财的形象工程，不做超越发展阶段的事情。事实证明，只有经得起实践和历史检验、不含水分的政绩，才是人民需要的政绩，才是真正的政绩工程。

第三部分

坚持党性党风党纪一起抓

纪律和规矩

领导干部要严守党性“三道关”

党性是一个政党固有的本性及其在党员个体身上表现出来的具体特性，是党员的政治人格。中国共产党的党性是党在长期革命、建设和改革中形成的根本宗旨、理想信念、组织原则、工作作风、优良传统等的集中体现，在不同历史时期、不同工作岗位有不同的表现。习近平总书记指出，党性是党员干部立身、立业、立言、立德的基石。没有党性的人，不会是一个真正的共产党员；党性不强或者党性不纯的人，不可能成为一名合格的共产党员。党性不是与生俱来的，不会随着党龄、工龄的增长和职务的升迁而自然增强，需要长期的学习和修炼才能养成。高素质领导干部必须有坚强的党性，必须以坚定不移、永不放弃的信念作为支撑和保障，持之以恒修炼好党性思想关、能力关、作风关。

一、坚守初心，常抓不懈，着力筑牢“思想关”

思想建设是党的基础性建设。我们党之所以能够历经艰难困苦而不断发展壮大，很重要的一个原因就是始终重视思想建党、理论强党。早在土地革命战争时期，毛泽东就提出“着重从思想上建党”的原则，强调党员不仅要在组织上入党，而且要在思想上入党，用无产阶级思想改造各种非无产阶级思想，从而创造性地解决了在中国工人阶级人数很少而农民和其他小资产阶级占人口绝大多数的情况下，如何保持党的先进性的问题。习近平总书记指出，对党员、干部来说，思想上的滑坡是最严重的病变，“总开关”没拧紧，不能正确处理公私关系，缺乏正确的是非观、义利观、权力观、事业观，各种出轨越界、跑冒滴漏就在所难免了。一些党员领导干部之所以不信马列信鬼神、违背党的宗旨和纪律、丢掉艰苦奋斗的传统、严重脱离群众，甚至坠入违法犯罪的深渊，归根结底都是思想根子上出了问题，不能用正确的立场、观点和方法观察世界，不能正确培植自己的精神家园。思想的锤炼是一个永无止境的过程，思想认识问题一时解决了，不等于永远解决了，就像房间需要经常打扫一样，思想上的灰尘也要经常打扫，始终保持政治上的坚定性和思想道德上的纯洁性，把准把稳正确的人生航向，堂堂正正为人，踏踏实实做事。

学好马克思主义经典著作。理论是实践的先导，思想是行动的指南。理论上是否清醒、政治上是否坚定，是一个前提性和基础性问题。马克思主义作为一个博大精深的科学理论体系，内容丰富、思想深刻，蕴含着强大的真理力量，为中国革命、建设、改革提供了强大思想武器，它的科学性和真理性在中国得到了充分检验，它的人民性和实践性在中国得到了充分贯彻，它的开放性和时代性在中国得到了充分彰显。马克思主义使中国这个古老的东方大国创造了人类历史上前所未有的发展奇迹，它的命运早已同中国共产党的命运、中国人民的命运、中华民族的命运紧紧联系在一起。实践证明，历史和人民选择马克思主义是完全正确的，中国共产党把马克思主义写在自己的旗帜上是完全正确的，坚持把马克思主义基本原理同中国具体实际相结合、同中华优秀传统文化相结合，不断推进马克思主义中国化时代化是完全正确的。要把学习掌握马克思主义理论作为看家本领，多读经典著作，特别是要深入学习贯彻当代中国马克思主义、21 世纪马克思主义——习近平新时代中国特色社会主义思想，坚持学思用贯通、知信行统一，全面系统学、深入思考学、联系实际学、及时跟进学，带着信念学、带着感情学、带着使命学，筑牢信仰之基、补足精神之钙、把稳思想之舵，真学、真懂、真信、真用，不断提高理论素养，真正做到虔诚而执着、至信而深厚。要切实掌握贯穿其中的政治品格、初心使命、精神风范、人民情怀，辨明真假，分清是非，在重大原则问题上划清真理与谬误的界限，在政治风浪中站稳立场、把握方向，保持清醒的政治头脑和强大的政治定力，应对各种风险挑战。要切实掌握马克思主义的立场、观点、方法，特别是辩证唯物主义和历史唯物主义的世界观和方法论，学以致用、知行合一，不断提高解决实际问题的能力。

自觉做远大理想和共同理想的坚定信仰者和忠实实践者。共同理想和远大理想是一个有机统一整体，是保持党的团结统一的思想基础。没有远大理想，就会迷失前进方向；离开现实工作，再远大的理想也只是空想。要充分认识到社会主义作为共产主义的第一阶段，是一个很长的历史过程，我国仍处于并将长期处于社会主义初级阶段，既要坚决抵制抛弃社会主义的各种错误主张，又要自觉纠正超越阶段的错误观念和政策措施；既要把社会主义初级阶段的事情做好，也不能忘记初心使命，不能忘了我们党的最高奋斗目标。我们现在坚持和发展中国特色社会主义，就是向着最高理想所进行的实实在在的努力。要牢牢把握社会主义初级阶段这个基本国情，牢牢立足社会主义初级阶段这个最大实际，牢牢坚持党的基本路线这个党和国家的生命线、人民的幸福线，坚定道路自信、理论自信、制度自信、文化自信，全面贯彻党的基本理论、基本路线、基本方略，扎扎实实做好每一项工作，取得“接力赛”中我们这一棒的优异成绩。

在党言党、在党忧党、在党为党。习近平总书记指出，全党同志要强化党的意识，牢记自己的第一身份是共产党员，第一职责是为党工作，做到忠诚于组织，任何时候都与党同心同德。对党忠诚、永不叛党是写在入党誓词里的，是共产党员最重要的政治品格，有没有过好“思想关”，就要看是不是对党忠诚，有没有在党言党、在党忧党、在党为党。没有忠诚，就不可能对人民、对事业情真而意切、坚定且担当。共产党人的忠诚，内涵十分丰富，包括忠于信仰、忠于国家、忠于人民、忠于组织等方方面面。一些党员领导干部在对党忠诚上掺杂了私心杂念，在原则问题和大是大非面前立场摇摆，对涉及党的理论和路线方针政策等重大问题公开发表反对意见，对党中央方针政策和重大决策部署阳奉阴违、口无遮拦，搞“团团伙伙”、小山头、小圈子，搞两面派、做两面人，对一些“低级红”“高级黑”现象辨别不清、斗争不够，等等，这些问题需要认真解决。习近平总书记强调：“政治方向是党生存发展第一位的问题，事关党的前途命运和事业兴衰成败。”领导干部要深刻领悟“两个确立”的决定性意义，增强“四个意识”、坚定“四个自信”、做到“两个维护”，自觉在思想上政治上行动上同以习近平同志为核心的党中央保持高度一致。要严守党的政治纪律和政治规矩，相信组织，依靠组织，服从组织，如实向党组织报告情况，不讲损害党中央权威的话，不讲有损党员形象的话，任何时候都定得住心神、站得稳脚跟、挺得起脊梁，自觉做到忠诚干净担当。要坚持党性与人民性的统一，找准角色定位，强化党员意识，保持政治本色，忠诚一辈子，奉献一辈子，与党同呼吸共命运，把爱党、忧党、为党落实到工作生活的各环节，凝聚起干事创业的强大力量。

二、与时俱进，持之以恒，不断夯实“能力关”

党性不是先天形成的，也不是一成不变的，需要自我的不断修炼、不断约束、不断改造、不断完善，而这都离不开必要的能力素质。党性也不是空的、虚的，是要转化成具体行动和工作实绩的，没有一定的能力支撑来谈党性，就是纸上谈兵、空中楼阁。现实中，有的党员领导干部也讲党性，工作热情也很高，但缺乏相应的能力素质，导致干事创业心有余而力不足，成效自然也就无从谈起。能力素质是党员领导干部的立身之本、从业之基，能力素质过硬才能更好地讲党性、践行党性。当前，我们党领导人民进行伟大社会革命，涵盖领域的广泛性、触及利益格局调整的深刻性、涉及矛盾问题的尖锐性、突破体制机制障碍的艰巨性、进行伟大斗争形势的复杂性，都是前所未有的，特别是经受住“四大考验”、防止“四种危险”，都要求党员领导干部本领过硬、有“两把刷子”才行。但能力绝非天生，也无法一劳永逸、一蹴而就，只有在与时俱进、持之以恒的知识更新、实践锻炼、总结反思中才能练成。

既要政治过硬，又要本领高强。政治过硬与本领高强紧密相连，政治过硬是灵魂、是方向，本领高强是基础、是保证。政治再过硬，如果没有真本领作支撑，政治就会变成空头政治，成为花架子。政治过硬的重点是要坚守政治忠诚、提高政治站位、强化政治担当、增强政治能力，本领高强的重点是要提高自身职业、专业、心理等方面的素养。有的领导干部对“老问题”熟视无睹，不注重总结经验、举一反三，结果遇到老问题的新变种手忙脚乱、应对失当；有的对新知识、新应用、新趋势缺乏学习，对于如何运用新技术解决新问题，既缺乏相应理念，也提不出有效办法；有的满足于当“二传手”，没有落实的意愿更培养不出落实的能力，把好政策的“经”给念歪了。党员领导干部只有具备高强本领，工作才能驾轻就熟、游刃有余、出新出彩。要树立不提高本领就会不适应、不提高本领就是不负责、不提高本领就会被淘汰的观念，不断激发内生动力，不断补足知识弱项、能力短板、经验盲区，不断求实、求变、求优，成为行家里手、内行领导。要深刻认识新时代发展的新形势新任务新要求，努力增强学习本领、政治领导本领、改革创新本领、科学发展本领、依法执政本领、群众工作本领、狠抓落实本领、驾驭风险本领，使自己的能力素质跟上时代节拍，把各项工作做新、做优、做精、做扎实。要善于调动一切积极因素，团结一切可以团结的力量，同心同向，众志成城，共同奋斗，团结带领广大人民群众创造无愧于党和人民、无愧于新时代的业绩。能力是学出来的，也是干出来的。当今世界正经历百年未有之大变局，知识爆炸、信息“裂变”，这是一个加速时代、跨界时代。在纷繁复杂的形势变化面前，如果我们耳不聪、目不明，看不清发展趋势，把握不住机遇和挑战，就注定要被时代抛弃。要树立“吾生也有涯，而知也无涯”的学习态度，永葆“入山问樵，入水问渔”的求知精神，把学习内化为一种自觉追求、一种内在需要、一种时代责任、一种兴趣爱好，坚持向书本学、向实践学、向群众学、向领导学、向身边同事学，以学习提高自己的修养修为，以学习促进自己的身心健康，努力打造又博又专、推陈出新的素养结构，做到以学润德、以学增智、以学创业。要注重把学到的知识转化为推动工作的能力，主动到转型跨越主战场、乡村振兴第一线、服务群众最前沿经受锻炼、施展才华、练就本领，以知促行、知行合一，在实践中提升专业化能力，让成事的真本领在实践的田野中生根发芽、开花结果，也在实践的风雨中把自己打磨得更成熟坚实、沉着稳重。要善于总结反思，以问题为导向、以客观为标尺、以他人为镜鉴、以实践为目的，“吾日三省吾身”，及时革除不合时宜的思想观念、工作作风、工作方法，有效提出解决问题的办法措施，在不断总结反思中升华思想、提高境界、指导实践、推动工作。

把能力转化为担当作为的政治自觉和推动高质量发展的实际成效。党和人民把干部放在一定的岗位上，既是对干部的信任，更是赋予其责任。担当大小，检验的是党员领导干部对党忠诚的纯度、硬度和高度。不担当就是不忠诚，就不配当干部。有没有能力、有多少能力，关键要看是否落实在行动中、体现在成效上。实际工作中，一些党员领导干部口头上说担当，行动上却退缩，不思进取、为官不为；有的工作顺利就进一步，遇到困难就退两步，导致新老问题叠加、矛盾风险增大；有的迟迟不能在关键问题上突破，得过且过，错失改革发展良机；有的表态说得“震天响”，谈到重点项目就“有望开工”，谈到难点问题就“有望解决”，但就是“只听楼梯响，不见人下来”，影响了党和政府的形象，贻误了地方的发展，更失去了群众的信任。党员领导干部首先要明白自己是一名在党旗下宣过誓的共产党员，要时刻用入党誓词约束自己、要求自己，增强担当意识，敢于承担责任，遇事不推诿、不退避、不说谎。不管面临什么艰难险阻，不管遇到什么大风大浪，只要有利于党的事业、有利于人民福祉，该做的事顶着压力也要干，该负的责冒着风险也要担，始终坚守共产党人的精神追求，永葆忠诚于党的政治本色，把人民对美好生活的向往作为奋斗目标，实实在在帮群众解难题、为群众办实事、让群众享公平，让人民群众更有获得感、幸福感、安全感，尽显全心全意为人民服务的担当。

三、驰而不息，久久为功，持续把好“作风关”

作风是指人们在思想、工作和生活等方面表现出来的比较稳定的态度或行为风格，包括思想作风、领导作风、工作作风、生活作风、学风、文风、家风等多个方面。习近平总书记指出，作风问题本质上是党性问题。党性决定作风，作风彰显党性。作风就像一面镜子，清晰地映照着党员干部的党性修养和政治本色。在实际工作中，一些党员干部滋生了种种不良之风，有的不思进取，思想上故步自封、行动上停滞不前；有的不接地气、脱离群众、高高在上；有的工作浮于表面、得过且过、喊口号、装样子、庸懒拖拉；有的遇到困难绕道走，不能为、不想为、不敢为；有的吃饭必须坐上席、乘飞机必须头等舱、坐高铁必须商务座；有的当官做老爷，官本位思想、特权思想不时暴露出来，表现形式各不相同，但归根结底都是放松了党性修养，政绩观、事业观、权力观等出现了偏差。执政党的作风，关系党的形象，关系人心向背。党风好，则政治生态清明，赢得民心；党风不好，则风污气浊，人心涣散。只有从党性高度抓作风，在思想上返璞归真，在党性上固本培元，才能激发起行动上自我纠错、踏实奋斗的自觉，才能确保干部行稳致远、成就辉煌事业。

作风就是战斗力，作风能出生产力。党的干部作风好，就能出战斗力，党和人民就能同甘共苦，党的事业就能顺利发展，就能推动经济社会持续健康发展；党的干部作风不好，就会消解战斗力，人民就会和我们党离心离德，党的事业就会地动山摇，就会影响经济社会的发展。我们党历来重视党的作风建设，坚决反对形式主义、官僚主义、享乐主义和奢靡之风。党的十八大以来，习近平总书记高度重视作风问题，提出反“四风”和“三严三实”“不忘初心、牢记使命”等一系列具体要求，推动党的作风建设从立规、践行向纵深发展，党风政风为之一新，民风社风大为好转，极大地推动了党和人民的事业蒸蒸日上、兴旺发达。看一名领导干部有没有战斗力，关键就是看其作风如何。没有扎实过硬的作风，再好的蓝图也会变成水中月、镜中花，再好的机遇也会失之交臂。当前，形式主义、官僚主义还没有得到完全解决，在一些领域还存在反弹回潮之势，严重阻碍了党中央重大决策部署的贯彻落实，必须高度重视、全力解决。要坚持“干”字当头，克服“等、靠、要”的惯性思维和“怕、僵、满、木、私、浮”的懈怠情绪，拿出一股子勇于担当、奋发有为的劲头来，撸起袖子加油干，坚决扫除改革“拦路虎”、破除发展“中梗阻”，全面凝聚起党员干部群众团结奋进、攻坚克难的磅礴力量。

有好的作风才会有好形象，当干部就得有干部的样子。形象是一个人的衣着相貌、言谈举止、精神气质、道德情操等外在的集中反映，是由人格的力量、真理的力量、思想的力量一点一滴凝聚起来的。党员领导干部的形象与作风紧密相关，好的作风通过好的形象来体现。党员干部的个人形象不仅代表个人，在某种程度上也体现了党风、政风，在群众眼里，党员领导干部的形象就是党的形象，党员领导干部的作风就是党的作风。从善如登，从恶如崩，形象搞坏容易重塑难。当下，有些党员领导干部沉醉于“权力空间”，不管走到哪里都要与众不同，摆出“官老爷”的派头，看似威风八面，却破坏了干群关系，败坏了党在人民群众中的形象。无论身处什么岗位，党员领导干部都要始终心系百姓、心怀党的事业，展现党员良好的形象，决不能把功夫花在形式上，将心思用在摆谱上。要树立“形象意识”，把基本素养和综合素质锤炼扎实，严以修身、严以用权、严以律己，谋事要实、创业要实、做人要实，对工作充满热情，把精力放在正道上、放在正事上，以党的事业为重，把工作作为第一责任，脚踏实地、埋头苦干，披荆斩棘、奋勇向前，永葆党员领导干部的良好形象。当然，好形象不是“装”出来的，也不是自己说了算，关键要靠组织、社会、群众来认定，大家说好，才是真的好。

不侥幸、不任性，干成事还要不出事。党的纪律是干事创业、为官做人的底线和红线，党员领导干部不仅要追求干成事，还要确保不出事。当干部首先要对自己负责，才有资格谈为党尽责。新时代当有新气象新作为，提倡担当作为，并不是鼓励“胡作非为”，必须时刻保持清醒头脑，绷紧廉洁自律这根弦，从严从实要求自己，敬畏之心一刻也不能放松，从严律己一刻也不能含糊，作风转变一刻也不能懈怠，始终严格执行党的政治纪律、组织纪律、廉洁纪律、群众纪律、工作纪律和生活纪律，坚决抵制各种诱惑，坚决防止“被利用”“被围猎”“被投资”，自觉保持清正廉洁的政治本色。要牢固树立正确的权力观、地位观、利益观，始终保持战战兢兢、如临深渊、如履薄冰的谨慎，坚决防止特权思想，始终做到公私分明、秉公用权，不假借公务之名办私事，不利用公共资源为私事提供便利，始终做到依规用权、秉公用权、清醒用权、廉洁用权，让权力在阳光下运行，切实用好权力这把“双刃剑”。

作风建设永远在路上，没有休止符。作风问题具有顽固性和反复性，形成优良作风不可能一劳永逸，克服不良作风也不可能一蹴而就。作风建设既是攻坚战也是持久战，不可蜻蜓点水，不可虎头蛇尾，不可只是一阵风，否则不仅不可能从根本上解决问题，还会导致作风问题不断反弹、愈演愈烈，最后失信于民。形式主义、官僚主义是典型的作风问题，是阻碍党的路线方针政策和党中央重大决策部署贯彻落实的大敌。既要拿出滚石上山、爬坡过坎的勇气，深化整治、见底见效，又要发扬钉钉子精神，在常和长、严和实、深和细上下功夫，锲而不舍、久久为功，善始善终、善作善成。要切实发挥“关键少数”作用，形成“头雁效应”，身体力行、以上率下，自觉摒弃功利主义、实用主义，大力弘扬严实精神，使自身作风进一步严起来、实起来、硬起来。要真正把心思用在干事业上，把功夫下到察实情、出实招、办实事、求实效上，切实减轻基层负担，真心对群众负责，热心为群众服务，诚心接受群众监督，坚决整治消极应付、推诿扯皮、侵害群众利益的问题。要严正自己的作风，大力弘扬遵纪守法、艰苦朴素、自食其力的作风，廉洁修身、清白传家，作家风建设的表率，不能让亲情绑架权力，不能为了亲情放弃原则，更不能让亲情突破党纪国法约束，切实以优良作风带动构建良好家风，促进形成良好的党风政风社风民风。

领导干部要求真务实、敢于担当

求真务实是党的思想路线的核心内容，也是领导干部抓落实必须遵循的工作态度和作风，要以发展的眼光看实绩、以历史的眼光看实绩、以全面的眼光看实绩，不仅注重发展速度，更要注重发展的质量和效益。新上任的领导，不仅要接过权力，也要接下问题，以不怕难、不怕乱的态度去迎接任务、解决问题。

一、"天上不会掉馅饼"

习近平总书记强调："中国特色社会主义不是从天上掉下来的……是党和人民历经千辛万苦、付出各种代价取得的宝贵成果。"改革开放40多年来所创造的奇迹，靠的就是求真务实、真抓实干。领导干部抓落实，必须在工作作风上进一步激浊扬清，树立务实笃行、敢于担当、"功成不必在我"的理念，扎扎实实做好各项工作。

二、树立正确政绩观

为官一任，造福一方。《史记》中记载，商鞅法行十年，"秦民大说，道不拾遗，山无盗贼，家给人足"。《战国策》中讲道："燕王吊死问生，与百姓同其甘苦。二十八年，燕国殷富，士卒乐佚轻战。"《岳阳楼记》写道："越明年，政通人和，百废具兴。"习近平总书记也强调，必须树立正确政绩观，解决好政绩为谁而树、树什么样的政绩、靠什么树政绩的问题。当前，仍有一些领导干部受到错误政绩观的指引，片面追求表面政绩，“津津乐道”地搞华而不实、劳民伤财的“形象工程”“政绩工程”。好高骛远、脱离实际、热衷于喊口号、搞盆景工程的“干”，都是在做表面文章，是在“虚干”。群众说好才是好。领导干部干得怎么样，必须用事实来说话，拿实绩来检验。要以发展的眼光看实绩、以历史的眼光看实绩、以全面的眼光看实绩，不仅注重发展速度，更要注重发展的质量和效益。不但注重“显绩”，更要注重“潜绩”，不贪一时之功、不图一时之名，多做打基础、管根本、利长远的为民之事，求真务实，真抓实干，勇于担当，真正做到对历史和人民负责。

三、新官要理旧账

领导干部在抓落实过程中，不同程度地存在新官不理旧账的问题，导致“坏账”越积越多，解决的难度越来越大，在群众中造成了不良影响，损害了党在人民群众中的威信。究其原因，就是领导干部怕事不敢理、懒政不想理、平庸不能理、为私不去理。新上任的领导，不仅要接过权力，也要接下问题，以不怕难、不怕乱的态度去迎接任务、解决问题。理好旧账，一定要树立“一盘棋”的大局意识。不给后任留尾巴，不推脱责任给前任，权力、矛盾一起接，根据实践中的反馈，及时调整不适合的发展思路，但绝不能换一届班子、上一任领导就“兜底翻”，另起炉灶、另搞一套。一定要准确把握继承和创新的关系。“旧账”有好有坏，要“取其精华去其糟粕”，继承过去的好思路、好经验、好做法，务实进取，开拓创新，作出经得起实践、历史和群众检验的政绩。一定要坚持以问题为导向，积极主动有作为。从某种角度讲，当领导主要职责就是发现问题、分析问题、解决问题。要把问题当作一个“好东西”，敢于直面所有问题；对于历史遗留问题的处理，要注意深入调查研究，并且在调研中用历史的眼光认真审视，善于总结、把准症结；要及时研究问题，勇往直前，争取把问题解决在萌芽状态。

四、强化责任担当

习近平总书记强调，“要有担当意识，遇事不推诿、不退避”，“在大是大非面前敢于担当、敢于坚持原则”。领导干部作为党的各项事业的领导者、组织者和推动者，敢于担当是抓落实的前提条件，也是领导干部在其位、谋其政、司其职、尽其责的必备素质。然而，当下一些领导干部仍然存在不愿担当、不敢担当、不能担当的现象，他们不讲有为、只求无过，不讲原则、只讲关系，不讲批评、只讲和气，遇到矛盾问题绕道走，遇到群众诉求躲着行，出了问题上推下卸。为官避事平生耻。不担当的干部，就不是好干部。特别是中国特色社会主义进入新时代，改革进入深水区和攻坚期，迈上全面建设社会主义现代化国家新征程，领导干部面临的困难和挑战都是“硬骨头”“烫手山芋”，比如，高质量发展、环境污染中的突出问题，每一样事情的解决，靠老办法都行不通，唯有创新思路、创新办法，才能实现新突破。必须智慧加勇气，逢山开路、遇水架桥，以敢于担当、勇于担当、善于担当的精神，以滴水穿石、绳锯木断的韧劲，撸起袖子加油干、步步为营扎实干，才能不断征服前行路上的“娄山关”“腊子口”。

五、力戒形式主义

实践的观点是马克思主义哲学的核心观点。实践实干和取得实效的过程是一种因果关系变化发展的过程。邓小平说过：“摆在我们各级党组织面前的事情，就是要鼓实劲，要切实解决问题，要踏踏实实地工作。一句话，就是要落在实处。追求表面文章，不讲实际效果、实际效率、实际速度、实际质量、实际成本的形式主义必须制止。说空话、说大话、说假话的恶习必须杜绝。”领导干部抓落实一定要靠实践实干实效，不仅要注重“做”，而且要注重“做好”，来不得花拳绣腿，光靠喊口号、开开会、发发文不行，必须落到实处。以会议落实会议，以文件落实文件，表面看红红火火，实际不见推进，群众更未得到实惠。群众看重的是是否见实效，而不看重那种轰轰烈烈的过程。领导干部抓落实一定不能贪一时之功，图一时之名，要坚持求真务实，不见成效不撒手。

担当精神须臾不可少

精神，是指人的信念、意识和思维活动所表现出来的状态。毛泽东曾说过："人是要有一点精神的。"人无精神则不立，国无精神则不强。其中，担当精神是干部必须具备的基本精神，是党对党员干部的一贯要求。邓小平曾指出："没有一点闯的精神，没有一点'冒'的精神，没有一股气呀、劲呀，就走不出一条好路，走不出一条新路，就干不出新的事业。"是否具有担当精神，是否能够忠诚履职、尽心尽责、勇于担责，是检验每一名党员干部是否真正体现了共产党员先进性和纯洁性的重要方面。广大党员干部只有切实强化担当精神，增强政治担当、历史担当、责任担当，才能做到新时代新担当新作为，创造出无愧于新时代的光辉业绩。

一、深入学习领会习近平总书记关于担当作为的重要论述，切实增强担当精神

党的十八大以来，针对一些干部不敢担当、不愿负责，当"太平官""逍遥官"等情况，习近平总书记在不同场合反复强调担当是领导干部必备的基本素质，并身体力行、率先垂范，为广大党员干部树立了榜样。习近平总书记关于担当作为的一系列重要论述，高屋建瓴、思虑深邃，吸纳了中华民族担当文化传统，弘扬了马克思主义担当精神，把担当作为上升到了新的境界，赋予其丰富的时代内涵，具有极强的现实针

对性和长远指导性。深入学习领会这些重要论述，对增强广大党员干部主动担当、积极作为意识，更好地推进新时代党和国家事业发展、推动高质量发展具有十分重要的意义。

1. 深入学习领会“干部敢于担当作为，这既是政治品格，也是从政本分”的重要论述，认清“为何要担当”。敢于担当是共产党人的政治品格，也是我们党对领导干部的一贯要求。为官避事平生耻，能否敢于负责、勇于担当，最能看出一名干部的党性和作风。干部就要有担当，有多大担当才能干多大事业，尽多大责任才会有多大成就。搞改革、谋发展，比认识更重要的是决心，比方法更关键的是担当。实现以中国式现代化全面推进中华民族伟大复兴，需要我们有更加强烈的担当精神，勇于涉险滩、破坚冰、攻堡垒、拔城池。有些问题并非无解，关键在于有没有担当，只要各级领导干部心系使命、扛起责任，就没有过不去的坎。看准了的事情，就要咬定青山不放松，拿出政治勇气来，敢于担当，坚定不移干。学习领会习近平总书记的重要论述，就要认识到，担当是作风问题，更是政治问题。不担当就是不忠诚，就没有政德，就不配当干部。党员干部的忠诚之魂在于担当，对党忠诚就要为党分忧，以敢于担当检验绝对忠诚。对党忠诚不能停留在口头上，而是要落实在行动上，落实到工作中。只要是为了党的事业、人民的利益，该做的事顶着压力也要干，该负的责冒着风险也要担，才能永葆共产党人一切为了人民利益、一切忠诚于党和人民的政治本色。

2. 深入学习领会“敢于担当，是为了党和人民事业，而不是个人风头主义”的重要论述，明白“为谁担当”。习近平总书记指出，为什么人、靠什么人的问题，是检验一个政党、一个政权性质的试金石。我们的权力是党和人民赋予的，要为人民服务，担当起该担当的责任。要始终把人民放在心中最高的位置，牢记责任重于泰山，时刻把人民群众的安危冷暖放在心上，兢兢业业，夙夜在公，始终与人民心心相印、与人民同甘共苦、与人民团结奋斗。要采取针对性更强、覆盖面更大、作用更直接、效果更明显的举措，实实在在帮群众解难题、为群众增福祉、让群众享公平。要坚持党的原则第一、党的事业第一、人民利益第一，敢于旗帜鲜明，敢于较真碰硬，对工作任劳任怨、尽心竭力、善始善终、善作善成，做时代的劲草、真金。学习领会习近平总书记的重要论述，就要认识到，为人民而担当是领导干部的最高责任，要怀着强烈的爱民、忧民、为民、惠民之心，心里始终装着父老乡亲，想问题、作决策、办事情都要想一想是不是站在人民的立场上，是不是有助于解决群众的难题，是不是有利于增进群众福祉，不断增强人民群众的获得感、幸福感、安全感。

3. 深入学习领会“不仅要有担当的宽肩膀，还得有成事的真本领”的重要论述，知道“用什么来担当”。习近平总书记指出，干部干部，干是当头的，既要想干愿干积极干，又要能干会干善于干。无论是干事创业还是攻坚克难，不仅需要宽肩膀，也需要铁肩膀；不仅需要政治过硬，也需要本领高强。要勇于挑最重的担子，敢于啃最硬的骨头，善于接最烫的山芋，到条件艰苦的基层、国家建设的一线、项目攻关的前沿，经受锻炼，增长才干。要增强学习新知识、掌握新本领的自觉性和紧迫感，不断掌握新知识、熟悉新领域、开拓新视野，全面提高领导能力和执政水平。要注重培养专业能力、专业精神，针对干部的知识空白、经验盲区、能力弱项，开展精准化培训，突出针对性和实用性，补齐本领上的短板、能力上的不足。要在摸爬滚打中增长才干，在层层历练中积累经验。学习领会习近平总书记的重要论述，就要认识到，真担当要有真本事，既要有想干事、真干事的自觉，又要有会干事、干成事的本领，没有本事的担当说到底就是花架子。要增强能力不足的危机感，练就“两把刷子”，全面增强八种本领，使自己的能力素质跟上时代节拍、与岗位职责相匹配。

4. 深入学习领会“既敢于出招又善于应招”的重要论述，清楚“怎么样担当”。习近平总书记指出，面对工作难题，要有明知山有虎、偏向虎山行的劲头，积极寻找克服困难的具体对策，豁得出来、顶得上去，真正成为带领人民群众战风险、渡难关的主心骨。做人一世，为官一任，要有肝胆，要有担当精神。要拎着乌纱帽为民干事，不要捂着乌纱帽为己当官，不能只想当官不想干事，只想揽权不想担责，只想出彩不想出力。对突出矛盾要有责任意识，主动去解决而不是回避推卸，努力做到发现在早、处置在小。对突发事件要临危不惧、沉着冷静、敢于负责，关键时刻要亲临现场、靠前指挥、果断处置。要发扬求真务实、真抓实干的作风，以钉钉子精神担当尽责，树立“功成不必在我”的精神境界和“功成必定有我”的历史担当，一件事接着一件事做，一年接着一年干，脚踏实地地把既定的行动纲领、战略目标、工作蓝图变为现实。学习领会习近平总书记的重要论述，就要认识到，当干部如果干了两三年还是“涛声依旧”，一个地区、一个单位没发生新变化，面临的困难和问题还是一大堆，得不到解决，发展没有目标、方向、成效，就不是一名合格的领导干部。要真刀真枪、脚踏实地，多做打基础、利长远的事，摒弃“等靠要”思想，破除“安贫乐道”的陋习，苦干实干、主动作为，变不可能为可能，在新一轮竞争中赢得主动。

5. 深入学习领会“组织敢于担当，干部才会有底气”的重要论述，学会“怎样激励干部担当”。习近平总书记指出，探索就有可能失误，做事就有可能出错，洗碗越多摔碗的概率就会越大。要把干部在推进改革中因缺乏经验、先行先试出现的失误和错误，同明知故犯的违纪违法行为区分开来；把上级尚无明确限制的探索性试验中的失误和错误，同上级明令禁止后依然我行我素的违纪违法行为区分开来；把为推动发展的无意过失，同为谋取私利的违纪违法行为区分开来。要为敢于担当者担当、为敢于负责者负责，让有为者有位、吃苦者吃香、流血流汗者流芳。要在选人用人上体现讲担当、重担当的鲜明导向，把敢不敢扛事、愿不愿做事、能不能干事作为识别干部、评判优劣、奖惩升降的重要标准，把干部干了什么事、干了多少事、干的事组织和群众认不认可作为选拔干部的根本依据，选拔任用敢于负责、勇于担当、善于作为、实绩突出的干部。学习领会习近平总书记的重要论述，就要认识到，干部只要负责干事，其他的都交给组织。要敢抓善管、精准施策，体现组织的力度；要撑腰鼓劲、关爱宽容，体现组织的温度，真正把敢于担当的干部发现出来，使用起来。要宽容在改革中可能出现的失误，解除他们的后顾之忧；保护那些作风正派又敢作敢为、锐意进取的干部，最大限度调动广大干部的积极性、主动性、创造性。

二、担当是当干部的题中应有之义

《共产党宣言》指出，“无产阶级的运动是绝大多数人的、为绝大多数人谋利益的独立的运动”，展现出无产阶级政党无私无畏的担当精神。党章规定，“党的干部是党的事业的骨干，是人民的公仆，要做到忠诚干净担当”，“党的各级领导干部必须信念坚定、为民服务、勤政务实、敢于担当、清正廉洁”，这就明确要求当干部必须有担当。2019 年修订的《党政领导干部选拔任用工作条例》特别强调要“大力选拔敢于负责、勇于担当、善于作为、实绩突出的干部”。担当是共产党人从历史中继承的优良品质，是党对领导干部提出的政治要求，是党的干部必须具备的基本素质。干部干部，干字当头，不干，就半点马克思主义也没有，就是不担当，就不可能履职尽责。

1. 回顾历史，担当是中国共产党人鲜明的政治品格。中国共产党自成立起就自觉把对国家、对民族、对人民的责任牢牢扛在肩上。100 多年来，我们党之所以能够团结带领全国各族人民取得了革命、建设、改革的伟大胜利，正是因为无数党员干部凭着这份担当精神，历经千难万险，付出巨大牺牲，敢于面对曲折，勇于修正错误，攻克了一个又一个看似不可攻克的难关，创造了一个又一个彪炳史册的人间奇迹。特别是党的十八大以来，面临具有许多新的历史特点的伟大斗争，我们党以巨大的政治勇气和强烈的责任担当，提出一系列新理念新思想新战略，出台一系列重大方针政策，推出一系列重大举措，推进一系列重大工作，攻克了许多长期没有解决的难题，办成了许多事关长远的大事要事，开拓了治国理政的新境界，党和国家事业取得新的辉煌成就。纵观历史，从来没有哪一个政党或群体像我们党这样，在艰难中奋力前行，在曲折中不屈不挠，从胜利走向胜利，谱写了气吞山河的担当史诗；从来没有人像我们共产党人这样，从入党的那一刻起，就自觉把为共产主义奋斗终身、随时准备为党和人民牺牲一切作为矢志不渝的使命担当。可以说，党领导中国人民进行革命、建设、改革的历史，就是一部无数党员干部为党和人民事业担当的历史。

2. 着眼现实，担当是干部面对新形势迎接新挑战的迫切需要。新时代是奋斗者的时代，也是担当者的时代。面对新形势，迎接新挑战，迫切需要更多的干部勇挑重担、奋发有为。可以说，具有强烈担当精神的干部越多，实现高质量发展、以中国现代化推进中华民族伟大复兴就越有力量。不担当，就不配当干部。干部作为“关键少数”，身处关键岗位、关键领域、关键环节，组织和人民寄予厚望，干部不干，谁干？干部不担当，谁来担当？在新的历史条件下，立足当下、把握机遇、攻坚克难，迫切需要每一名领导干部不断锤炼担当精神，在其位谋其政，带头在主动服务和融入国家发展战略中担当作为，在实现高质量发展中担当作为，在推进全面从严治党向纵深发展中担当作为，接好历史的接力棒，在新一轮竞争中占据先机、赢得优势。

3. 面向未来，担当是干部奋力实现中国梦的使命所在。“纷繁世事多元应，击鼓催征稳驭舟。”党的十九大作出了中国特色社会主义进入了新时代的重大论断，明确提出了实现中华民族伟大复兴中国梦的历史使命。新征程召唤新使命，新使命需要新担当。伟大梦想不是等得来、喊得来的，而是拼出来、干出来的。实现梦想的每一步都不可能轻而易举，未来必定会面临这样那样的风险挑战，甚至会遇到难以想象的惊涛骇浪。

广大干部要以“横刀立马、舍我其谁”的胆识，“锲而不舍、金石可镂”的意志，切实增强对党忠诚、为党分忧、为党尽责、为民造福的政治担当，在面对世情、国情、党情的深刻变化中，始终坚定政治信仰，真正扛起共产党人肩上的使命担当。切实增强时不我待、只争朝夕、勇立潮头的历史担当，以永不懈怠的精神状态和一往无前的奋斗姿态，撸起袖子加油干、甩开膀子大胆干，创造出无愧于历史的业绩。增强守土有责、守土负责、守土尽责的责任担当，敢啃硬骨头、打硬仗、挑大梁，扎实干好每一项工作。每一名干部都要倍加珍惜新时代新使命新机遇，以更加饱满的热情、更加昂扬的斗志、更加务实的作风投身工作，实现新时代新担当新作为。

三、有格局有境界有情怀才会有担当

所谓格局，是指人们对局势、态势的理解和把握，往往影响乃至决定一个人能行多稳、走多远，能干多大的事、挑多重的担。所谓境界，是指人们在修养、学识和道德上所能达到的高度和水平，一个人有什么样的境界，就拥有什么样的人生目标和行动追求。所谓情怀，是指人们的某种感情心境，是对特定事物、特定地方的特定情感。习近平总书记指出：“担当大小，体现着干部的胸怀、勇气、格调，有多大担当才能干多大事业。”一个人的格局境界情怀，决定着担当的“宽度”、“高度”和“深度”。

1. 格局境界情怀决定担当的“宽度”，井冈山革命斗争时期，毛泽东站在黄洋界哨口问战士，从这里你看到哪儿？战士回答，可以看到江西和湖南。毛泽东说，站在井冈山，还要看到全中国、看到全世界。一个自觉把自己的命运与国家、民族的命运联系在一起的人，做到胸襟宽、视野宽、思路宽，就能在任何情况下始终以国为重、以民为重，胸怀天下、心系百姓，才算得上有格局境界情怀的人，才算得上一个有担当的

人。一要胸襟宽。海纳百川，有容乃大。决定自己上限的，往往是做人做事的胸襟。胸襟宽是大格局大境界大情怀的综合反映，是干部做人为官的美德和必备素质，也是担当的内在要求。只有做到胸襟宽，才能总揽全局、协调各方，善于从战略的层面谋思路、作决策、出计划、抓落实；才能坚持以事业为重，大公无私，摒弃私心杂念，抛弃个人恩怨，不计个人名利得失，大度容人容事；才能解难事、做好事、办实事，不推诿、不拖拉，不讲空话、大话，不做表面文章；才能始终自警、自律、自省、自励，把纪律和规矩挺在前面，遵纪守法，光明磊落，襟怀坦荡。二要眼界宽。“不识庐山真面目，只缘身在此山中。”眼界宽才能谋大计、抓根本、顾大局，才能担当作为。眼界宽，才能做到登高望远，提高政治站位，高出两到三个层次，自觉从大局出发看问题；才能有不甘落后、奋发进取的精神状态，准确地认识自己的优势和不足，认识面临的机遇和挑战；才能冲破狭隘思想观念束缚，克服狭隘的经验主义、事务主义、地方主义倾向，用发展的眼光看待问题，联系实际，放眼未来。三要思路宽。思路决定出路。有多宽的思路就有多“宽”的担当。只有思路宽，才能打开思维空间，破除思维定式，以小见大、由远及近看问题，多角度、全方位审视复杂多变的情况，克服墨守成规、生搬硬套、凭经验办事；才能坚持一切从实际出发，“不唯书”“不唯上”，吃透“上情”，把握“下情”，做到“上下”结合；才能解放思想，开拓创新，使各项工作体现时代性、把握规律性、富于创造性。

2. 格局境界情怀决定担当的“高度”。干部的理想信念、党性修养、道德情操的高度和水平直接影响干部的担当状况。干部只有理想信念坚定，永远同人民群众心连心，时刻以党的事业为重，讲党性、讲原则，有气量、有修养，才能始终保持共产党人的蓬勃朝气、昂扬锐气和浩然正气，才能做到敢担当能担当。一是革命理想高于天。对马克思主义的信仰，对中国特色社会主义的信念，对实现中华民族伟大复兴中国梦的信心，是共产党人的根和魂，是最大的格局境界情怀，是最“高”担当的本源。没有信仰的人是不幸福的，立不住，也走不远。干部只有坚守初心使命，始终追求革命理想，把有限的生命投入无限的为人民服务中去，才能永葆工作激情和昂扬斗志，不畏艰难、奋勇向前。只有深入系统地学习马克思主义和中国特色社会主义理论体系，自觉用习近平新时代中国特色社会主义思想武装头脑，筑牢信仰之基、补足精神之钙、把稳思想之舵，才能经得住考验、守得住根本、抵得住风浪、担得起重任。二是党性强觉悟高。“修其心治其身，而后可以为政于天下。”党性是干部格局境界情怀的本质要求，党性强则格局境界情怀大，格局境界情怀大则有担当。党性又是阶级性最高和最集中的体现，具有鲜明的时代特征。干部的党性不是与生俱来的，也不是一成不变的，必须与时俱进不断加强修炼，担当起时代赋予的历史使命。最重要的是始终牢记入了党的门就是党的人，尊崇党章、捍卫党章、维护党章，维护好党的形象，始终保持对党唯一的、彻底的、无条件的、不掺任何杂质的绝对忠诚，时时事事处处当先锋、作表率、显本色。最根本就是要切实树牢“四个意识”、坚定“四个自信”、坚决做到“两个维护”，自觉在思想上政治上行动上同以习近平同志为核心的党中央保持高度一致，坚决维护党中央权威和集中统一领导。三是品德正涵养好。国无德不兴，人无德不立。做人做事第一位的是崇德修身。德是首要、是方向，也是担当作为的内生动力。习近平总书记强调：“一个人只有明大德、守公德、严私德，其才方能用得其所。”修德，既要立意高远，又要立足平实，踏踏实实修好公德私德。伟大时代呼唤伟大精神，立德修身同样需要榜样引领。干部必须带头培育高尚的道德情操、保持谦虚谨慎的心态、树立诚信诚恳的做人风范。只有具备自强不息的优秀品质，无论工作生活中遇到什么样的困难和挫折，才能不畏惧不放弃，坚定不移开辟新天地、创造新奇迹。只有身居要职而不显摆，有真本事而不狂傲，取得成绩而不炫耀，作出贡献而不张扬，不忘乎所以、不盛气凌人，才能始终以平静、平和、平淡的心态对待成绩和赞誉，经得起考验、抵得住诱惑、抗得了“围猎”，行稳致远。只有把诚信作为安身立命的基本规范和行为准则，才能做到“言必信，行必果”，敢作敢担，取信于民，推动工作。

3. 格局境界情怀决定担当的“深度”。对于干部而言，格局境界情怀就是对国家和人民的深情大爱，是对国家富强、人民幸福所展现出来的不懈努力，是担当作为的理想追求。习近平总书记指出：“坚持党的原则第一、党的事业第一、人民利益第一，敢于旗帜鲜明，敢于较真碰硬，对工作任劳任怨、尽心竭力、善始善终、善作善成。”只有真挚的家国情怀，才能担当起为党工作、为民服务的重任。其具体体现在爱国、爱民、爱家上。一要有爱国之心。习近平总书记指出：“国家好，民族好，大家才会好。”爱国是一个干部干事创业、担当有为情感的重要体现。我们每个人的前途命运都与国家和民族的前途命运紧密相连。每个干部在纷繁复杂的社会中都应该将个人价值与社会价值联系起来，将个人志向投入党和国家的事业，把爱国之心体现在建设富强民主文明和谐美丽的社会主义现代化强国的具体行动中，体现在履职尽责做好本职工作中。二要有爱民之情。“当官不为民作主，不如回家卖红薯。”这就是最朴素的为民情怀。老百姓是天，老百姓是地。我们党来自人民、植根人民，人民始终是我们的衣食父母，是我们党的执政根基，更是我们担当作为的力量源泉。必须始终把人民放在心中最高位置，把人民对美好生活的向往作为奋斗目标，深怀爱民之心，善谋富民之策，多办利民之事，脚踏实地工作，厚道本分做人，淡化“官念”，拒绝“特权”，为了人民敢啃最硬的骨头、敢挑最重的担。三要有爱家之行。家是最小国，国是千万家；家和万事兴，家齐国安宁。习近平总书记指出，“不论时代发生多大变化，不论生活格局发生多大变化，我们都要重视家庭建设，注重家庭、注重家教、注重家风”。家庭是国家发展、民族进步、社会和谐的重要基点。对于干部来讲，担当负责，首先体现在对家的责任上。一个连家都不爱的人，不能想象他怎么会热爱祖国，会热爱党，会爱岗敬业，会担当作为。爱家最重要的是重视家风建设。家风，不是个人小事、家庭私事，而是干部作风的重要表现，是事关国家兴衰的大事。干部家风坏，误国害民，那是极大的不担当。每一个干部都要把家风建设摆在重要位置，廉洁修身、廉洁齐家，在管好自己的同时，严格要求配偶、子女和身边工作人员。

四、唯有责任才能使一个人持续担当

责任，就是分内应做的事情、应承担的过失和应尽的义务。人都是活在责任中。如果每个人都能认真地承担起自己的责任，社会就能和谐发展。习近平总书记指出，当干部“该承担的责任必须承担”“担当就是责任，好干部必须有责任重于泰山的意识”。当干部必须清楚，岗位就是责任，履职尽责是工作需要、事业需要、国家需要、党的需要，如果责任没尽好，连基本的要求都没达到，更不要说做合格的党员、当称职的干部。干部履职要靠责任，成长要靠责任，坚持要靠责任，奉献要靠责任，担当就要尽好责任，而且必须是不讲条件、始终如一地尽好责任，决不能提拔前就认真尽责了、担当了，提拔后就不负责、不担当了；受到表扬了就尽责了、担当了，被批评受委屈了就不负责、不担当了。干部要持续担当就必须始终履职尽责，担好该承担的责任。

1. 岗位就是责任，有责就要担当。“肩扛千斤谓之责，背负万石谓之任。”党和人民把干部放在岗位上，既是对干部的信任，更是赋予其责任。任何干部不论年龄大小、资历长短、职务高低，一旦走上了岗位，就意味着责任在肩。而且干部职务越高，要求也就越高，责任也就越大，就更需要勇担当、善担当，真正做到在其位、谋其政、尽其责、成其事。我们衡量一个干部称职不称职、优秀不优秀，不光是看其能力，更要看他是否敢于担当、勇于负责。实际工作中，有的干部只想当官不想干事，只想揽权不想负责，只想出彩不想出力，平平安安占位子，浑浑噩噩过日子，见了好处就上、遇到困难就让，追逐权力多多益善、承担责任越

少越好，精力不集中、工作不在状态，既对不起岗位职责，更辜负了党和人民的重托，无异于依附于党的肌体上的“寄生虫”，是名副其实不担当的“官油子”。其根本原因就是忘记了责任，把职务当成了待遇、当成了享受、当成了炫耀。不担当就是不忠诚。干部的忠诚之魂在于担当，对党忠诚就要为党分忧，以敢于担当检验绝对忠诚。习近平总书记强调，党员干部首先要明白自己是一名在党旗下宣过誓的共产党员，要用入党誓词约束自己，要有担当意识，遇事不推诿、不退避、不说谎，向组织说真话道实情，勇于承担责任。只要有利于党的事业，该做的事顶着压力也要干，该负的责冒着风险也要担，不管面临什么艰难险阻，不管遇到什么大风大浪，都要始终坚持党的领导，始终坚守共产党人的精神追求，永葆共产党人一切忠诚于党的政治本色。为官一任就要造福一方。习近平同志曾指出，领导干部“要拎着乌纱帽为民干事，不要捂着乌纱帽为己做官”。对人民负责，为人民服务，始终是共产党人责任观的出发点和归宿。干部要做到持续担当，就必须始终把人民放在心中最高的位置，坚持以人民为中心的发展思想，把人民对美好生活的向往作为奋斗目标，把改善群众生活、维护群众利益作为一切工作的出发点和落脚点，把关系群众切身利益的事当作大事要事，实实在在帮群众解难题、为群众增福祉、让群众享公平，让人民群众更有获得感、幸福感，真正做到守土有责、守土负责、守土尽责，尽显全心全意为人民服务的担当。

2. 在岗一分钟，战斗六十秒。履行责任是义务，尽心尽责显担当。习近平总书记强调，干部要“做到责任过硬……以钉钉子精神担当尽责，真正做到对历史和人民负责”。钉钉子不是一锤子就能钉好的，只有一锤接着一锤敲，才能钉实钉深钉牢。尽责就要发扬钉钉子精神，锲而不舍、持之以恒，常抓不懈、久久为功。但在实际工作中，有的干部认为自己把问题提出来，把工作布置下去，就尽到责任了，不管落实的效果；有的把说了当成做了，把做了当成做好了；有的工作顺利就进一步，遇到困难就退两步；等等，甘当不思进取的“庸官”、推诿扯皮的“躲官”、作风漂浮的“看官”、办事拖沓的“懒官”、装聋作哑的“木官”，最终的结果就是失职失责，辜负组织和群众的重托。干部要想真正做到持续担当，就必须始终担起担好该担的责任，尽心尽责干好每一项工作，决不让机遇在犹豫中丧失、发展在彷徨中停滞、差距在喟叹中拉大。说得好不如干得好。幸福是奋斗出来的。干部干部，就要先干一步。不干，再好的规划也是空中楼阁，再美的蓝图也是废纸一张。不管是甘于担当、敢于担当还是善于担当，最后都要靠实绩来检验。每一名干部都要有“只争朝夕”的精神，坚决摒弃“等靠要”思想，破除“安贫乐道”的错误观念，爱岗敬业、夙夜在公，做到“朝受命、夕饮冰，昼无为、夜难寐”，做到人在岗上、身在事上、心在责上，集全部心思于工作，倾一切才智于事业，不因碌碌无为而悔恨。没有最好只有更好。持续担当就不能停留于眼前的成绩，必须以不满足的精神去奋斗、去追求、去超越，才能善作善成。干部要树立“功成不必在我”的精神境界和“功成必定有我”的历史担当，一件事接着一件事做，一年接着一年干，脚踏实地把既定的行动纲领、战略目标、工作蓝图变为现实。要有工匠精神，下好“绣花”功夫，养成严肃严格严谨对待工作的习惯，绝不忽视任何一个细节，绝不放过任何一个疑点，树立细节意识、精品意识，一丝不苟、精益求精，在把工作干到最好、干到极致中展现持续担当。

五、有真本事才能有真担当

干部的本事和担当是辩证统一、相互支撑、相辅相成的，如果没有本事，谈担当，就像痴人说梦、纸上谈兵，如“镜中花”“水中月”，终将一事无成，也只是假担当：如果没有担当，谈本事，只会满足于自己的“一亩三分地”“声望名利”“蝇头小利”，不仅算不上真本事，甚至会做出有损党和人民利益的事情来。习近平总书记指出，干部不仅需要担当的“宽肩膀”，更要“铁肩膀”。干部既要有担当的勇气，更要有担当的能力和方法。

1. 软肩担不起硬担子，有勇气才能“敢担当”。勇气是一种敢作敢为毫不畏惧的气魄和胆略，是人的精神力量。担当是需要勇气的，难事大事才显担当的勇气。党的好干部焦裕禄，敢于“在困难面前逞英雄”，以“拼上老命大干一场，决心改变兰考面貌”的精神，为广大党员干部树立了不畏艰难、勇于担当的典范。然而在现实中，有的干部“怕”字当头，怕丢乌纱帽、怕得罪人、怕惹麻烦、怕“丢选票”，怕别人给自己下绊子、找毛病，从而甘当尸位素餐的“公堂木偶”、无所事事的“政坛摆设”；有的干部奉行“无为”哲学，能绕就绕，能拖就拖，绕不过拖不过就应付了事；有的干部打“太极拳”，瞻前顾后、畏首畏尾，遇到难题上推下卸，左推右挡，踢皮球；有的干部斗争精神缺失，当“好好先生”，到处说好话、唱赞歌、当老好人，对错误行为不抵制、不批评，任何得罪人的事情都不干；有的干部自己不干净，遇事心里发毛、腰杆不直，不敢碰硬、不敢较真；等等，这都是不敢担当的真实表现。“志不求易者成，事不避难者进。”习近平总书记强调：“历史只会眷顾坚定者、奋进者、搏击者，而不会等待犹豫者、懈怠者、畏难者。”领导干部要做到“敢担当”，必须增强“狭路相逢勇者胜”的锐气，始终保持朝气蓬勃、干事创业的良好精神状态，培养勇往直前的昂扬之气和舍我其谁的无敌斗志，敢闯敢试、敢为人先，乘风破浪、披荆斩棘，敢于直面艰难困苦、敢于投身大风大浪、敢于应对风险挑战，以为党和人民事业赴汤蹈火的姿态，破桎梏、抓机遇、闯新路。必须树立“敢教日月换新天”的豪气，顶得住压力、扛得住重担、打得了硬仗、经得住磨难，始终保持勇攀高峰、敢于胜利，永不言败、越挫越勇的坚韧品格，为党和人民事业义无反顾、勇往直前，夺取胜利。必须坚持“偏向虎山行”的正气，坚持原则、认真负责，敢碰硬、动真格，做到面对大是大非敢于亮剑，面对矛盾敢于迎难而上，面对危机敢于挺身而出，面对失误敢于承担责任，面对歪风邪气敢于坚决斗争，不被任何困难所吓倒，始终保持一身正气。

2. 没有金刚钻揽不了瓷器活，有本领才是“能担当”。责重山岳，能者当之。本领是担当有为的客观保证，是能否把事情干成干好的关键。习近平总书记指出，与今天我们党和国家事业发展的要求相比，我们的本领有适应的一面，也有不适应的一面。特别是随着形势和任务不断发展，我们适应的一面正在下降，不适应的一面正在上升。领导干部不仅要有担当的宽肩膀，还得有成事的真本领。当今时代是一个“知识爆炸”的时代，知识快速更新的时代，世事日新月异、飞速发展，各种新情况新问题新矛盾层出不穷，更需要干部练就过硬的本领。如果空有一腔担当的热血，却没有干事创业的“两把刷子”，就会心有余而力不足，“担当”就成了粉饰面孔，就是无本之木、无源之水，说到底就是假担当、虚担当，不仅成不了事，甚至还会坏事。我们看一个干部，既要看他愿不愿干、敢不敢干，还要看他能担什么、能担多少。现实中，有的干部乐于玩假担当，对新时代新挑战新情况，熟视无睹、麻木不仁，不主动接受新事物，不善于掌握新知识，不出思路、不想办法、不会干事；有的干部守着过去的功劳簿，既无担当之能，更无担当之志，偏安一隅、自甘落后；有的干部遇到急事难事就抓瞎，看不清形势，抓不住重点，找不到对策；有的干部自我感觉良好，能力驾驭不了目标，只会蛮干、乱干。这些干部不仅不能担当党和人民赋予的职责和使命，而且会贻误或危及党和人民事业的发展。真将帅才有真担当。真担当必须练就真本领，掌握能担当的“十八般武艺”。必须时刻警惕“本领恐慌”，深刻感知我们党实现中华民族伟大复兴中国梦的历史使命，深刻认识新时代发展的新形势新任务新要求，树立不提高本领就会不适应、不提高本领就是不负责、不提高本领就是不忠诚、不提高本领就会被淘汰的观念，切实增强学习新知识、掌握新本领的自觉性和紧迫感，努力增强学习本领、政治领导本领、改革创新本领、科学发展本领、依法执政本领、群众工作本领、狠抓落实本领、驾驭风险本领。必须养成勤学善思的习惯，坚持在研究状态下工作，重视学习、善于学习，自觉把学习作为一种神圣职责、一种精神境界、一种终生追求，向书本学、向实践学、向同事学、向人民群众学，不断掌握新知识、熟悉新领域、开拓新视野。要注重加强总结反思，坚持在学中思、干中思，加强对事物客观规律的分析、归纳和判断，切实把学习成果转化为思维能力和工作水平，做到大总结有大收获，小总结有小收获。必须锤炼知行合一的作风。能力既是学出来的，更是干出来的。要主动到基层去摔打、去“接地气”、去“墩墩苗”，勇于挑最重的担子、啃最硬的骨头、接最烫的山芋，在干事中长本事、在历练中变老练，特别要到那些矛盾多、困难大、任务重的地方，多经历一些大事要事、急事难事，真正使知识弱项、能力短板、经验盲区得到弥补，全面提高领导能力和执政水平。

3. 方向正确后方法便为王，有方法才会“善担当”。方法得当事半功倍，方法失当事倍功半。方法是为达到某种目标而采取的手段和行为方式，是人类认识和改造客观世界的明灯和路标。能力决定着一个问题能不能解决，而方法决定着在具备能力前提下，能不能最高效解决问题。科学的方法能够促进能力提高，而能力的提升又可以改进方法，实现方法的科学性与多样性。它们之间相辅相成、相互支撑、辩证统一。我们只有坚持科学的思想方法和工作方法，严格按照客观规律办事，才能真正抓住机遇，办成一些事情，不断把党和人民的事业推向前进。干部是事业的决策者、领导者、组织者和落实者，既要勇担当、能担当，更要善担当。没有方法的担当，就是有勇无谋、意气用事，往往会事与愿违，甚至做出南辕北辙的事情来。现实中，有的干部想担当、能担当，但仍然经常出现老办法不管用、新办法不会用、硬办法不敢用、软办法不顶用等问题，就是因为没有掌握担当的正确方法。干部要“善担当”，必须掌握马克思主义哲学，认真学习马克思主义基本原理，特别是学懂弄通做实习近平新时代中国特色社会主义思想，学会和掌握马克思主义的理论认识方法和社会实践方法，自觉运用马克思主义立场、观点和方法认识问题，努力提高运用战略思维、创新思维、辩证思维、法治思维、底线思维观察事物、判断形势、分析问题的能力。必须坚持“两点论”“重点论”相统一，一切从实际出发，树立问题导向，善于运用辩证的、联系的观点分析问题，既看普遍性又看特殊性，既看当前又看发展，既善于抓住主要矛盾又善于抓矛盾的主要方面，既要会“弹钢琴”又要会“放风筝”，使工作符合规律，以“最优方程解”解决问题，切实增强工作的系统性、创造性、实效性。

领导干部要树立正确的担当观

古人云:“大事难事看担当,逆境顺境看襟怀。”敢于担当是中华民族的传统美德,更是中国共产党人的永恒基因。回顾中国共产党成长与发展的历程,中华民族之所以实现从站起来、富起来到强起来的伟大飞跃,关键在于有一大批敢于担当的党员领导干部。习近平总书记把“敢于担当”作为新时代好干部的标准之一,他指出:“坚持原则、敢于担当是党的干部必须具备的基本素质。”回望历史,担当是领导干部必须继承的中国共产党人鲜明的政治品格;着眼现实,担当是领导干部面对新形势迎接新挑战创造新业绩的迫切需要;面向未来,担当是领导干部带领群众奋力实现伟大中国梦的使命所在。新时代党员领导干部,既要勇于担当,还要乐于担当,更要善于担当,切实增强政治担当、历史担当、责任担当,努力创造作出无愧于时代、无愧于人民、无愧于历史的光辉业绩。

一、桥的价值在于承载,党员干部的价值在于担当

习近平总书记对敢于担当精神的内涵作了“五个敢于”的高度提炼和深刻阐释,即“面对大是大非敢于亮剑,面对矛盾敢于迎难而上,面对危机敢于挺身而出,面对失误敢于承担责任,面对歪风邪气敢于坚决斗争”。当干部的“当”就是担当的“当”,不担当就不配当干部。敢于担当是每一名共产党人必须具备的基本素质,也是我们党对领导干部提

出的要求。如果只想当官不想干事、只想揽权不想担责、只想出彩不想出力，就没有资格做领导干部，也不配当领导干部。党的十八大以来，以习近平同志为核心的党中央攻克了许多长期没有解决的难题，办成了许多事关长远的大事要事，推动党和国家事业取得历史性成就、发生历史性变革，把中国特色社会主义事业推进到了新时代新征程，体现出了巨大的政治担当、历史担当和责任担当。习近平总书记就是敢于担当的楷模，为我们树立了敢于担当的一面旗帜、一个标杆和一面镜子。一个时代有一个时代的使命，一个时代有一个时代的担当。为中国人民谋幸福，为中华民族谋复兴，是中国共产党人的初心和使命，是激励一代代中国共产党人前赴后继、英勇奋斗的根本动力。习近平总书记指出，“担使命，就是要牢记我们党肩负的实现中华民族伟大复兴的历史使命，勇于担当负责，积极主动作为……保持斗争精神，敢于直面风险挑战”。新时代新征程呼唤新使命，新使命需要新担当。千秋大业，百年恰是风华正茂。伟大梦想不会自动成真。实现梦想的每一步都不可能轻而易举，未来必定会面临这样那样的风险挑战，甚至会遇到难以想象的惊涛骇浪，这就要求领导干部必须始终聚焦学懂弄通做实习近平新时代中国特色社会主义思想，不断坚持“两个确立”、增强“四个意识”、坚定“四个自信”、做到“两个维护”，保持永不懈怠的精神状态和一往无前的奋斗姿态，敢于直面问题和风险，勇于挑最重的担子、啃最硬的骨头，干在实处、走在前列，切实担当起实现中华民族伟大复兴中国梦的伟大责任。

二、有多大的担当，才能干多大的事业

习近平总书记指出，“担当大小，体现着干部的胸怀、勇气、格调，有多大担当才能干多大事业”，“不担当不作为，不仅成不了事，而且注定坏事、贻误大事”。新时代党员领导干部必须有大担当，做出大作为。拥有宽广的胸怀，才能担负起心怀天下的大事业。海纳百川，有容乃大。

决定一个人干事创业上限的，往往是这个人的胸怀。胸怀宽广是大格局大境界大情怀的综合反映，只有胸怀宽广，才能拥有胸怀天下、情系苍生的担当抱负，才会具有运筹帷幄、决胜千里之外的担当气度，才会拥有总揽全局、协调各方的担当能力。“以大度兼容，则万物兼济。”“我们需要比天空更宽阔的胸怀。”中国共产党人正是靠着天下为公的宽广胸怀，才能始终担当起为中国人民谋幸福、为中华民族谋复兴的伟大使命，才能不断从胜利走向胜利。

拥有大勇气，才能以不畏艰难的毅力成就大事业。狭路相逢勇者胜。党员领导干部有担当的勇气，就能在难题面前敢闯敢试，敢为人先；在矛盾面前敢抓敢管，敢于碰硬；在风险面前敢作敢为，敢担责任。勇气来自坚定的理想信念、扎实的工作作风和严格的廉洁自律。党员领导干部如果理想信念不坚定，担当作为就会缺乏信心，干事创业就会缺乏勇气。习近平总书记指出：“历史只会眷顾坚定者、奋进者、搏击者，而不会等待犹豫者、懈怠者、畏难者。”面对错综复杂的形势和迎面而来的困难与挑战，是畏首畏尾、裹足不前，还是敢当敢为、永不懈怠，反映出党员领导干部担当精神的高低。

新时代新征程是担当者的时代征程、奋进者的时代征程。天上不会掉馅饼，奋斗才能梦成真。我们要以更加坚定的信心、更加昂扬的斗志、更加饱满的热情、更加旺盛的干劲、更加踏实的作风，勇于破障闯关、敢于破旧立新、善于破解难题，少说多干、真抓实干、埋头苦干，一步一个脚印地把各项事业推向前进。

三、真将帅必有真担当，真担当需要真本领

习近平总书记指出，“领导干部不仅要有担当的宽肩膀，还得有成事的真本领”，“既要想干愿干积极干，又要能干会干善于干”。没有担当本领的领导干部是不能胜任改革发展稳定重任的，是不符合习近平总书

记倡导的新时代好干部标准的。

什么是真担当真本领？就是既要有担当的意愿，也要有担当的勇气；既要有担当的能力，也要有担当的方法；既要有担当的自觉，也要有担当的作风；既要本领高强，更要政治过硬。真将帅既有真本领，也有真担当。新时代的领导干部要当担当的真将帅。没有金刚钻，不揽瓷器活，没有真本领就没有真担当。干部的本事和担当是辩证统一、相互支撑、相辅相成的。当干部，如果空有一腔担当的热血，却没有干事创业的“两把刷子”，就会心有余而力不足，谈担当，就像痴人说梦、纸上谈兵，担当成了无本之木、无源之水，终究将一事无成，只是虚担当、空担当、假担当。看一个干部，既要看他愿不愿干、敢不敢干，还要看他能担什么、能担多少。有些干部的所谓担当，即下指令、拍胸脯、做保证，看似气度不凡，实则是缺乏能力支撑的夸夸其谈、信口开河和鲁莽行事，不仅担不起、担不好，往往还容易犯伤害百姓感情、失信于民、损害党和国家利益的大错。这种所谓的担当，实质是因本领不够、自信不足而表现出的官僚主义和形式主义，最根本的原因是知识老化、思维僵化、能力退化，有担当之心、担当之勇，却无担当之力。

疾风知劲草，板荡识诚臣。沧海横流，方显英雄本色。习近平总书记指出：“与今天我们党和国家事业发展的要求相比，我们的本领有适应的一面，也有不适应的一面。特别是随着形势和任务不断发展，我们适应的一面正在下降，不适应的一面正在上升。”党员领导干部要担起重任、担起使命，就要增强能力不足的危机感，提高锻炼新思维、学习新知识、掌握新本领的自觉性和紧迫感，不断掌握新知识、熟悉新领域、开拓新视野，全面提高领导能力和执政水平，使自己的能力素质跟上时代节拍、与岗位职责相匹配，不断增强担当的“底气”。要认真学习马克思主义科学理论，特别是认真学习领会习近平新时代中国特色社会主义思想，自觉运用贯穿其中的马克思主义立场观点方法，学会运用科学的思维方法和思想方法来解决问题。要当攻坚克难的奋斗者，不当怕见风雨的“泥菩萨”，自觉到条件最艰苦、矛盾最突出的改革开放的最前沿、经济建设第一线、社会生活最基层经受锻炼，增长才干，不断增强担当的“地气”。要正确对待权力和利益，自重、自省、自警、自励，清白做人、诚实做事，一身正气、两袖清风、廉洁为公，不断增强担当的“硬气”。

四、党员干部为事业担当，党组织为党员干部担当

习近平总书记指出，要“旗帜鲜明为那些敢于担当、踏实做事、不谋私利的干部撑腰鼓劲”。《党政领导干部选拔任用工作条例》也对此作出了明确规定。党员干部为事业担当是前提，党组织为党员干部担当是保证，两者是相互依存、相互促进、相互统一的，最终目的是为事业担当。但是，其中起根本作用的还是党组织为党员干部担当，只有党组织为党员干部担当，党员干部为事业担当才会动力倍增、勇往直前。

激励党员干部担当作为，是我们党的优良传统。在我们党长期的革命、建设和改革实践中，党组织始终把激励干部担当作为摆在重要位置，选拔重用了一批又一批敢于担当的优秀干部砥砺前行、接续奋斗。当前，我们正面临中华民族伟大复兴的战略全局和世界百年未有之大变局，正处于实现第二个百年奋斗目标的关键时期，在前进的道路上还会遇到各种意想不到的困难和问题。这就要求党组织必须不断提振广大党员干部的精气神，进一步激励广大党员干部在圆梦的道路上担当奋进、改革图强。新时代呼唤新使命，新使命需要新担当。党组织应进一步支持改革者，鼓励创新者，宽容失败者，给奋进者“定心丸”。当然，党组织为党员干部担当不是无条件的，更不是无原则的，而是要以党员干部为事业担当为前提的。

旗帜鲜明地支持担当者，大胆选拔任用担当者。提高党员领导干部的担当精神，既靠党员领导干部自身历练，也靠组织的用人导向、制度

设计、环境熏陶。要从政治忠诚上教育干部主动担当、选拔任用上引导干部争相担当、教育培训上促使干部善于担当、管理方式上推动干部敢于担当、工作氛围上激励干部乐于担当。要树立正确用人导向，把敢于担当作为选人用人的重要导向，把担当干事作为考察识别干部、评判优劣、奖惩升降的重要标准，坚持新时代好干部标准，突出信念过硬、政治过硬、责任过硬、能力过硬、作风过硬，大力选拔敢于负责、勇于担当、善于作为、实绩突出的干部，让更多敢于担当的干部脱颖而出。要加强制度设计，健全干部教育培训、考核评价、责任追究、容错纠错等制度机制，提高干部担当作为的底气和勇气，对在重大事项和关键时刻放弃担当的党员干部严肃问责。要积极营造氛围，大力宣传改革创新、干事创业的先进典型，激励广大党员干部见贤思齐、奋发有为，积极营造担当可贵、担当光荣的良好社会氛围。

当干部，这些基本原则要坚守

所谓原则，是指说话或行事所依据的法则、规范或标准。坚守原则就是走正道、行大道，是抓根本、管方向的事，纲举才能目张。当不好选择的时候，坚持原则是唯一正确的选择。当干部，这些基本原则要坚守。

一、领导干部的第一能力是政治能力

讲政治是马克思主义政党的本质要求，是党治国理政的首要原则。讲政治关乎党的前途和命运，是我们党补钙壮骨、强身健体的根本保证，是我们党培养自我革命勇气、增强自我净化能力、长期保持先进性纯洁性的根本途径。政治能力是领导干部的第一能力，是履职尽责的牢固根基。

提高政治站位，坚定政治立场。领导干部要带头树立共产主义远大理想和中国特色社会主义共同理想，增强道路自信、理论自信、制度自信、文化自信。要善于站在全党的高度推进工作，对一切违背、歪曲、否定党的基本路线的言行，必须坚决反对和抵制。

加强政治历练，增强政治能力。要通过理论学习和实践磨炼，特别是在复杂形势和多重矛盾中，使自己的政治能力逐步成熟。要提高政治鉴别力，在政治风浪和大是大非面前分清真理和谬误；要提高政治免疫力，严肃党内政治生活，提高发现和解决自身问题的能力；要提高政治定力，严格遵守政治纪律和政治规矩，守住底线不逾矩。

二、党员干部的第一身份是党员

党员领导干部是组织的灵魂和枢纽，首先要明白自己的第一身份是共产党员，自觉当好巩固党的执政地位和全面建设社会主义现代化国家的骨干力量。

要切实增强党员意识。党员意识是党员对自身政治身份的认同感，是行使党员权利、履行党员义务的内在自觉性。党员领导干部只有牢记自己的第一身份是党员，才能时时事事处处当先锋、作表率、葆本色。

要自觉当好“关键少数”。要始终把学习党章党规作为正心修身的必修课、常修课和基本功。以坚强的党性、坚定的信仰和对党、对人民的绝对忠诚，把人做好、把官当好、把事干好，努力在政治合格、执行纪律合格、品德合格、发挥作用合格上做好表率。

三、以人民为中心的根本立场须臾不可动摇

习近平总书记强调：“人民立场是中国共产党的根本政治立场，是马克思主义政党区别于其他政党的显著标志。”我们党是马克思主义政党，马克思主义群众观的核心是人民主体论，也就是坚持以人民为中心的根本立场。

党的十八大以来，以习近平同志为核心的党中央在统筹推进伟大斗争、伟大工程、伟大事业、伟大梦想的实践中，始终坚持以人民为中心的根本立场，从纠“四风”入手，坚持作风建设永远在路上，一系列作风建设和反腐倡廉政策举措掷地有声，不断赢得党心民心，马克思主义群众观在实践中再次得到了正本清源和丰富发展。

人民对美好生活的向往就是我们的奋斗目标。民心是最大的政治，

领导干部要把人民对美好生活的向往作为奋斗目标，把增进人民福祉、促进人的全面发展作为经济社会发展的出发点和落脚点，所有工作都要以人民为中心，坚持发展为了人民、发展依靠人民、发展成果由人民共享，以实实在在的工作，让人民群众有更多获得感和幸福感。

四、不仅要靠得住，还要有本事

习近平总书记指出：“好干部要做到信念坚定、为民服务、勤政务实、敢于担当、清正廉洁。”“坚持德才兼备、以德为先、五湖四海、任人唯贤，把新时代好干部标准落到实处。”是否做到德才兼备，是衡量好干部的重要标准。政治上靠不住的人，是无德之人，用了会坏事；工作上没本事的人，是无才之人，用了会误事。

靠得住就是要对党绝对忠诚，不做“两面人”。习近平总书记指出：“对党绝对忠诚要害在‘绝对’两个字，就是唯一的、彻底的、无条件的、不掺任何杂质的、没有任何水分的忠诚。”

有本事就是要能啃“硬骨头”，不当“糊涂官”。领导干部没有“两把刷子”，是不可能真正为人民群众谋利益的。深化改革，扩大开放，加快发展，光有干劲和愿望还不够，更需要以新眼光把握新机遇、以新方法解决新问题、以新思路谋求新发展，真正成为领导经济社会发展的行家里手。

五、职务就是责任

职务不是一种待遇，不是一种享受，也不是一种炫耀的资本，而是一种责任和负担。职务越高责任越大，领导干部必须自觉做到知责、履责、尽责。

各就各位、尽好本分。要准确定位，摆正位置，恪尽职守，不能相互推诿扯皮、撂挑子。真正做到人在岗上、心在责上。党委（党组）书记一定要把抓好党建作为最大政绩，把党建工作作为主责主业牢牢抓在手上，切实履行好第一责任人职责；其他班子成员也要认真履行“一岗双责”，抓好分管领域党建工作。

没有功劳，也就没有苦劳。对于领导干部而言，身处重要岗位，无功就是过，平庸就是错。为官一任，就要造福一方。领导干部要向焦裕禄、杨善洲、高德荣和廖俊波等先进典型学习，在任期内踏踏实实干好打基础、利长远、惠民生的实事，努力创造经得起实践、人民和历史检验的业绩。

六、学习力是当今社会的核心竞争力

成长为好干部，一靠自身努力，二靠组织培养。学习力是把知识资源转化为知识资本的能力。“学者非必为仕，而仕者必为学。”知识就是力量，领导干部只有把学习作为一种内在需要，不断通过学习来提升自己，才能真正做到干在实处、走在前列。

学如逆水行舟，不进则退。学习是一个长期的积累过程，学无止境。要勤学好问、温故知新、不耻下问，向实践学、向基层同志学、向人民群众学，带着问题学，结合工作学，把学习作为一种政治责任、一种精神追求、一种生活方式。要把学习成果体现到政治能力的提高上，体现到对主观世界的改造上，体现到领导水平的提升上。

注重在调研总结中提升能力。读书是读“有字之书”，调查研究则是读“无字之书”。领导干部要经常深入实际、深入基层、深入群众调查了解情况，掌握第一手资料。要拓展调研渠道、丰富调研手段、创新调研方式，提高调研的实效性和科学性。大总结有大收获，小总结有小收获，不总结没有收获。要自觉汲取经验教训，提高边实践边总结的能力，这样才能站住脚、稳住身、走得远。

七、不追求高线，也就守不住底线

为人做事一定要不断追求高线，朝着最优目标努力，这样即使实现不了最优，结果也不会太差。领导干部为官做事都要坚持高标准严要求，不断追求更高的目标和境界。要坚持稳中求进的工作总基调，立足于现有的工作基础考虑问题，保持工作的连续性；同时，要通过改革创新推动工作、促进事业发展。

炼就“金刚不坏之身”。为官做人要有一定的境界和品位。“金刚不坏之身”不是天生的，需要自律和他律相结合。身正，则邪气不侵。在搞好自律的同时，对于干部身上的苗头性、倾向性问题，要早打招呼，及时提醒，咬耳扯袖。

自身不干净，其他方面都等于零。习近平总书记强调，廉洁自律是共产党人为官从政的底线。侥幸是不幸的开始，当官就不要想着发财。领导干部要警惕“围猎”，防止“温水煮青蛙”，千万不能被别有用心的人买断和控制。要严格教育、严格管理、严格监督家属子女和身边工作人员，防止“后院起火”。

八、当干部要有大格局

当干部特别是领导干部要有大格局，有“为天地立心，为生民立命，为往圣继绝学，为万世开太平”的家国情怀，做到眼界宽、思路宽、胸襟宽。

站得高才能看得远。只有见多识广，看问题才能够精确。既要立足自身看自身，又要跳出自身看自身，才不会犯糊涂、自以为是。要立足全国，放眼世界，跳出本地看本地，县里的工作放在全市、全省来看，市里、省里的工作放在全国来看，审时度势，争取主动。

思路决定出路。思路宽广就是要打开思维空间，破除封闭的思维定式，多角度、全方位审视复杂多变的情况。思路宽广来自对现实情况的掌握，要吃透“上情”，准确理解、全面把握党的路线方针政策和上级指示精神；把握“下情”，深入实际、深入基层、深入群众，充分了解本地区本单位的实际情况。

九、知事识人是领导干部的基本功

治国之要，首在用人。习近平总书记强调：“要建立日常考核、分类考核、近距离考核的知事识人体系。”“努力做到选贤任能、用当其时。”领导干部担负着选贤任能的重要职责，必须练好知事识人的基本功。

要有爱才之心、识才之眼、用才之能。要把公道正派作为干部工作的核心理念贯穿选人用人全过程，按照党章规定的好干部条件、新时代好干部标准、“三严三实”和“忠诚干净担当”要求，把干事创业、勇于改革、敢于担当、作风扎实的干部提拔使用起来。

全面历史辩证地看干部。要经常性、近距离、有原则地接触干部，多到基层干部群众中、多在乡语口碑中了解干部。要坚持全面、历史、辩证地看干部，看主流、看本质、看潜力，注重一贯表现和全部工作，既看发展又看基础，既看显绩又看潜绩。

十、力量不在胳膊上，而在团结上

一个班子，即使个人素质弱一点，但只要团结，在整体上就是一个强班子。相反，班子成员个人素质很好，如果不团结，整体上就会变成一个弱班子、软班子。对于领导干部来说，讲团结是大政治，会团结是真本事，团结好是高水平。

善于用事业凝聚人。一个领导班子的成员来自五湖四海，工作经历、认识水平、性格特征各不相同，看问题难免有意见分歧，干工作难免磕磕碰碰。领导干部应当靠真理的力量、思想的力量、人格的力量感染人、带动人。要树起干事创业的导向，实现人人皆愿为、人人皆可为、人人皆能为。

抓班子带队伍是第一职责。“领”着干才能聚人心，“导”向明才会有信心。领导干部要把抓好班子带好队伍作为第一职责，团结带领一班子人干事创业，看好自己的门，管好自己的人。

谈谈领导干部要强化的几种意识

马克思主义意识观认为，物质决定意识，意识反作用于物质。正确的意识能够指导人们有效开展实践活动，促进客观事物发展；错误的意识则会把人的活动引向歧途，阻碍客观事物发展。领导干部只有树立马克思主义意识观，才能正确地认识问题、分析问题，更好地解决问题、推动工作。对领导干部而言，首先也是最重要的，是要增强政治意识、大局意识、核心意识、看齐意识这四种意识，除此之外，还需增强以下10种意识。

一、党的意识

党的意识，是对党的性质、宗旨、历史使命以及党的纲领和任务等的自觉性认识，是领导干部政治觉悟和党性修养的集中体现。一是要牢记自己的第一身份是共产党员。始终牢记从入党那一天起，个人政治命运就同党的命运血脉相融，时刻想到自己是党的人、是组织的一员。牢记第一身份，最关键的是要坚定理想信念，始终把人民放在心中最高的位置，增强奉献的意识和情怀，在内心深处树立起为党分忧、为民造福的大胸襟、大格局、大境界；始终牢记“心中有党、心中有民、心中有责、心中有戒”，永葆共产党人的政治本色，与党同心同德；始终不忘自己应尽的义务和责任，相信组织、依靠组织、服从组织，自觉接受组织安排和纪律约束，自觉维护党的团结统一；始终尊崇党章、捍卫党章、维护党章，保持对党唯一的、彻底的、无条件的、不掺任何杂质的绝对忠诚。二是要牢记自己的第一职责是为党工作。最根本的就是要始终一片赤诚在心、一颗红心向党、一生无怨无悔，“为共产主义奋斗终身，随时准备为党和人民牺牲一切，永不叛党”。要始终做到在党爱党、在党言党、在党忧党、在党为党，时时事事处处当先锋、作表率、显本色；始终站在党的立场上说话办事，把爱党、忧党、兴党、护党落实到工作生活各环节；始终弘扬党的光荣传统和优良作风，坚决反对形式主义、官僚主义，坚决反对享乐主义、奢靡之风，坚决同一切消极腐败现象作斗争，矢志不移为党和人民事业而奋斗，完成好党交给的每一项任务。

二、执政意识

执政意识是党员领导干部对党的执政理念、执政地位、执政使命、执政方式以及面临的挑战和机遇的一种深层次认识，是党员领导干部进行执政实践的思想基础。一是要时刻不忘自己是党的执政骨干一分子。要深刻认识到党的执政地位不是与生俱来的，也不是一劳永逸的，而是我们党立足中国实际，团结带领全国各族人民在推动中国革命、建设和改革伟大事业中探索不息、奋斗不止的结果，始终保持清醒政权观念，坚信党始终都是中国的最高政治领导力量，坚持从我们党是执政党这个角度出发，从有利于巩固党的执政地位这个前提出发来看问题、想问题、办事情、作决策。二是要毅然决然捍卫党的长期执政地位。要清醒认识到，我们党面临着长期而复杂的“四大考验”、尖锐而严峻的“四种危险”，特别是意识形态领域看不见硝烟的“战争”无处不在，政治领域没有枪炮的“战争”一直未停。领导干部对此必须高度警惕，始终做到头脑清醒，保持战略定力，努力提升执政本领，任何时候任何情况下都自觉维护党的领导、坚决捍卫国家政权。

三、宗旨意识

全心全意为人民服务是我们党一以贯之的根本宗旨，也是我们党最鲜明的政治本色。一是要始终不忘初心、牢记使命。中国共产党人的初心和使命，就是为中国人民谋幸福，为中华民族谋复兴。在共产党人的世界里，人民幸福是念兹在兹的不变初心。党员领导干部不能忘记走过的过去，不能忘记为什么出发，要始终与人民心心相印、与人民同甘共苦、与人民团结奋斗，始终保持同人民群众的血肉联系，这样不管走多远都不会迷茫。二是要永远为满足人民对美好生活的向往而奋斗。领导干部为官一任，只有将人民情怀植根人民沃土，才能真正造福一方。要经常想一想：自己是不是站在人民立场？是不是在为人民谋福祉、回应群众心之所愿？是不是坚持群众利益至上、把群众满意作为衡量工作的唯一标准？努力用自己的“辛勤指数”换来老百姓的“幸福指数”，着力凝聚为中华民族伟大复兴中国梦不懈奋斗的“最大公约数”。

四、责任意识

责任意识，就是一个人对自己分内应尽的义务、应做的事情、应担的责任的自觉而清醒的认识。职务就是责任，岗位就是责任。责任担当是领导干部必备的基本素质，有多大责任就必须有多大担当，有多大的担当才能干多大事业。一是要自觉把岗位当责任。人的一生都是在履行责任中度过的，领导岗位不是休息场所，也不是一种奖励，而是一份沉甸甸的责任。职务越高，责任就越大，对自己的要求也要越高。对工作负责就是对自己负责。不论在什么岗位，在岗一天就必须履职尽责一天。领导干部要守土有责、守土负责、守土尽责，应该做的事顶着压力也要干，必须负的责迎着风险也要担，时刻做到“事不避难、义不逃责”。二是要以大担当干大事业。干部就要干事，干事就要明责、知责、担责。要认清职责定位，该承担的责任要主动认领，责任所在要主动认账，敢于担当责任、勇于直面矛盾，敢啃最硬的骨头、挑最重的担子，说到做到，善于解决问题，不推诿扯皮，对“为官不为”“为官乱为”感到羞愧难当、无地自容。

五、历史意识

所谓历史意识，就是用联系的观点、纵深的眼光把过去、现在、未来看成一个统一整体的思维方式和方法。领导干部只有树立马克思主义的历史观和方法论，用历史思维和眼光看问题，才能更好把握事物发展变化的本质和规律。一是要读好历史这本“教科书”。习近平同志强调:“领导干部读点历史，有助于提高文化素养和思想政治修养，有助于提高工作能力和领导水平。”领导干部要保持学习研究历史的热情和动力，养成学习研究历史的习惯，要学习中国历史、世界历史知识，特别是要学好党史、新中国史、改革开放史、社会主义发展史、中华民族发展史，善于从历史中汲取丰富营养、获得强大精神动力，自觉按照历史规律和历史发展的辩证法办事。二是要用好历史这服“清醒剂”。领导干部要深化对共产党执政规律、社会主义建设规律和人类社会发展规律的认识，要深刻认识“历史和人民选择中国共产党领导中华民族伟大复兴的事业是正确的，必须长期坚持、永不动摇”，“现在，我们比历史上任何时期都更接近实现中华民族伟大复兴的目标，比历史上任何时期都更有信心、更有能力实现这个目标”，从而树牢“四个意识”，坚定“四个自信”，坚决警惕和抵制历史虚无主义。三是要答好“时代答卷”。使命呼唤担当，使命引领未来。领导干部要不负人民重托、无愧历史选择，在新时代中国特色社会主义的伟大实践中，树立正确政绩观，锐意进取，埋头苦干，干一行爱一行专一行，答好经得起实践、人民、历史检验的

“时代答卷”。

六、时代意识

时代意识，通常是指人们对所处时代的一种总的思想观念和价值倾向，反映的是时代发展总趋势和逻辑演进规律。一个国家、一个民族、一个政党必须在遵循历史规律中前进、在顺应时代潮流中发展。我们党一路走来，总是随着时代的发展变化，不断增强时代意识、更新时代观念，使全部理论和工作体现时代性，把握规律性，富于创造性。一是要永远保持与时俱进的前进姿态。时代意识的精髓在于与时俱进，要做到与时俱进，就必须准确把握时代特征，始终站在时代前列和实践前沿，始终解放思想、实事求是和开拓进取，在大胆探索中继承发展。要树立一种深切的历史忧患意识，保持一种时不我待、不进则退的时代紧迫感，拥有一种昂扬向上、奋发有为的时代精神，具备一种不甘落后、奋起直追、实现中国式现代化、中华民族伟大复兴的雄心壮志和能力。要在思想认识上跟上社会的进步和时代的发展，不仅要与时代同步，正确反映时代的主题和本质，更要具有一定的前瞻性，认清并把握时代和世界发展的大趋势，进而始终站在时代发展和世界潮流的前列。要有世界眼光和战略眼光，在分析问题、解决问题时，既要着眼国内，也要着眼世界；既要着眼现实，也要着眼未来。二是要做新时代的坚定者、奋进者、搏击者。领导干部作为引领党和人民事业前进的中坚骨干，必须立足新时代新方位新坐标，认清新时代新征程的大背景、大气候、大趋势，基于新时代我国社会主要矛盾，科学把握新时代发展趋势，深刻洞察世情国情党情所发生的深刻变化，坚决用习近平新时代中国特色社会主义思想武装头脑，自觉破除与新时代不适应、不符合的思想、理念、思路、方法，解放思想，改革创新，善于捕捉新时代声音、聆听新时代声音、抓住时代最强音和主旋律，因势而谋、应势而动、顺势而为，紧跟时代步伐，与时代脉搏共振，面向现代化、面向世界、面向未来，发现新现象，研究新情况，解决新问题。

七、问题意识

人类认识世界、改造世界的过程，就是发现问题、解决问题的过程。问题无处不在、无时不有，任何人都无法绕开或逃离。领导干部只有树立强烈的问题意识，才能正视问题，更好地发现研究解决问题，赢得先机和主动。一是要把问题作为时代的声音。问题是工作的方向和动力。大至一个国家、一个地方的发展，小至一个团体、一个人的成长，都在不断发现解决问题中实现。习近平总书记指出：“改革是由问题倒逼而产生，又在不断解决问题中而深化。”所以，有问题不可怕，可怕的是发现不了问题、不敢面对问题，或者遇到问题束手无策。“没问题”就是最大的问题。领导干部必须时刻保持头脑清醒，善于发现问题，把问题作为前进的路径和方法，作为推动事业发展的动力，瞄着问题去，迎着问题走；对存在的问题不麻木、不掩盖、不回避、不推脱，有什么问题就正视什么问题，避免小问题演化成大麻烦。二是要明确领导工作就是发现问题研究问题解决问题。敏于发现问题、善于分析问题、勇于解决问题是新时代领导干部必须具备的基本功，遇到问题不绕道、研究问题不塞责、解决问题不退步，坚持运用马克思主义立场、观点、方法去认识问题、分析问题、解决问题，具体问题具体分析，抓住重点找准症结，坚持共性问题和个性问题同时发力，坚持治标和治本协同推进，有什么问题就解决什么问题、什么问题突出就着重解决什么问题，决不敷衍了事、上交矛盾，决不纸上谈兵、夸夸其谈，决不搞鸵鸟政策、选择性“失明”，将小事拖大、大事拖炸。

八、创新意识

创新意识是指人们对创新及其价值性、重要性的认知和评价的综合反映。创新是一个民族进步的灵魂，是一个国家兴旺发达的不竭动力，是一个政党永葆生机的精神源泉。对领导干部而言，创新意识是不断自我提高的内生力量和做好工作的必备素质。“不日新者必日退”，没有创新，工作就会是一潭死水，事业就会停滞不前。特别是进入新时代，面对新变化、迎接新挑战、解决新问题，比以往任何时候都更加需要创新。领导干部要想走在时代前列，不落伍、不退步，就一刻也不能削弱创新意识，一刻也不能停止创新步伐。一是创新要有想法。创新首先意味着改掉旧的思想和观念，然后在行动上闯出新的空间和领域。但是，创新往往面临新的风险和挫折，人们总是喜欢或习惯“路径依赖”。正因如此，有的领导干部信奉“多一事不如少一事”，不想创新；有的故步自封、“穿新鞋走老路”，不愿创新；有的对创新有畏难情绪、害怕犯错，不敢创新。这些都是不符合时代发展本质要求的。领导干部要树立不进则退的意识，不断打破思维定式，更新理念观念，吐故纳新、与时俱进，争当改革创新先锋。二是创新要有办法。创新不是标新立异、哗众取宠，也不是依葫芦画瓢、照抄照搬，更不是脱离实际的胡思乱想、异想天开。领导干部想创新、敢创新还不够，更要能创新、会创新。但是，创新的本领不会凭空而来、从天而降，也不会随着年龄职务的增长而自然提升。创新，不仅要吃透上级的政策规定，还要全面熟知自己的工作实际，更要知晓别人或外地的经验做法，做到“上下结合，左右知晓”，才能做到实事求是地创新。创新永无止境，需要领导干部不断推进理论创新、实践创新、制度创新、文化创新，在学习我们党的创新理论中，提高认识和运用客观规律的水平；在总结自身经验中提升创新能力，善于用新方法、新手段解决新问题；在学习别人的过程中，借鉴先进理念和工作方法。

九、风险意识

风险意识是指人们对风险的感受认知和观念把握，与对自身利益和风险之间的关系产生的态度。没有风险意识，意识不到风险，其实就是最大的风险。习近平总书记强调："增强忧患意识，做到居安思危，是我们党治国理政的一个重大原则。"进入新时代新征程，困难与机遇同在，风险与挑战并存。我们面临着政治安全、经济金融、社会稳定等多方面风险，"防范化解重大风险"成为我们党三大攻坚战之首。领导干部要时刻保持风险意识，自觉提升风险意识，居安思危，知危图安，全面提升抗风险能力，才能更好地做到安而不忘危，存而不忘亡，治而不忘乱。一是图之于未萌，虑之于未有。领导干部要强化风险意识，提升预见性和对风险的敏感性、警惕性，对各类风险苗头既不能掉以轻心，也不能置若罔闻，既防大概率较为普遍的"灰犀牛"事件，也防小概率不太常见的"黑天鹅"事件。尽可能把各种可能的情况、会发生的风险想周到想透彻，把各项应对措施制定得周详完善，对已经看得清的方面，深入研判、早作谋划、从容应对，做到早识别、早预警、早发现、早处置；对暂时难以看清的方面，要密切跟踪、未雨绸缪。二是危中有机，化危为机。领导干部要善于发现危机，更要懂得挖掘出危机中的机会，及时"趁危夺机""化危为机"。面对突发风险，要有"无事不惹事，有事不怕事"的底气，沉着冷静、快速反应，变被动为主动；同时要注重作全面、整体和长远的分析研判，全面提升对各类风险的感知力、洞察力、预判力、把控力，着力增强驾驭风险的本领，不断提高风险治理水平，打好防范和化解各种重大风险的有准备之战、战略主动战。

十、自律意识

自律就是遵循法度，自加约束。马克思主义唯物辩证法认为，影响事物发展的因素有外因和内因，但是内因起关键作用。我们党历来不仅重视构筑铁的纪律，严格他律，更重视自我约束，要求党员做到严格自律，始终把自律作为对全体党员的一项基本道德要求。领导干部不仅是一名党员，还是执掌权力、起带头示范作用的“关键少数”，就更要重视自律。如果忽视了自律，思想就会滑坡，防线就会失守，行为就会越界。只有严于律己，才能自身正、自身净、自身硬。一是“身正不怕影子斜”。领导干部要自觉涵养“心底无私天地宽”的气魄，炼就“五毒不侵”的“金刚不坏之身”，培养淡定从容的心态，才能排除干扰，大胆干事创业。只要内心强大，世界就会辽阔。只要行得稳，走得正，自然会“只留清气满乾坤”。二是坚持把纪律和规矩挺在前面。领导干部要敬畏纪律，始终坚守为官从政的底线。领导干部在私底下、无人时、细微处要做到慎独慎微，始终心存敬畏、手握戒尺，不断增强政治定力、纪律定力、道德定力、抵腐定力，始终不放纵、不越轨、不逾矩，清清白白做人、干干净净做事。要坚持自警自省，时刻对照党章党规党纪、法律法规、英模榜样、反面典型等，自我约束、自我警示，见贤思齐、自我完善。

第四部分

守住底线廉洁自律懂规矩

领导干部要做遵守宪法的模范

习近平总书记多次强调，宪法是国家的根本法，是治国安邦的总章程，具有最高的法律地位、法律权威、法律效力，具有根本性、全局性、稳定性、长期性。新中国成立后，毛泽东亲自领导制定了“五四宪法”，对我国的稳定发展起到了重要作用。现行宪法是1982年通过的，改革开放以来党和国家事业取得的历史性成就和进步，都离不开“八二宪法”的全面有效实施。十三届全国人大一次会议表决通过的宪法修正案，是对我国宪法的又一次重大完善，更好发挥了宪法在新时代坚持和发展中国特色社会主义、推进全面依法治国中的重大作用。及时把党和人民创造的伟大成就和宝贵经验上升为宪法条文，实现党的主张、国家意志、人民意愿的有机统一，是我们党治国理政的一条成功经验。“奉法者强则国强，奉法者弱则国弱。”领导干部作为“关键少数”更应加强宪法学习，带头尊崇宪法、学习宪法、遵守宪法、维护宪法、运用宪法，做尊法学法守法用法的模范。

一、树牢宪法信仰，维护宪法权威

“法律必须被信仰，否则它将形同虚设。”宪法信仰就是人们发自内心的对宪法的依赖和尊崇，坚持宪法至上的地位并且坚定不移。然而，因为宪法根本法的地位决定了宪法总纲式的内容，导致宪法实施困难，所以，当我们自己的利益受到侵害时，很少有人想到运用宪法来维护自己的利益，中国人民的宪法信仰是一个循序渐进并且需要长期坚持培养的过程。要破除宪法信仰缺失，领导干部必须发挥带头作用。2018 年 3 月 17 日，习近平同志进行了中华人民共和国历史上国家主席首次宪法宣誓，向宪法宣誓不仅是一个庄严的仪式，也是彰显宪法权威的重要方式，充分体现了习近平同志作为党、国家、军队最高领导人坚守宪法信仰的高度政治自觉，这是对全党全国各族人民最好的激励和教育。历史和实践告诉我们，什么时候我们切实信仰和尊崇宪法，人民当家作主就有保证，党和国家事业就能顺利发展；什么时候宪法受到漠视、削弱甚至破坏，人民权利和自由就无法保证，党和国家事业就会遭受挫折。依宪治国的重要条件之一就是人们对宪法的信仰。作为领导干部，必须对宪法法律始终保持敬畏之心，带头信仰宪法、尊崇宪法，切实维护宪法权威，在宪法法律范围内活动，知晓为官做事尺度，从而带动增强公众的宪法意识，保持宪法的生命和权威，坚定全社会的宪法信仰、法治信仰。维护宪法权威，就是维护党和人民共同意志的权威；捍卫宪法尊严，就是捍卫党和人民共同意志的尊严。只有树牢宪法信仰、维护宪法权威、弘扬宪法精神，才能更好发挥宪法在新时代新征程推进全面依法治国、推进国家治理体系和治理能力现代化中的国家根本法作用，让宪法为实现中国社会主义现代化、中华民族伟大复兴保驾护航。

二、破除特权思想，在宪法法律范围内活动

我国封建社会时间太长，思想传统、文化背景都或多或少受到特权思想的影响。特权思想与宪法精神是背道而驰的。领导干部的思想如果不被宪法精神占领，就会被特权思想占据。那些有特权思想的领导干部，往往是将宪法束之高阁、抛之脑后，把手中的公权变成谋取个人或少数人私利的工具，祸害组织、祸害人民，也祸害自己。在宪法法律面前，任何人都不能心存侥幸，都不能指望法外施恩，没有免罪的“丹书铁券”，

也没有“铁帽子王”。谁把宪法当儿戏，谁就必须受到宪法的制裁。任何组织或者个人都不得有超越宪法的特权，都必须在宪法范围内活动，都必须依照宪法行使权利、履行义务。任何人、任何组织违反宪法都要受到追究，绝不允许任何人、任何组织以任何借口任何形式以言代法、以权压法、徇私枉法。要加强干部这方面的教育。党领导人民制定和实施宪法，党自身必须在宪法范围内活动，关键就要靠领导干部这个“关键少数”带好头。要把谋求特权和私利看成是极大的耻辱，不论职务多高、资历多深、贡献多大，都必须坚持“法定职权必须为，法无授权不可为”，谨记权本法授、权依法使，牢记宪法红线不可触、宪法底线不可越，主动摒弃个人意志至上和人治思维，自觉恪守权力边界，坚决杜绝肆意妄为，做到“公器”绝不“私用”，自己不要去行使依法不该行使的权力，也不要去干预依法不能干预的事情，做到宪法面前不为私心所扰、不为人情所困、不为关系所累、不为利益所惑。

三、补齐法治素养短板，强化法治思维

领导干部的基本素养之一就是法治素养。法治素养是一个人认识法治和运用法治的素质和修养，包括对法治的认知、观念、信仰和能力等；法治思维则强调要对宪法和法律存有敬畏之心，依照宪法法律按权限和程序办事，始终坚持有权必有责、用权受监督、违法必追究、侵权须赔偿。领导干部作为全面推进依法治国的重要组织者、推动者、实践者，法治素养的高低，法治思维的强弱，直接影响着依法治国、依法执政、依法行政水平的高低，事关我们党执政兴国，事关人民幸福安康，事关党和国家长治久安。现实中，有的领导干部存在不学宪法、不懂宪法、缺乏宪法精神和法律知识等问题，习惯于搞权大于法、以言代法、选择性执法，严重损害了党和人民的利益。实践表明，只有不断提升法治素养，补齐法治思维短板，才能增强领导干部依宪治国、依宪执政的

能力水平。领导干部要增强宪法意识，弘扬宪法精神，既要加强学习宪法、通用法律知识以及与履行职责相关的法律知识，又要重视宪法精神、法律原则等法治思维能力方面的学习培养，使法治素养和法治思维成为每一位党政领导干部“基本知识体系”和“基本能力体系”的重要组成部分，真正内化于心、外践于行，坚持依宪执政、依法执政，养成遇事找法、办事依法、解决问题靠法的行为习惯，提高用法治思维谋划科学发展的能力、用法治思维破解改革难题的能力、用法治思维维护社会稳定大局的能力。要把宪法教育和法律培训作为干部教育培训的重要内容，在领导干部绩效考核评价和选拔任用时充分体现对法治思维、运用法治方式解决问题能力的考察，将其作为绩效考核评价和选拔任用的必要条件，促进领导干部真正尊崇并带头遵守宪法和法律，运用法治思维和法治方式处理国家和社会治理中的各项工作。

四、立政德与重法治相结合，做到良法善治

法治安天下，德治润人心。法治和德治如车之两轮、鸟之两翼，缺一不可。“政德是整个社会道德建设的风向标。立政德，就要明大德、守公德、严私德。”重法治就是要贯彻宪法至上，严格按照法律法规办事。德治侧重以思想教育影响人们的道德觉悟，法治则强调用国家强制手段约束规范人们的行为。习近平总书记强调：“领导干部要讲政德。”“既讲法治又讲德治，重视发挥道德教化作用，把法律和道德的力量、法治和德治的功能紧密结合起来。”我们不应忘记，先秦“德刑之辨”就是典型的例子，因统治者过分重视法治，实行利益驱动来严刑峻法，忽视德治，最终导致秦的暴政，秦始皇也由此步入暴君的不归路。事实上，宪法是判断其他法律规范是否违法的重要标准，其本身蕴含着维护公平正义和保障人权的治国理念。步入社会转型期，社会关系日益复杂，尊崇宪法，立政德重法治，德法合一，“内圣外王”的执政理念比以往任何时候都更

为重要。要时刻以宪法为根本导向，坚持德治与法治并举，把握好心中的无形尺度，积极弘扬社会主义道德新风尚；握紧手中的有形戒尺，深入学习宣传以宪法为核心的中国特色社会主义法律体系，维护风清气正的政治生态，以管住“思想”来管住“双手”，真正做到为官清清白白、为政勤勤恳恳、为人慎言慎行。从自身做起，从现在做起，自觉履行宪法规定的权利与义务，让政德与宪法建设相得益彰，维护社会公序良俗，实现良法善治。

五、依宪执政与依规治党结合，完善法规制度体系

我们国家是中国共产党领导的社会主义国家。2018 年 3 月通过的宪法修正案把“中国共产党领导是中国特色社会主义最本质的特征”写入了宪法总纲第一条。从我国法治的发展进程来看，坚持党的领导、人民当家作主、依法治国有机统一，是贯穿始终的一条指导方针。坚持依法治国首先要坚持依宪治国，坚持依法执政首先要坚持依宪执政。党的十九大报告提出，要坚持“依法治国和依规治党有机统一”，并把它作为新时代坚持和发展中国特色社会主义基本方略的重要内容。党的二十大报告指出:“坚持走中国特色社会主义法治道路，建设中国特色社会主义法治体系、建设社会主义法治国家。”党的十八大以来，以习近平同志为核心的党中央把全面深化改革和制度创新有机结合起来，以党章为根本遵循，制定和修订了一系列党内法规，科学的党内法规制度体系初步形成。党内法规建设永远在路上，面对新时代新要求、社会主要矛盾的转变、面临的风险考验等，一些制度与发展不相适应，甚至阻碍发展，需要不断健全完善党内制度体系。增强依法执政本领，必须加快形成覆盖党的领导和党的建设各方面的党内法规制度体系，加强改善对国家政权机关的领导。这不仅要有依法执政的理念，还要具备在法律法规框架下建设党的能力和本领，更要讲究依法执政的方式方法，提升依法执政的

效率和效果。必须坚持依法治国、依宪执政与依规治党、制度治党统筹推进，坚持宪法为上、党章为本的基本原则，完善党内法规，制定体制机制，加大党内法规备案，推进合宪性审查工作，一旦出现违宪行为，能够及时纠正，保证宪法的全面有效实施。必须注重党内法规同国家法律的衔接和协调，促进党员干部带头执行国家法律法规，切实提高党内法规执行力，运用党内法规把党要管党、全面从严治党落到实处。

领导干部需要坚守的十七个“不”

有所坚守，才会有所成就。坚守，既可以是守住正面的、积极的人格和精神，比如，良知、原则和荣誉，也可以是守住底线，不逾法律红线、不碰法律底线，做到有所为有所不为。习近平总书记指出，既要有想干事、真干事的自觉，又要有会干事、干成事的本领。领导干部掌握的是公权力，只能用来为党分忧、为国干事、为民谋利，要时刻牢记有权必有责、用权受监督、违法必追究，习惯在监督和约束下工作，做到心有所畏、言有所戒、行有所止，确保权力始终运行在正确的轨道上。鉴于此，笔者认为，领导干部需要坚守以下十七个“不”。

一、不贪钱财

君子爱财，取之有道。习近平总书记多次指出：“当官发财两条道，当官就不要发财，发财就不要当官。”当官者如果奉行“千里做官只为财”的人生信条，关注个人利益、渴求金钱财富，忘记了为民宗旨，忘记了信念初心，就会追逐私利不能自拔，并最终走向歧路、误入歪道。纵观一些腐败案件，往往是政治问题和经济问题相互交织，大搞权钱交易、利益输送，物欲与权欲形成恶性循环。廉洁是从政底线，从某种意义上说，廉洁是“1”，其他的是“0”，没有这个“1”，任何领导干部都是立不住的。要筑牢“不贪为宝”的思想防线。相传春秋时期宋国有人得了一块美玉，大家都认为是宝物，于是送给当时的贤臣子罕，子罕却说："你把美玉当作宝，我把不贪婪当作宝，如果把玉给了我，那我们俩都丧失了宝物，不如各人保有自己的宝物吧。"这种以"不贪为宝"的境界值得领导干部修炼并恪守。要树牢正确的义利观，拧紧思想的阀门，提高自律的标准，始终做到理想信念不动摇、精神支柱不倾斜，在钱财诱惑面前保持定力，不戚戚于贫贱，不汲汲于富贵，牢记"莫伸手，伸手必被捉"。要构建"亲""清"政商关系。官有官德，商有商道，构建"亲""清"政商关系，就是既要保持官商正常的联系和交往，为企业发展提供必要的服务，又要制定负面清单、画出红线，使官商各安其道并行不悖，共同推动经济发展，确保官商关系"近"而不"黏"，有交集但无交换，有交往但无交易。特别是面对一些不法商人的"围猎"时，要心明眼亮，经得住诱惑，守得住防线，练就反"围猎"的真功夫。

二、不图虚名

虚名就是名气虽然很大很响亮，但缺少与之匹配的实力，仅仅是一种华丽的包装，没有真才实学，终究会被揭穿。人过留名，雁过留声。一个人想要收获好的评价、留下好的名声，本无可厚非，但一味地求名、刻意地求名，则必然会弄虚作假、锱铢必较，陷入名缰利锁。古今中外，从未有人靠虚名流芳千古，反倒是留下许多徒有其表、浪得虚名的笑话。然而，追求虚名的人依然不鲜见。一些领导干部沽名钓誉、追名逐利，热衷于给自己贴上这个"博士"、那个"专家"的标签，在阿谀奉承中迷失；有的长期霸占单位评先评优指标，年年是"优秀"，次次是"冠军"；有的领导干部热衷于参与社会上各类评选，甚至不惜动用公款买得头衔。诸如此类，不仅造成人力、物力和财力的浪费，而且还搞坏了风气、损害了领导干部的形象，必须坚决杜绝。淡泊虚名才能内心清净。贪名与贪权、贪财、贪色一样，都是腐败行为。不图虚名、专注实干是一种人生境界，领导干部作为人民公仆，更应培养淡泊名利、实事求是的人品和职业道德，以豁达的精神和超然的态度对待名利，坦然面对个人进退得失，不计较、不攀比，专注事业、严于律己，把更多的心思用在地方经济社会发展上，用在全心全意为人民群众服务上，不求名反而得名。金杯银杯不如百姓口碑。真正的口碑，是靠实绩赢得的，是群众发自内心的夸奖。要践行全心全意为人民服务的根本宗旨，始终把人民放在心中最高位置，把群众安危冷暖放在心上，想方设法造福百姓，甩开膀子干事创业，创造出一番经得起群众、实践和历史检验的政绩，而不是做给上级看，更不能出于自己的私利弄虚作假。

三、不自作孽

作孽通常用来指作乱、作恶。俗话说，天作孽，犹可违；自作孽，不可活。一个人如果总是无端地作恶、作乱，那结果必然是搬起石头砸自己的脚，作茧自缚、自作自受，即使短时间内可以逃脱甚至获利，但长久来看是一定会受到惩罚、自取灭亡的。正所谓，不是不报，时候未到；时候一到，一切全报。贪财者见钱手痒，必将被金钱所杀；好色者遇色心动，必将在美色中迷失；恋权者一门心思往上爬，必将被权力所反噬。不管外在的环境、诱惑、压力有多大，只要不忘初心、牢记使命，永葆赤子之心，就能历经风雨傲然挺立，做到“自己不打倒自己，谁也打不倒你”。要正心修身。心正，一切都正。要常怀执政为民的公心、洁身自好的清心、待人以诚的真心，始终保持淡泊名利、慎微自律的心态，始终保持克己奉公、兢兢业业的状态，思想纯正、光明磊落，不断强化理论修养、思想修养、党性修养，明大德、守公德、严私德，注重自我约束、自我控制，紧绷纪律红线，坚守法律底线，慎独慎微慎初，在守纪律、讲规矩上作表率，不结孽缘，不欠孽债。要远离阴谋和暴力。想以阴谋获利的，必然会在阴沟里翻船；以暴力伤害他人的，必然受到法律的惩处。领导干部就应该堂堂正正做人，清清白白做官，规规矩矩干事，努力做一个好人、好党员、好干部，让党放心，让群众满意，决不能搞阴谋诡计、使用暴力，这是死路一条。

四、不回避矛盾

矛盾无处不在，矛盾无时不有。事业发展就是在不断解决旧矛盾、不断出现新矛盾、再不断解决矛盾的螺旋式上升的过程中实现的。进入新的发展关键期、改革攻坚期，面临的问题更加复杂，发现矛盾、正视矛盾、研究矛盾、解决矛盾更是领导工作的常态。矛盾本身并不可怕，可怕的是遇到问题绕道走、碰到矛盾就缩手。如果对矛盾“视而不见”，不敢也不想碰，势必会把小事拖大、大事拖炸，甚至发生质的突变，最终造成无法弥补的损失。“为官避事平生耻。”敢于直面矛盾，善于化解矛盾是领导干部应有的品格、应尽的责任。要有直面矛盾的勇气。我们常说，困难像弹簧，你强它就弱，你弱它就强，其实矛盾也一样。狭路相逢勇者胜。要坚决克服畏首畏尾的消极心态，以敢抓敢管、奋发有为为荣，以不求有功、但求无过为耻，不怕担风险、不怕得罪人、不怕遭非议，遇到问题不回避，遇到困难不躲避，遇到风险不逃避，越是艰难越向前。要有解决矛盾的方法。面对矛盾和问题，不仅要有积极态度和良好状态，也需要讲究策略与方法，谋求工作实效的最大化。要认真分析矛盾产生的原因、程度、性质等，善于从苗头性倾向中找准“症结”和“关键”，有的放矢地提出解决问题的办法，该碰硬就碰硬，该大刀阔斧就大刀阔斧，优先解决主要矛盾和矛盾的主要方面，真正做到“一把钥匙开一把锁”，力求达到事半功倍的效果。

五、不推卸责任

责任是信念之基，担当是力量之源。职务就是责任，岗位就是责任。

习近平总书记多次强调，干部就要有担当，有多大担当才能干多大事业，尽多大责任才会有多大成就。不能只想当官不想干事，只想揽权不想担责，只想出彩不想出力。现实中，一些领导干部热衷于搞责任“图章化”，满足于工作已经布置下去了，责任目标已经分解了，至于能不能落实或者采取什么方式完成一概不问，他人的“责任状”变成了自己的“免责单”，“履责”变成“推责”，结果是层层卸责、层层不负责。一个没有责任感的人，自然担不起社会责任，更当不好领导干部。要有敢于负责的担当情怀。无论在何岗、居何职，只要工作着，就要保持一种神圣的责任感、使命感和庄严感，自觉做到知责、履责、尽责，面对问题不懈怠、不搪塞，面对困难不胆怯、不后退，以“我不上谁上”的豪气，敢于负责、敢担重任。要有善于负责的能力素质。要加强各方面知识积累，不断提高驾驭工作的能力，凡事做到学明白、想明白、说明白、做明白，不断改进工作方式方法，把处理疑难杂症问题作为提升自身工作能力的“磨刀石”，努力成为行家里手。要有乐于负责的优良作风。热爱本职工作，甘愿为民办事，乐于无私奉献，只为工作尽职找方法，不为工作失职找借口，始终保持昂扬向上、不甘落后的工作作风，集全部心思于工作，倾一切才智于事业，做到人在岗上、身在事上、心在责上。

六、不做表面文章

表面文章比喻浮夸或不切实际，搞花架子吸引眼球、博取关注，是典型的思想不纯、作风不实的表现。形式主义害死人。邓小平曾经说过，追求表面文章，不讲实际效果、实际效率、实际速度、实际质量、实际成本的形式主义必须制止。当前，一些干部作风华而不实，“不怕群众不满意，就怕领导不在意，还怕媒体不注意”，想方设法打造领导“可视范围内”的形象工程；有的不重实效重包装，把精力放在“材料美化”上，搞“材料出政绩”；有的调研走过场、搞形式，调研现场成了“秀场”；

有的认为说了就是做了，动了就等于成了。凡此种种，都是打着为人民服务的旗号给人民群众添堵，是官僚主义、形式主义作祟，背离了实事求是的思想路线和求真务实的工作作风，败坏党风政风，党中央对此明令禁止，群众对此深恶痛绝，必须坚决遏制。要脚踏实地干出过硬业绩。没有过硬业绩的干部不是好干部。要以新发展理念为指引，大兴调查研究之风，增强看问题的眼力、谋事情的脑力、察民情的听力、走基层的脚力，凭实立身、以实为尺，向实处用力、用事实说话，树立“功成不必在我”的思想，多做打基础利长远的事，做到“潜绩”“显绩”都要有，把汗水挥洒在大地上，把政绩镌刻在群众心中。要以上率下涵养求真务实的生态。“上有所好，下必甚焉。”如果领导带头做表面文章，那么弄虚作假的虚风歪风就很难刹住。领导干部要自觉作表率，大兴求真之风，重用务实之人，以好的作风选作风好的人，形成实干导向，让热衷于做表面文章、急于走捷径的干部没有市场，让“形象工程”“政绩工程”等花架子变成过街老鼠，人人喊打。

七、不拉拉扯扯

拉拉扯扯一般引申指官场上拉扯私欲关系，结党营私、拉帮结派等非组织行为，其所谋者无非官位、所争者无非私利，是封建社会官场“朋党”文化的遗毒。如果任由这种现象发展，就有可能演变为“小圈子”“山头主义”，必将严重破坏党纪党规，污染党内政治生态，对党的团结统一产生极坏影响。党的十八大以来查处的一些腐败案件，经常是“一查一串，一端一窝”“拔出萝卜带出泥”，塌方式的腐败令人发指，其中很重要的一个原因就在于此。君子之交淡如水，为政之道清似茶。习近平总书记多次强调：“倡导清清爽爽的同志关系、规规矩矩的上下级关系。”领导干部手握权力，是特殊群体，尤其需要建立健康清正的人际关系。组织才是最大的靠山。靠山山会倒，靠人人会跑，只有组织才是领导干部最大的靠山。离开组织这个靠山，个人进步就是无源之水、无本之木。要强化党的意识，忠诚组织、依靠组织、敬畏组织、感恩组织，始终明白自己是组织的一员，而不是谁的家丁、门客，更不能将个人进步寄希望于对某些领导的“效忠”上，不可谢“私恩”。织了关系网就是自投罗网。以利相交者，利尽则散；以势相交者，势去则倾。我们来自五湖四海，为了共同的革命目标才走到一起，“团结”不是“结团”，同志之间要亲近，利益交往要疏远，不做不正当社会关系的编织者，不把本来正常的亲朋好友、上下级等关系变成攀附利用、充斥庸俗味的名利场，否则只能一起垮台。要积极同有害政治文化作斗争。带头铲山头、拆码头、破圈子，身体力行、以身作则，大力倡导和弘扬共产党人核心价值理念，坚持公道对待干部，公平评价干部，公正使用干部，自觉用先进政治文化战胜有害政治文化，固本培元、激浊扬清，不断培厚良好政治生态的土壤。

八、不做“两面人”

“两面人”，通俗讲就是表里不一，当面一套、背后一套，台上一套、台下一套，说一套、做一套。腐败分子大都是“两面人”，他们有的台上高谈马克思，台下迷信风水师；有的对人讲纪律，对己搞变通；有的嘴上勇于担当，心里怯懦避让；有的对上吹暖风，对下耍威风；有的会上讲任人唯贤，会下搞用人唯亲；有的人前修身齐家，人后全家腐化；等等。这类人往往没有信仰、没有立场、没有原则、没有底线，不仅难以被发现，一旦被揭露，还容易引起舆论哗然，让人们产生“信任危机”。领导干部必须从自身出发，从思想上和行动上防止变成“两面人”。要始终保持忠于党、忠于祖国、忠于人民的政治自觉。

“两面人”的实质就是对党不忠。不做“两面人”，首先就要在思想上保持对党、对祖国、对人民的绝对忠诚，坚定“四个自信”，增强“四个意识”，自觉用习近平新时代中国特色社会主义思想武装自己、审视自己、改造自己、提高自己，把绝对忠诚贯穿修身干事创业全过程，做到平常时候看得出来、关键时刻站得出来、危急关头豁得出来，矢志不渝为党工作。要始终保持做老实人、说老实话、干老实事的政治品质。“两面人”最典型的特征是阳奉阴违、欺上瞒下、弄虚作假。不做“两面人”就要老老实实做人、踏踏实实做事，襟怀坦荡、光明磊落，重实际、干实事、求实效，不喊哗众取宠的口号、不提脱离实际的要求、不干贻害后代的蠢事，始终做到人前人后一个样、台上台下一个样，言行一致、表里如一。

九、不任性妄为

任性妄为就是由着自己的性情来，随心所欲、毫无约束，恣意放纵、胡乱做事。过去，“任性”常指孩子被过分骄纵而执拗使性、无所顾忌，但现在“任性”一词有了更广义的解释，一些成年人也开始“放飞”自我，任性妄为，特别是一些领导干部，“用权任性”，把工作地当作个人领地，做事无法无天，想干什么就干什么，有的将权力作为享受的温床，挥霍浪费，骄奢淫逸；有的“近水楼台先得月”，搞权力寻租，以权谋私；有的“一人得道，鸡犬升天”，利用职务之便为亲属占取资源、攫取暴利；有的妄自尊大，以言代法、以权压法。这些情况表面上看起来是自我膨胀、目中无人，实质上还是权力观出了问题。有权不可任性，领导干部的身份和职责决定了其不能任性妄为。官有所畏，业有所成。权力是把“双刃剑”。要正确认识手中的权力、敬畏手中的权力，始终保持如临深渊、如履薄冰的谨慎，面对权力不忘乎所以，面对诱惑不迷失自我，随时提醒自己“级别再高，也高不过人民；权力再大，也大不过组织”，始终把人民放在心中最高位置，摒弃“官本位”思想，让权力回归公器本质，任何时候都不搞特权、不任性用权，更不肆意妄为。谨言慎行，守住小节。领导干部代表的是党的形象，无论是立言、立行，还是立德、立身，都要始终把纪律和规矩挺在前面，始终按纪律和规矩办事，管住“小事”，守住“小节”。信任不能代替监督。不受监督的权力，容易导致滥用、产生腐败。要自觉接受组织、社会和群众的监督，以他律促进自律，让权力在阳光下运行，始终做到身有所正不歪斜、言有所规不妄语、行有所止不越界。

十、不怨天尤人

怨天尤人就是遇到挫折或者出了问题时，一味地抱怨客观条件不利，责怪他人不配合，从不在自己身上找原因。工作中，有的干部能够“任劳”，加班加点习以为常，但难以“任怨”，受点批评和委屈就闹情绪发牢骚；有的干部“除了自己，提拔重用谁都不满意”，整天埋怨组织亏待了自己；有的干部心浮气躁，嫌职位低、待遇差，却忘记审视自己是否德配其位。殊不知，抱怨是一种危害极大的负能量，会像流行病一样传染他人，严重影响领导干部的判断力和工作效率。“任劳诚可贵，任怨价更高”，真正的强者只会躬身自省，而从来都不怨天尤人。要常怀感恩之心。领导干部成长不易，其中有自己的艰辛与努力，但更离不开组织的长期教育和培养。要感恩组织的培养，常怀敬畏之心；感恩人民群众的拥护，常念为民之情；感恩领导、同事的支持和家庭成员的奉献，常思知足之乐。要“吾日三省吾身”。“君子博学而日参省乎己，则知明而行无过矣。”只有正确对待自己，客观辩证地看待自己，“以责人之心责己，以恕己之心恕人”，用挑剔的眼光对待自己，用宽广的胸怀对待得失，才能不断鞭策自己成长进步。要有阳光心态。路虽远，行则必至；事虽艰，做则必成。凡事没有一帆风顺、一蹴而就的，要善于从失败中看到成功，从黑暗中看到光明，从挫折中吸取教训，不等不靠、不推不要，从眼前的问题改起，从身边的事情干起，一步一个脚印干好本职工作，脚踏实地、真抓实干，积小胜为大胜，在积累中成就梦想。

十一、不患得患失

患得患失就是没有的时候担心得不到，得到了又担心失去，形容对个人得失看得太重，是一种缺乏定力、内心失衡的表现。患得患失的人往往因为一叶障目而心态失衡、行动偏离，前怕狼后怕虎，最终错失良机，注定会失败。有的干部出现患得患失的情形，根本原因还是私欲在作祟，患功名前程、名利盈亏，导致在艰巨任务和困难条件下，打退堂鼓。习近平总书记曾指出，我们共产党人讲奉献，就要有一颗为党为人民矢志奋斗的心，有了这颗心，就会“痛并快乐着”，再怎么艰苦也是美的、再怎么付出也是甜的，就不会患得患失。每一个领导干部都应该遇事多权衡利弊，以平衡的心态对待得失，以豁达的胸怀看待名利，以奉献的精神服务社会。自知者英，自胜者明。要正确看待得失。忘怀得失未必“失”，患得患失未必“得”。得失观念影响着人的内在信仰和道德良知，只有得失观正确，世界观、人生观、价值观才不会跑偏。能否在得失面前保持静心定气，反映了干部的思想素质，更是组织衡量考验干部品格和境界的“试金石”。要正确看待名利得失，懂得选择取舍，不被得失所困、不为得失所扰，静心聚气，从容淡定，提升境界格局，做一个有智慧、有气魄、有胸襟的领导干部。要坚定践行宗旨。心底无私天地宽。要永葆共产党人的赤诚本色，树立“计利当计天下利，求名当求万世名”的理念，拓宽眼界视野，跳出名、利、欲的诱惑，善于观大势、谋大事，有敏锐性，在机遇来临之际敢于担当、主动担当，把岗位当作奉献平台，不断锤炼干事创业能力水平，多干经得起群众和历史检验的实事好事，而不是整天惦记着位置、研究着关系、攀比着别人，心猿意马、庸人自扰、自乱阵脚。

十二、不后院起火

后院起火，指的是内部闹矛盾、发生纠纷，现多用来比喻领导干部没有管好家属或身边的人而出事。领导干部手握权力，其“后院”往往就成为别有用心的人拉拢的主要对象，通过“糖衣炮弹”不断腐蚀，最终使“后院”沦为贪腐利益输送链上的一环。欲治国者，必先齐家。好家风连着好作风，领导干部不仅要严正自己的作风，更要管好自己的“后院”，千万不能让亲情绑架权力，绝不能容忍自己的“后院”靠山吃山、靠水吃水。如果管不好家人，或者处理不好家庭关系，家庭矛盾不断激化，“后院”就会起火，甚至可能“火烧连营”。要管好“枕边人”。要铭记“一人不廉，全家不圆”的道理，听得进“枕边和风”，扛得住“枕边歪风”，思想不放松、耳根不发软，时刻注意纠正配偶之失，教育引导配偶当好“贤内助”和“廉内助”，不当“储钱罐”和官帽“批发部”。要管好“膝下人”。溺爱子女，容易滋长子女的骄横习气，使之成为“纨绔子弟”。要坚持“言行要留好样与儿孙”，严格管教自己的子女，多留神，防微杜渐，准确掌握他们的思想动态，关注其社交圈子，教育他们绝不能搞特殊化，绝不能打着自己的旗号收受好处、乱说话、乱办事，帮助他们系好“人生第一粒扣子”，而不要“护犊子”。要管好“身边人”。管不好身边人，容易使这些人员成为狐假虎威的“二号首长”。要主动交流沟通，及时、准确掌握其思想动态，对苗头性问题，要及时制止、严肃批评，大事管得住、小事不马虎，不该让他们办的事情坚决不让其办、不该让他们知道的事情坚决不让其知道，绝不能让他们“拉大旗作虎皮”，绝不纵容他们以权谋私。与此同时，要关心家人，努力尽到应尽之责任，重视亲情，保持和谐。

十三、不教一日空过

齐白石坚持每天至少画一幅画，即使“昨日大风雨，心绪不宁”，也要“今朝制此补充之，不教一日闲过也”，表示非常珍惜时间，常用来教育和鞭策人们要珍惜当下，不要浪费光阴，不让一天在空闲中度过。节约时间就是珍惜生命、热爱生活。“逝者如斯夫，不舍昼夜。”人生不过百年、总共三万多天，领导干部在岗位任职的时间更短，如果浑浑噩噩、庸庸碌碌、无所作为，就是在虚度光阴、浪费生命，就是不负责、不担当、不忠诚。时间就是生命。“最是人间留不住，朱颜辞镜花辞树。”勤恳一日和虚度一日，差别最终会呈现出来。要懂得时间的宝贵，把时间用在读书学习、谋划推动工作、服务群众上来，不把时间用在不该做、不能做、不可做的事情上。要活在当下，立足于此时此地的人生思考问题，不为昨天懊悔、不为明天忧心，做好正在做的事，在岗一分钟、奋斗六十秒，尽心尽力干实事，让有限的时间产生最大的效益，绝不虚度光阴、蹉跎岁月。善于做时间的主人。时间是个常数，但又总是充满变数。管理时间其实就是管理自己，要增强时间管理意识，科学制订工作计划，设定工作目标，分清轻重缓急，抓住关键节点，合理分配学习、工作和休息时间，善于利用零碎的时间，精密地掌控时间，通过排出“时间表”和“任务图”，有效把控工作节奏，提高时间的利用率，达到“谁对时间越吝啬，时间对谁越慷慨”的良好效果。

十四、不缺位不越位

缺位就是该干的工作没有干，越位正好相反，就是把不该干的工作干了。现实中，缺位越位的情况很常见，有的人工作留下真空地段，不管不问，甚至尸位素餐；有的人越权逾矩，“狗拿耗子多管闲事”，手伸得太长，种了别人地、荒了自家田。缺位越位的根子，在于自我定位不准、职责职能不清、边界意识不强，往往导致工作无序、失误频出。杜绝缺位越位，就要向履职尽责、工作到位看齐。要按职能职责做事。“做事不由东，累死也无功。”职能职责是我们做事的前提和方向，方向不对、努力白费，南辕北辙、事与愿违。岗位就是责任、职务就是责任，处在什么岗位就要履行什么职责。要熟悉自己工作岗位的职能职责，明白工作的边界范围，做到在其位、谋其政、负其责、尽其力。要担当尽责干好分内工作。有职必有责，有责必担当。要增强先忧后乐的思想情怀、迎难而上的责任意识、有勇有谋的能力素质，积极主动承担党和人民赋予的各项任务。尤其是面对急难险重的任务，要善于解决别人解决不了的问题，在大是大非面前敢于亮剑，在矛盾问题面前迎难而上，在危机困难关头挺身而出。要有“一日无为，三日难安”的境界，以饱满的精神状态做好分内工作。要团结协作、主动补台。互相补台，好戏连台；互相拆台，一起垮台。主动补台补出的是高境界和良好作风。若是“各人自扫门前雪，莫管他人瓦上霜”，站在城楼看风景，结果必然是“城门失火，殃及池鱼”。要分工不分家，既提高个人单兵作战能力，也提高团队的整体作战能力，超越个体认知和个体力量的局限，“各炒一盘菜、共办一桌席”，创造出色香味俱全、组织认可、群众满意的业绩。

十五、不当甩手掌柜

甩手掌柜常指那些光指挥别人、自己什么事也不干，或是只挂名、不负责、不做事的人。现实中，这样的领导干部并不少见，他们有的习惯于“遥控指挥”，只动嘴不动手；有的委任“钦差大臣”，全权处理大事要务，对自己分管的工作拎不清；有的依靠甚至依赖下属，“事事扭头问”，把职责、义务抛诸脑后，把领导岗位当成休息场所。凡此种种都与不敢担当、不愿担当、不会担当有直接关系，长此以往，必将导致干部队伍人心涣散、丧失战斗力。掌权更要担责。权力就是责任，有责更要担当。领导干部要主动担起抓落实的责任，敢闯敢试、敢作敢为、敢作敢当，对待本职工作不推不滑、不躲不避，对待全局工作总揽不包揽、领唱不独唱，善于统筹协调，学会“弹钢琴”。要以责任为前提，以能力为依托，以实干为支撑，以实效为目的，铁肩担重任、妙手破难题，在恪尽职守中展现新气象新作为。放手但不撒手。既要放手让干部充分发挥主观能动性、大胆工作，又要把重要的事情牢牢抓在自己手中，遇到困难不回避、不躲闪，收放自如、张弛有度。放手授权后要注意过程把控、全程参与、深度介入、严格监督，确保既抓出工作成绩又培育锻炼干部。既当指挥员，又当战斗员。领导干部既要出谋划策、指挥全局，又要以上率下、真抓实干，既要挂帅，又要出征，多喊“跟我上”，而不是“给我上”。凡事冲锋在前、做出样子，一级做给一级看，一级带着一级干，勤抓落实、敢抓落实、善抓落实，以自身行动凝聚起干事创业的强大正能量。

十六、不玩物丧志

玩物丧志就是沉溺于喜好的事物、丧失了积极进取的斗志。历史上，因玩物丧志而败事亡国的教训很多，卫懿公好鹤而亡国，夫差沉溺酒色而丧邦，梁武帝崇尚佛教而失位。现实中，有的领导干部耽于玩乐、不务正业、意志衰退、迷失自我，最终纸醉金迷，变得污浊不堪。好船者溺，好骑者坠，君子各以所好为祸。领导干部追求声色犬马，享乐主义严重，究其根本，还是理想信念动摇、缺乏定力韧劲。立身要重名节，领导干部必须加强自我约束，时时处处警醒自己切勿“人为物累，心为形役”。没有信仰就没有追求。心中有信仰，脚下有力量。不忘初心，方得始终。信仰的成色如何、行动力如何，决定一个干部能走多远、能干多大事。要坚定信仰，不沉溺于极致奢华、流连于纸醉金迷、迷失于灯红酒绿、钟情于庸俗低俗媚俗的事物，为了人民的利益矢志不渝去奋斗，当好新时代的奋进者、搏击者。没有节制就没有斗志。个人有喜好很正常，但手握公权的领导干部，对个人喜好一定要保持清醒的认识，既要不事张扬、谨防他人投其所好，又要注重节制，把握好喜好的度，“喜”而不“玩”，“爱”而不“溺”，注意把自己的兴趣爱好与个人修养、工作事业联系起来，做到玩物养志，不因喜好耽误主责主业，努力把喜好转化为一心为民、克己奉公的赤子情怀。

十七、不心浮气躁

古人云：“心浮则气必躁，气躁则神难凝。”心急吃不了热豆腐，饭要一口一口地吃，事要一桩一桩地做。当前，社会正处于转型时期，社会上出现了一些浮躁风气，一些领导干部受此影响，也得了“浮躁病”，有的对工作专注度不够，好高骛远、这山望着那山高，不能静下心来解决问题；有的对工作耐心不够，总想走捷径，希望立竿见影、“毕其功于一役”；有的两年不挪动，就要去活动，三年不提拔，就得要说法。“欲修其身者，先正其心。”早在新中国成立前夕，毛泽东就告诫全党，“务必使同志们继续地保持谦虚、谨慎、不骄、不躁的作风”。领导干部心浮气躁，是思想不正、党性不纯的表现，只有防止和克服浮躁心态，才能把心思和精力放到踏踏实实干事创业上。要提升精神境界。有境界自成高格，无境界流于低俗。要怀着一颗“得意淡然、失意坦然”的心，凡事尽最大的努力，又能平静地接受结果，乐于接受困难，主动迎接挑战，多些埋头苦干，少些追名逐利，让自己成为一盏明灯，带给群众希望、信心和力量。要涵养格局气度。心中常怀大局，正确把握大势，注重涵养大气，在能力上要有危机感，在名利上要有满足感，在鲜花和掌声中看到自己的不足，不鼠目寸光、不急功近利，找准自己的坐标，静心淡定地履职尽责。要保持强大定力。有了定力，才能静下心、沉住气、干成事。不管世事如何变化，都要坚守做人的操守和从政的道德，真正做到“内安于心，外安于目”，耐得住寂寞，守得住清贫，静悄悄做大事，在不张扬中做大事，坚韧不拔攻难关，不折腾、不反复、不冒进，久久为功、绵绵用力，多干打基础、利长远的好事实事。

领导干部成就事业应规避的十种情形

领导工作是一门科学，从事领导工作有其特定的能力素质和基本要求。当官一定要做好人，但好人不一定都能成为好官，有些人并不适合当领导干部，如果勉为其难，不仅自己疲于应付，也影响工作的推进和事业的发展。领导岗位不是休息场所，更不是荣耀享受，而是沉甸甸的责任和“昼无为、夜难眠”的担当，需要付出艰辛的努力。每位领导干部都应当认真严肃地想想自己想干什么，能干什么，不能干什么。结合日常工作中的观察思考，笔者总结出领导干部应规避的十种情形，以供大家对照反思。

一、不忠诚、不担当

领导干部的忠诚，是忠诚于党、忠诚于国家、忠诚于人民；领导干部的担当，是政治担当、历史担当、责任担当。如果总是三心二意、心思不纯，往往就会阳奉阴违、做“两面人”，关键时刻经不起考验，还会危害党和人民的事业。对党忠诚不是抽象的而是具体的，必须体现在对党和人民事业的担当作为上，不担当就是不忠诚，就是没有政德。不忠诚的干部是靠不住的。“人之忠也，犹鱼之有渊。鱼失水则死，人失忠则凶。”领导干部如果不忠诚，位置越高，危险就越大；本事越大，危害就越深。从这个角度来看，忠诚要比能力更重要。领导干部要强化党的意识和组织观念，自觉做到思想上认同组织、政治上依靠组织、工作上服从组织、感情上信赖组织，坚定不移地听党话、跟党走，坚持走中国特色社会主义道路。有多大担当才能干多大事业。岗位就是责任，职务也是责任。要增强担当的自觉，只要是为了党的事业、人民的利益，该做的事顶着压力也要干，该担的责冒着风险也要担，不是敷衍地、虚假地喊口号，而是真心地、实实在在地做事情。要提升担当的本领，真担当要有真本事，才能解决问题、推动工作，如果空有一腔担当的热血，却没有干事创业的“十八般武艺”，不仅成不了事，反而会坏事。必须重视学习，强化实践，主动到基层去“墩苗”“淬火”，在干事创业中练就“两把刷子”，增强本领，使自己的能力素质跟上时代节拍、与岗位职责相匹配。

二、投机取巧

投机取巧的人往往长袖善舞、八面玲珑，极会“看人下菜碟”，做事不怕群众不满意，就怕领导不注意，习惯把心思和精力放在如何吸引领导眼球上，行事圆滑世故。如果这类干部吃香，老老实实干事的干部就会寒心，整个干部队伍的风气就会恶化。“天下之至拙，能胜天下之至巧”，只有脚踏实地，一步一个脚印才能取得实实在在的成绩。一分耕耘一分收获。天上不会掉馅饼，不劳而获是永远不可能的。要坚守自己的本分，把视线从领导注意、媒体关注转移到群众满意上来，靠真本事立身，靠干实事吃饭，脚踏实地，在不张扬中干成大事，不去追求那些无谓的“华名”，以肯干提升境界、以敢干展示气魄、以实干赢得尊重。老实人不会吃大亏。老实做人、做老实人，是共产党员先进性的内在要求，是领导干部官德的外在表现，也是我们党的一贯主张。要做埋头苦干、踏实工作、不事张扬的老实人，做不找关系、不走路子、不跑门子的规矩人，始终坚守自己的本分，始终不忘为人民谋幸福的初心、为民族谋复兴的使命，坐得住冷板凳，保持住工作激情。

三、拉帮结派

拉帮结派的人热衷于团团伙伙、拉拉扯扯，是“圈子文化”“码头文化”“山头主义”的外在表现，是无组织、无纪律、无规矩的行为。拉帮结派之风背离党的宗旨，削弱党组织的战斗力，是污染政治生态的重要祸源，是破坏党的团结统一的非组织行为。习近平总书记强调，党内绝不允许搞团团伙伙、结党营私、拉帮结派，搞了就是违反政治纪律。组织是最大的靠山。“抱大腿”“接天线”的人，最终“大腿”可能会被砍掉，“天线”可能会失灵。组织才是核心，组织才是基础，组织才是土壤。离开组织这个靠山，个人进步就是无源之水、无本之木。要忠于组织，感恩组织，时刻牢记“一切服从组织，一切依靠人民”，相信组织、依靠组织、服从组织、敬畏组织。以个人利益为目的的结团是“乌合之众”。以利相交，利尽则散；以势相交，势败则倾。那些以利益为核心，以权力为纽带，以谋利为逻辑的团结，表面上和和气气，其实各自心怀鬼胎，必然长久不了。领导干部要树立正确的权力观、利益观，要以德为要、以信为基，多交有德之人、有义之人，不找靠山、不傍大款、不攀权势，使“朋友圈”清清朗朗。

四、言过其实

孔子说：“古者言之不出，耻躬之不逮也。”他认为，说到做不到是莫大的耻辱，做人就应该言而有信，不能轻诺寡信；就应该言行一致，不能言过其实；就应该埋头苦干，不能夸夸其谈。现实中，一些人喜欢夸大其词、信口开河，对讲大话、放空炮乐此不疲，遇事急表态、背后很无奈，当“言语上的巨人、行动上的矮子”。古语讲得好，言过其实，不可大用。如果把夸夸其谈、不踏实做事的人放在重要岗位，就会严重破坏社会诚信，损害党的公信力、失去民心。有一说一，有二说二。诚实无破绽。领导干部要实事求是，带头讲真话、道实情，坚决反对和抵制弄虚作假，对工作成绩不夸大、不溢美，对存在的问题不回避、不掩饰，更不能说违反党的纪律特别是政治纪律的话、没有根据的话、违反实事求是原则的话、兑现不了的话、伤害人民群众感情的话、低级趣味的话。言必信，行必果。人无信不立，业无信不兴。言行一致，表里如一，是领导干部立身、立业、为官之本。领导干部必须光明磊落、襟怀坦白，诚实可靠、恪守信义，说到就要做到，承诺了就要兑现，做到既向上级负责，又对群众有信，既敢于“喊嗓子”，更注重“甩膀子”，带头说实话、干实事、求实效。

五、不切实际

领导工作是具体的，既要准确领会上级的决策部署，又要立足本地区本单位的实际，做好“结合”文章，一切从实际出发。不驰于空想，不骛于虚声。坚持说实话、鼓实劲，出实招、求实效，一件事情接着一件事情办、一年接着一年干，脚踏实地地把既定的行动纲领、战略目标、工作蓝图变为现实，切不可好高骛远、这山望着那山高。对任期内能完成的工作，要踏踏实实干好，不留遗憾；对任期内不能完成的工作，要有“功成不必在我”的胸襟和“功成必定有我”的担当，扎扎实实为下一任打好基础、做好铺垫。既要尽力而为，又要量力而行。要坚定必胜的信心，以舍我其谁的担当比学赶超、奋勇争先，撸起袖子加油干，以过五关斩六将的气势用尽一切力量、倾尽一切才智，全力以赴达成目标，凡事尽最大的努力、争取最好的结果。同时，又要立足本地区、本单位资源禀赋、基础条件、发展阶段等实际情况，不过高估量、不急于求成，量体裁衣，实事求是，自觉按客观规律办事。

六、没有原则

没有规矩，不成方圆。原则是做人做事的底线。一个人要是没有原则，就会当所谓的“老好人”“开明绅士”，就会明哲保身，搞“爱惜羽毛”那一套；就会见风使舵、精于世故，甚至故意“耍滑头”；就会墙头草、两边倒，搞“无原则的一团和气”。领导干部必须既敢于坚持原则，又善于坚持原则。坚持原则可能得罪坏人，不坚持原则必定得罪好人。虽然有的干部生性耿直，说话不会拐弯抹角，敢于揭露问题，得罪了一些人，但这才应是正常的党内关系。可以说，太讲原则非但不是干部的缺点，反而是一种难能可贵的品质，这样的干部多多益善。坚持原则就要有点英雄气概，不怕得罪人，在原则问题上该坚持的必须坚持，该反对的必须反对，该得罪的就理直气壮得罪，自觉按原则、按规矩办事。原则就是最大的规则，讲感情更要讲原则。没有人情冷冰冰，没有原则乱哄哄。领导干部坚持原则也不是要“存天理，灭人欲”，只要不违背原则，正常的人际关系对每一个领导干部都是必不可少的。要厚道做人，合情合理做事，对己清正、对人公正，对内严格、对外平等，做到原则性、灵活性相统一。当个人感情同党性原则、私人关系同人民利益相抵触时，要牢记“不好选择时，坚持原则就是最好的选择、唯一的选择”，始终在人情与原则的天平上站稳立场、守住原则。

七、主次不分

解决问题如果不分主次、平均用力，就会眉毛胡子一把抓，抓不住重点，找不到关键，结果只会是忙中出乱、忙而无果，甚至本末倒置，造成失误。领导干部在任何工作中，都既要讲“两点论”又要讲“重点论”，打鼓打到重心处、用力用在节骨眼上。要始终牵住“牛鼻子”。人的精力是有限的，不可能一个人包打天下，领导干部也一样。要抓最紧急最重要的事来做，审大小而图之、酌缓急而布之，抓大放小、抓人放事、抓机放权，既善于解决浮在表面的问题，又要透过现象看本质，选择一些重点领域和关键环节作为突破口，以点带面推动大问题的解决。要善于“弹钢琴”。树立全局视野、长远眼光和系统思维，统筹兼顾、综合平衡，突出重点、带动全局，因时因地因人因事区别对待，合理安排人财物，科学掌握工作节奏，集中力量解决关键问题，进而抓出示范效应、抓出带动作用，推动事业发展，绝不能顾此失彼、捉襟见肘、按下葫芦浮起瓢。

八、身心不健康

身心健康，就是拥有健康的体魄和积极乐观、健康向上的心态。毛泽东在青年时就说过：“文明其精神，野蛮其体魄。”一个人如果整天疾病缠身，怎么能够安心工作？领导干部身心健康不仅关系到自身和家庭，更直接关系到工作质量和办事效率。身体是革命的本钱。领导干部肩负的任务十分繁重，工作量相当大，超负荷运转是常有的事，负责任的干部、重要岗位的干部是没有八小时内外之分的，身体不好根本吃不消。要爱惜自己，保持良好的生活习惯，加强体育锻炼，增强体质体能，不断提高身体素质。要保持平和心态，有清醒的自我认知和自我定位，不能听了几句表扬就妄自尊大、自以为是，也不能挨了几句批评就妄自菲薄、自我否定；要学会心理调适，得意淡然、失意坦然，凡事既要尽最大的努力，又要平静地接受结果；要正确面对工作、生活、人际关系等多方面的压力，避免造成心理失衡和精神压抑；要力戒名利上的攀比之心，摒弃私心杂念，根除“红眼病”和“妒忌症”，克服阴暗心理，以平常心做好平常事。

九、只把工作当饭碗

岗位的价值在于做事，人生的意义在于奉献。你把工作当饭碗，它就仅仅是一个糊口的营生；把工作当事业，它就是一个舞台，可以让人实现自己的人生价值。现实中，有一些领导干部对自己的要求很低，只把工作当作饭碗，完全为了工作而工作，上班仅仅是为了“稻粱谋”，忘记了人民公仆的使命与责任，工作不在状态、没有激情。只求无过，不求有功，是没有格局、没有境界的表现。岗位就是责任，责任重于泰山。无论在什么岗位、担任什么职务，都应把工作当事业来对待，作为一种责任来鞭策，守土有责、守土负责、守土尽责，始终保持热情、充满感情、怀有激情，变“要我干”为“我要干”，让工作成为自己割舍不下的一份牵挂，以强烈的责任感履行好自己的工作职责。有追求就不会平庸，有目标就不会孤独。目标是前行的方向，有了目标干事创业才更有动力，才会增强精益求精、成就卓越的行动自觉。为官一任，造福一方。要保持永不懈怠的精神状态和一往无前的奋斗姿态，在工作岗位上肯钻研、立标杆、当旗帜，努力做事，努力做成事，努力做成大事，积极主动、任劳任怨、无私奉献，把政绩镌刻在人民群众心中，创造出无愧于时代和人民的业绩。

十、不能自律

自律是自我管理、自我约束的能力。一个人的素质高低主要体现在自觉与自律上。一个干部要是缺乏自律能力，就会政治上变质、经济上贪婪、道德上堕落、生活上腐化，最终走上不归路，给党和人民的事业带来难以挽回的损失。堡垒往往是从内部攻破的，一个干部出问题，肯定是其自身先出了问题，让形形色色的“病菌”有了可乘之机。领导干部必须加强自我修养，做到自觉自律，不断追求高线，守住底线。侥幸是不幸的开始。“若要人不知，除非己莫为。”心存侥幸必有不幸，要加强自律，始终保持廉政没有特殊、风险没有例外的警觉性，坚持从小节、小事、“小意思”严起，培养健康高尚的精神追求和生活情趣，纯洁内外交往关系，时刻自重、自省、自警、自励，勿以恶小而为之。自己不打倒自己，谁也打不倒你。要坚持原则，按纪律规矩办事，筑牢自己的思想防线，始终心存敬畏、手握戒尺，严守工作、生活各方面的纪律，常思贪欲之害，从拒绝一条烟、一顿饭的“小意思”做起，守住底线和小节，防微杜渐，时刻保持清正廉洁的本色。

领导干部必须摒弃的悖论及其纠正

所谓悖论，就是表面上同一命题或推理中隐含着两个对立的结论，且这两个结论都能自圆其说。在一些领导干部的头脑中，也存在一些看起来似乎有道理、实际上却又不正确的观念。正因为其表面上具有一定的合理性，所以往往容易迷惑人、误导人，让人自觉不自觉地按照这种思维去思考问题、指导实践，其结果必然是“错误的观念指导错误的实践”。从事领导工作，千万不能痴迷于所谓的“官场术”，企图寻找当官的不二法门，而必须始终牢记宗旨、坚持真理、端正态度、务实工作，不剑走偏锋、不消极懈怠、不徇私枉法，才能赢得组织的信任和群众的支持。以下这些悖论，需要广大领导干部提高警惕，正确认识，以免受此影响，走上歪路、邪路、不归路。

一、权力观

1. 遇事先找关系。半个多世纪前，费孝通在《乡土中国》中就说过：中国传统社会有一张复杂庞大的关系网。每个人都是这网中的一员，都在想尽可能与网中的其他人搭上关系，因此遇事找关系、讲个熟门熟道似乎是人们生活的常态。遇事先找关系，背后其实是权力的无界和滥用，是对规则的漠视甚至无视，典型的特征就是讲人情看关系，重人情轻规则，而不是想着去遵守规则。这种风气和观念在不少领导干部身上也存在。如果领导干部不走正常渠道办事、不依法依规履职，遇事先找关系，也会成为被别人找的“关系”，就会促成畸形的人情文化，坚持原则者往往被视为“不近人情”，依规处事者常吃不打招呼的“亏”，于是人情熟络者大行其道，遵规守纪者寸步难行，形成“逆淘汰”效应，滋生“腐败亚文化”，最终导致政治生态和社会生态的双重恶化。

领导干部要树立正确的人生观、价值观，做到当官守官德、党员讲党性、办事有原则，不为世俗欲念所掌控，不被个人利益所俘虏，不被各种关系所绑架。遇事要先找法，不要先找关系。政策法规是不可逾越的高压线，任何单位和个人只有按照政策法规办事的义务，没有高于政策法规之上的权力。自觉学习掌握基本的法规制度和应知应会的政策理论，准确理解依法治国、全面从严治党的深刻内涵和基本要求，运用法治思维和政策依据想问题、办事情，绝不能一门心思“走后门”，搞人情消费和权力买卖。要立明规矩，破潜规则。潜规则是腐蚀党员干部、败坏党的风气的沉疴毒瘤。要将“规矩”内化于心、外化于行、贯穿工作始终；要发现问题立查立办、严惩不贷，彻底打消玩潜规则者的侥幸心理；积极完善相关制度，推进党务政务公开，让潜规则在党内以及社会上失去土壤、失去通道、失去市场。要树公平理念，弃特权思想。特权是特权者的通行证，却是伤害党群、干群关系的“刀锋”。遇事之所以老想去找关系就是因为特权的存在。要始终让权力在纪律、法律、制度和监督之下运行。摆正人民利益与个人利益的位置，处理好正人与律己的关系，公开公平公正、公道正派，营造平等、公正的社会文化，形成人人相信法律、人人享有公平的良好氛围。

2. 大树底下好乘凉。大树底下好乘凉，原意是指在大树之下可以享受阴凉，通常用来比喻有所依托，事情就好办，和“朝中有人好做官”讲的是一个意思。正因如此，一些领导干部挖空心思“抱大树”“攀高枝”，在他们眼中，“大树”就是某个人或团体及其背后的权力；“乘”就是得到或交换到的快速升迁或其他利益。这种政治攀附，伴随的是“小圈子”“小团伙”，带来的是工作领域变成“私人领地”，干部变成“家臣”，党内关系庸俗化，形成山头主义和宗派主义，严重损害党的团结统一，是我们党历来反对和坚决杜绝的行为。周永康、徐才厚、令计划等原来也是一些领导干部的“大树”，最终却是“树倒猢狲散”的结局，这些人非但没有乘到凉或一时乘到了凉，最终反而被大树所伤。对干部本人来说，躲在大树底下虽然可贪一时之凉，但也容易被大树的阴影所笼罩，格局就不会高，脊梁也不可能挺，自然也就无法长成参天大树。

领导干部都是党的干部，不是哪个人的“家臣”，必须始终心存对组织的敬畏、对法纪的敬畏、对人民的敬畏，安分守己地为党和人民工作。要忠诚于组织，而不是依靠“大树”。对领导干部来说，最大的靠山是组织、是人民。要把对党绝对忠诚作为首要政治品质，把个人的成长进步和人生价值的实现置于党和人民的事业中，决不能把对党尽忠异化为对领导干部个人尽忠，搞低俗的投桃报李行为，这是对自己初心的背叛，也是对党和人民的背叛。要培养独立人格，挺起脊梁长成大树。人生最好的庇护是让自己长成一棵大树。共产党人是大写的“人”，有党性风骨和主体人格，不能走上官场就丢了做人的骨气，为了一点小利益就自降人格、自贬身价，蝇营狗苟，人身依附、政治攀附，让自己沦为某个领导干部的“家臣”“家奴”。要保持清清爽爽的同志关系，做到众木成林。领导干部要做政治生态的“护林员”，坚决清除“小圈子”“小兄弟”等“病虫害”，大力倡导清清爽爽的同志关系、规规矩矩的上下级关系，努力营造相互依存、和谐共生、竞相成才的良好生态，做到既“亲”又“清”，这既是党组织规范和纯洁党内同志交往的“风向标”，也是党员维持交往关系的“护身符”。

3. 水至清则无鱼，人至察则无徒。“水至清则无鱼，人至察则无徒”指的是水太清了，鱼就无法生存，要求别人太严，就没有同伴了。通常用来劝诫人们对人对物不可要求太高，要少苛求、多宽容，与人为善。这句话本身没有问题，是好意，但一些领导干部却没有正确理解这句话的积极意义，而是把它当作“慈悲为怀”的处世哲学，一味地宽容迁就，面对矛盾和问题，当“清”不“清”，漠然视之、放任自流，要滑头、当“老好人”；选人用人当“察”不“察”，顺水推舟、平衡照顾，成了“糊涂官”，以致干部“带病”提拔，不仅败坏了党风政风，也不利于干部的健康成长。

水至清并非就无鱼，政治生态风清气正了，各类人才自会竞相前来；人至察也不会无徒，始终秉持公道正派原则，自然会赢得别人的尊重和信任，何患无徒、何患无友？要当清风正气的“卫道夫”。正气占据上风，邪气就会失去市场；正气不足，邪气就会肆虐横行。一个单位一个部门只有风清气正，干部干事创业才会更加有动力。要善于做维护清风正气的“卫道夫”，敢于同各种不良思想、倾向、风气和行为作坚决斗争，推动党风政风社风持续向上向善，保持“水至清”。要树严管厚爱的“正能量”。对干部既要严格教育、管理、监督，适时进行提醒、函询、诫勉，让咬耳扯袖成为常态，防止干部的小毛病演化为大问题；又要在政治上、思想上、工作上、生活上真诚关爱，经常性近距离有原则地接触了解干部，从而全面客观准确地评价干部、使用干部，给他们提供平台、提供机会，鼓励他们干事创业、大胆作为。要做严于律己的“好榜样”。要谨言慎行、严于律己，用平常心对待党和组织赋予的权力，做到公道正派，廉洁自爱，严格依法办事，做艰苦奋斗、廉洁从政的表率，通过己廉带动他廉和共廉，让水至清、人至察，形成风清气正的政治生态和干事创业的从政环境。

4. 官升水平长。水平是衡量一个人能力高低的重要指标。一般来说，领导干部都是佼佼者，其水平自然不会太低，而且职位越高的能力素质相对也就越高。但事实上，能力素质并不会随着职位的升迁而自然增长。能力的提升，源自长期的工作实践、认真的思考领悟和持续的历练完善。有些领导干部就是不明白这个道理，长时间被唱赞歌的人围着、抬着、哄着，难免头脑发昏、骄傲自满，认为官升水平自然会长，自己最有本事，事事发指示、处处作指导，这种人常闹笑话是在所难免的，更可怕的是，容易胡乱决策，给国家和人民带来重大损失。

习近平总书记深刻指出，干部的党性修养、思想觉悟、道德水平不会随着党龄的积累而自然提高，也不会随着职务的升迁而自然提高，而需要终生努力。要注重学习。把学习作为立身之本、能力之基，自觉养成博览群书、学思结合的习惯，努力学习党的理论方针政策、学习做好本职工作的专业知识和本领、学习实践经验和科学哲学文化等，经常深入基层，问计于民，不断从人民群众中汲取营养。要强化实践，将知识转化为能力必须经过实践。要善于以“行”促“知”，注重在实践的过程中丰富知识、更新知识；注重从实践中总结经验，为工作中的研究、决策提供坚实的基础；注重在实践中提高运用知识推动工作的能力。要总结反思。要养成多动脑子、多思考的习惯，善于透过事物的表象，在繁杂的工作中发现规律、把握重点、总结经验，既不被假象所迷惑，也不以偏概全。善于从自己、他人和历史的经验教训中进行总结反思，在总结反思中看清失败之因、成功之由，进而明确方向和目标，拓宽工作思路和方法。

5. 刑不上大夫。“刑不上大夫”是中国古代大夫以上的阶层享受的“特权”之一，指的是大夫以上的官员犯了事可以不受刑罚或是相对体面地受罚。“刑不上大夫”的数千年的封建观念在一些领导干部头脑中根深蒂固，一有机会，心中的特权思想、人治观念、官本位思维就会溜出来作怪，往往不自觉地在法治之外，甚至在法治之上想问题、作决策、办事情，似乎法律是管别人的，管不着自己。党的十八大以来，党中央猛药去疴、重典治乱，“打虎”“拍蝇”不手软，以实际行动证明了党纪国法绝不是“纸老虎”和“稻草人”，法治之下绝没有免罪的“丹书铁券”和“铁帽子王”，决不给出轨越界者留“暗门”、开“天窗”。

公民在法律面前人人平等，反对任何形式的特权，这是依法治国的一个基本原则。“刑不上大夫”那一套早已过时，要做尊法敬法的表率。

任何一条法律都没有规定领导干部可以享有不受制裁的特权和自由，党规党纪反倒给领导干部划定了许多界限和禁区。一个干部，不管职务多高、地位多显赫、贡献有多大，都没有超出法律的特权，都不是法外之人。要自觉树立法治信仰，时刻紧绷法律之弦，始终把纪律规矩挺在前面，始终把法律当作红线、不可逾越；当作底线、不可触碰。要做学法懂法的表率。学法懂法是守法用法的前提。领导干部学法，应比普通群众领先一步，更深一层，要学得更加全面深入，首要的是明白法律规定怎么用权，心中高悬法律明镜，手中紧握法律戒尺，知晓为官做事的尺度。要做守法用法的表率。法律的价值在于运用。要把对法治的崇敬、对法律的敬畏转化为思维方式和行为方式，自觉在谋划工作时运用法治思维，处理问题时运用法治方式，说话做事时考虑一下是否合法，做到法定职责必须为，法无授权不可为。

二、政绩观

1. 多干不如少干，干得越多出错越多。随着全面从严治党向纵深推进，党对干部的管理越来越严，问责处理力度不断加大。一些领导干部发出“为官不易”的感慨，滋生了“宁可错过，不可做错”的心态，认为“多干不如少干，干得越多出错越多”。这不但把自己陷于自甘平庸、落后掉队的境地，更是对全面从严治党的误读和曲解，是一种“软抵抗”。不可否认，在干事创业的过程中会遇到这样那样的问题，会犯这样那样的失误、错误，甚至还会因此受批评、背处分，但绝不能以此为借口，明哲保身、消极怠工，不作为、懒作为、慢作为。为官避事平生耻，当干部就要有担当，履其职就应该尽其责，这是每一名干部最基本的素养、最起码的职业道德，也是岗位职责的必然要求。

习近平总书记指出，干部干部，干是当头的，既要想干愿干积极干，又要能干会干善于干，其中积极性又是首要的。要靠实干立身。领导干部必须忠于职守、为民服务，把抓落实、重实干、办实事、求实效作为立身之本，脚踏实地，埋头苦干，担当起该担当的责任，全身心投入，高标准履职，努力创造经得起实践、人民、历史检验的实绩，只有这样人民才能信得过，自己才能立得起，一路才能走得稳。需要苦干善干。方向正确以后，方法便为王。从事领导工作特别要讲究方式方法，要善于掌握和了解各个方面的情况，在知形识势、遵循规律、遵规守纪的基础上，创新思路、抢抓机遇、精准发力，不墨守成规、不盲目用劲、不形而上学，尽可能地不犯错误或少犯错误，从而把小事办实，把急事办妥，把难事办好，把大事办成。应当宽容失误，要鼓励改革、宽容失误，严格按照习近平总书记提出的“三个区分开来”的要求，建立容错免责机制，允许“试错”，对那些改革先行先试中出现的失误、探索性试验中的失误、为推动发展的无意过失行为，充分予以宽容，给干事者以总结经验、重整旗鼓的机会，变伯乐相马为赛场选马，凭实绩选用干部，让干部始终在充满希望的氛围和环境中工作，让干与不干不一样、干多干少不一样。

2. 无过便是功。“无过便是功”是明代洪应明收集编著的《菜根谭》里的一句话，本意是说人生在世不必勉强争取功劳，只要没有过错就算是功劳了，意在告诫人们不要过度被名利心所驱使，只有脚踏实地地努力才是伟大功业。但如今一些领导干部曲解了这句话的本意，认为只要不犯错、没有“过”，就算是有“功”了。为了不犯错，他们不担当、不负责，抱着得过且过的心态，凡事不求过得硬只求过得去，工作上无所用心、饱食终日，消极敷衍、混吃等死，无异于“公堂木偶”。这样的为官哲学，辜负的是组织和人民的信任，戕害的是党和政府的公信力，其危害不亚于贪污腐败。

党员领导干部，要摒弃“无过便是功”，树立“无功就是过”的观念，勇于担责、敢于负责，兢兢业业履职尽责。要有建功立业的追求。古人讲三不朽：立德、立功、立言。立功是其中很重要的一个衡量指标，也就是要为国为民建立功绩。我们现在评价、考察干部时的德能勤绩廉五个标准，也把业绩、实绩作为重要指标。要树立正确的政绩观，立足于造福于民这个根本，把“干出一番事业来”作为自己的人生追求，攻坚克难，争创一流，创造出经得起历史和实践检验的成绩。要有建功立业的激情。不甘平庸、不甘屈从、不甘得过且过，有激情、在状态，敢闯敢拼，始终保持旺盛的工作热情和创业冲动，把全部精力和心思都用到工作上来，只争朝夕奋发工作，满怀激情追赶超越。要有建功立业的能力。要勤于学习，干什么学什么、缺什么补什么，不断丰富干好工作的知识储备；要善于思考，善于在全局高度思考和研究问题，做到想得深、看得透；要注重实践，深入基层、深入群众，不断在实践中积累经验、获取新知，提高应对复杂局面的能力。要有建功立业的氛围。让想干事的有机会、肯干事的有舞台、干成事的有地位。对能力不足不能为的，加强培训和锻炼；对动力不足不想为的，加大激励力度；对担当不足不敢为的，坚决让他们能“下”；对那些坚持原则、敢抓敢管的干部，那些心系群众、埋头苦干的干部，坚决让他们能“上”。让不干事者让位置、让想干事者有舞台，保持干部队伍的“一池活水”。

3. 说了就等于做了，动了就等于成了。日常生活中，我们都知道说和做是两码事，行动了也不代表就完成了，关键还是要看结果、看成效。但有些领导干部却自欺欺人地信奉“说了就等于做了，动了就等于成了”，认为只要发了文、开了会、作了部署，就等于工作已经开展了、任务已经完成了。有的只说不做，行动在嘴上、落实在纸上；有的部署工作雷声大，落实工作雨点小，表决心惊天动地，看成效毛毛细雨；有的工作措施才制定，就开始总结宣传经验。凡此种种，都是形式主义、官僚主义歪风盛行的表现，其根源是责任心缺失，为官不为、庸政懒政、不严不实，不仅辜负了组织、辜负了群众，荒废了党的事业，也毁了自己。

习近平总书记十分推崇抓铁有痕、踏石留印的实干劲头，多次警示“空谈误国”的执政陷阱，号召我们“撸起袖子加油干”。领导干部一定要走"实干兴邦"的正确道路，谋事实、创业实、做人实。要真抓实干。领导干部不仅要善于决策，更重要的是抓好落实。要强化结果思维、效果导向，做事不只是满足于做了，而是要追求做成、做好，真正把"为人民服务"的理念体现在具体行动中，落实到实际成效中。要持之以恒。要想干成一件事，特别是一件比较困难的事情，最需要的是坚持。领导工作也是一样，不能只停留在表面，而是要发扬钉钉子精神，拿出打铁的韧劲、绣花的功夫，扎扎实实、久久为功，善始善终、善作善成。要强化督查。任务布置了并不意味着就万事大吉了，关键是要强化跟踪问效、督查落实。一件工作不仅要交任务，还要细化责任分工，明确完成时限，定期跟踪监测，检查完成情况，确保各项任务落实到位、作出成效。

三、方法论

1. 百无一用是书生。"百无一用是书生"出自清代诗人黄景仁所作的七言律诗《杂感》，原句为"十有九人堪白眼，百无一用是书生"。作者用这句话来抒发自己一生怀才不遇的愤懑和不满，是一句牢骚和反话。事实上，中国几千年的文化传统都是十分推崇读书并重视读书人的，甚至认为只有寒窗苦读考中科举才是正途。1300 多年的科举考试选拔出了十万名以上的进士，百万名以上的举人，这些读书人构成了中国历代官员的基本队伍，而且产生了不少具有高度文化素养的杰出政治家和行政管理者。特别是当今在知识经济、互联网经济时代，知识分子更多的是"才高八斗、学富五车"，很多人都在开风气之先，引领创新创业创造的潮流，成为时代的弄潮儿。这些掌握了"第一生产力"的"书生"是各国、各地争相抢夺的"第一资源"，绝不是"百无一用"。所以千万不能否定读书人、否定知识分子。求全责备，妒贤嫉能，甚至排挤人才、以权压才，既阻碍了人才的作用发挥，也制约了经济社会的健康发展，我们国家在这方面是有过惨痛教训的。

邓小平曾经明确提出，一定要在党内造成一种空气：尊重知识，尊重人才。要反对不尊重知识分子的错误思想。领导干部只有不断地正视知识、了解掌握知识，尊重知识分子、相信知识分子、用好知识分子，才能在干事创业的道路上一路向前。要切实善待知识分子。在对待知识分子方面，一定要有容人之短、容人之过、容人之长的雅量和胸襟，多包容、多关怀，把有个性的人才看成难得的财富，尊重个性，鼓励创新，充分尊重知识分子的工作特点和规律，积极听取知识分子对工作的意见和建议，营造出积极健康、宽松和谐的氛围，坚决不能抓辫子、扣帽子、打板子。要大胆使用知识分子。要合理使用人才，把人才放到最为合适的岗位，用其所长，任其所宜，因岗选人、人岗相适。对恃才傲物的人才，要帮他“去去火”“消消气”，助其行稳致远、堪当大任；对爱给领导挑刺的人，要多包容，多加正确引导，只要他说得对，就积极采纳。以爱才惜才之心，给德才兼备者压担子，给实绩突出者搭台子，给群众公认者铺路子，让全社会的创新创造潜力如清泉出涧、奔流不息。要努力成为知识分子。要把读书学习作为适应岗位、履行职责、锤炼人格的第一需要，不断接受新知识的充电，不断感受新理念的激荡，不断经受新思想的洗礼，从读书学习中获取力量、汲取智慧、启迪创新、激扬精神，更好地把学习成果转化为开拓创新的工作思路和发展良策，努力成为知识型、学者型领导。

2. 眼见为实。眼见为实一般与耳听为虚连用，指的是不要轻信传闻，眼睛看到的才是事实。照常理，人用双眼直接观察事物，应该是真实可靠的，但在具体工作中，眼见未必为实，所见的有可能只是事物的表象或是局部，并不能客观全面地反映事物的本质。有的干部报纸时时登、电视天天上，不一定就是真的优秀；一些地方地区生产总值（地区GDP）增长快、统计数据好看，不一定就真的发展得好；基层调研看到的“盆景”也不一定是“全景”。领导干部在拍板决策时，仅凭看到的一事一物，就会盲目武断；在调研工作时，仅凭看到的一枝一叶，就会“不见泰山”；在选任干部时，仅凭看到的一丝一缕，就会影响用人导向、风气。

眼之所见可能有假象、盲区、误区，看人、看工作皆是如此，只有剔除假象、避开盲区、跳出误区，才能真正看到本质。不要先入为主地看。无论是看待一件工作还是一名干部，不能带有任何主观的喜好、感觉、印象等，以免受到干扰、束缚而看“走眼”。要摈弃唯心论的先验论，坚持唯物论的反映论，一切从客观实际出发，做到有一看一，有二看二，绝不能凭个人主观愿望看人看事。不要浮在表面地看。不能仅仅满足于在办公室里看、从书本材料中看或是请他人代看，也不能人下去了却悬在“半空”俯瞰。要善于透过现象看本质，通过真正的深入了解，才能看得清晰、真切，才不会被假象所迷惑。不要孤立片面地看。看人看事不能“管中窥豹，只见一斑”，要多思考、多琢磨，既看当下，又了解过去并预测未来，知其然也知其所以然。对一些比较复杂尤其是有些出乎意料的事物，在个人的眼力与智慧有限而难以看清的情况下，要学会用众眼、集众智，力争看得准、看得深、看得实。

3. 老实人会吃亏。我们常用“老实”来形容一个人忠厚诚实、循规蹈矩、表里如一、任劳任怨。但在一些人看来，“老实”是“窝囊”“不开窍”“不会来事”的代名词。老实人只知埋头苦干而不善于表现自己，善琢磨事而不善琢磨人，不跑不送、不走上层路线，很难进入领导的视野，也得不到提拔重用。而那些善于察言观色、溜须拍马的“聪明人”，却总是事情没多干、好处没少得，形成了“老实人吃亏”的悖论。事实上，老实人也许会吃些小亏，但不会吃大亏；可能会一时吃亏，但不会一世吃亏。正因为老实，不懂“变通”，才不会触犯党纪国法的高压线，不会因“打点孝敬”而失足，更不会因位高权重而迷失；也正因为老实，不会“忽悠”，才能一心一意为群众谋福利，得到群众的拥护和支持。

周恩来曾说：世界上最聪明的人是最老实的人，因为只有老实人才经得起事实和历史的检验。领导干部要坦荡为人，老实做事，创造无愧于时代和人民的光辉业绩。要坚信诚实无破绽。有一说一、有二说二，既不虚报浮夸，也不藏着掖着，自然也就无所畏惧、没有破绽，可以坦荡做人。而弄虚作假者每说出一个谎言，都要编织千万个谎言去弥补，也许能一时一事得逞，但时间久了，编来编去自然言多必失、漏洞百出，大家就会认清他的本来面目，他就无法立足立身了。要做老实人。珍惜组织的信任和培养，诚实对待一切，做思想务实、生活朴实、作风扎实的老实人；做尊重科学、尊重实践、尊重规律的老实人；做诚实守信、言行一致、表里如一的老实人；做敢于担当、不推诿扯皮、不拈轻怕重、不讲条件的老实人；做勤勤恳恳、任劳任怨、甘于奉献的老实人。坚决不搞两面派，不做“两面人”。要营造让老实人吃香的氛围。一些领导干部嘴上强调“不让老实人吃亏”，但一到提拔使用就认为老实人撑不开大局面、出不了大政绩，轻拿轻放，实际上是“口惠而实不至”。要切实把重视老老实实的干部、起用老老实实的干部作为干部工作的一种理念来倡导、一种导向来落实，真正使老老实实做人、扎扎实实做事、实绩突出的干部得到褒奖和重用，推动全党全社会形成当老实人、讲老实话、做老实事的良好氛围。

4. 身在基层，就联系了群众。密切联系群众，坚持走群众路线，是党的优良传统作风，也是党最大的政治优势。一些领导干部总认为自己来自农村，生活在群众中，工作在基层，不存在脱离群众的问题。但实际上，有的干部身在基层却一身官气，将自己完全凌驾在群众之上，把乡镇当“衙门”，把村委会当机关，不是走村入户了解民情，而是坐在办公室里签字盖章；不是与群众交朋友，而是高高在上当“官老爷”；不是真心实意融入基层、热爱基层，而是把基层作为自己升迁路上的“跳板”。这种人尽管占着“地利”，却没有接到“地气”，更是在群众中缺乏“人气”。其结果必然是远远脱离群众，甚至把群众推向对立面。

党的事业根基在基层，兴衰成败取决于群众。基层干部身处服务群众的最前沿，是党和政府联系群众的纽带，只有真切地了解群众需求，关心群众疾苦，赢得群众支持，才能永葆党的生机与活力。要常驻而非走读。不仅要身入群众，更要深入群众。一心一意沉下去、扎进去、融进去，放下架子，迈开步子，当“泥腿”干部、“田坎”干部，深入群众家中和田间地头，与群众同坐一条板凳、同吃一桌饭，及时了解群众所思、所虑、所盼，广泛听取群众意见和建议，真正和广大群众打成一片、融为一体。要用心而非作秀。什么是作秀，什么是真正联系群众，老百姓一眼就看出来了。联系群众不能满足于“坐着小车转一转，隔着玻璃看一看，看完以后吃顿饭”，只做表面文章、只重形式不重效果、不解决实际问题，而是要用心了解情况、用心思考问题、用心谋划发展，肯吃苦、勤做事，为群众办实事、做好事、解难事。要真情而非假意。群众是讲实际的，也是讲感情的。对群众充满感情，工作才会永远富有激情。要用真情实意去做群众工作，把群众当亲人，把群众事当成自家事，把联系服务群众看成一份义不容辞的责任、一种矢志不渝的追求，时刻心系群众，认真倾听群众呼声、真诚回应群众期待，和群众同呼吸、共命运、心连心。

5. 摆平就是水平。“摆平”通常是指在工作推进中，遇到难以解决的矛盾、棘手的事情时采取随机的、临时的、非常规的做法加以解决，是一种只看结果不看过程、治标不治本的理念。摆平意味着事态的暂时平息，在一定程度上维护了社会稳定和某种平衡，因而常常有领导干部信奉“摆平就是水平、搞定就是稳定”，不论问题大小、方法是否得当，只要“摆”得平，就是能力和水平的体现，全然不顾摆平之后留下的后遗症和副作用。正是由于这种思想的支配，有的为了把项目摆平、把关系摆平，琢磨上级意图、迎合上级心理，唯上是从，处处讨好；有的为了把群体性事件摆平、把上访拆迁等问题摆平，借助阴谋与暴力，或简单地“用人民币解决人民的问题”，连哄带骗，以致“按下葫芦浮起瓢”；有的为了把当下工作任务摆平，不顾地方长远发展和群众根本利益，不惜竭泽而渔、杀鸡取卵，事后只管拍屁股走人。这种“救火式”“堵漏式”的摆平，并不意味着矛盾的真正解决。这种摆平的水平越高，留下的工作后患就会越多，造成的负面影响就会越大，带来的实际损害也就越重，不仅摆开了党和人民群众的血肉联系，摆乱了人们认识事物的是非观念，还会摆掉全心全意为人民服务的根本宗旨。

化解矛盾，处理好与群众利益相关的问题重在平时，强在经常，根本在于领导干部思想观念和行为作风的转变。要敢于直面问题。不能只想着“平平安安占位子”，把“没事”当本事，以“没事”求安稳。病根不除，问题只是暂时“休眠”，捂着盖着没有任何意义，只有以勇于担当的精神直面问题、正视问题，敢于碰硬、敢于负责任，才是真正解决问题、化解矛盾，才能使社会治理更加积极主动，从维持稳定走向维护和谐。要善于解决问题。深入基层进行细致调查研究，认真听取群众利益诉求和意见建议，深刻剖析问题、找准症结所在；增强辩证思维能力，正确把握问题的本质，善于抓根本、抓关键，抓问题的主要矛盾，灵活运用政策和策略，积极寻求解决问题的最佳途径。要学会见微知著。矛盾往往是错综复杂、盘根错节的，有时暴露出来的仅仅是冰山一角。要学会见微知著，通过矛盾的特殊性看到矛盾存在的普遍性和必然性，一方面，深挖根源，抓住牵动全局的主要问题和事关群众利益的突出问题，从源头上减少矛盾的发生，从而带动各方面问题的解决；另一方面，注重总结反思经验教训，不断提升自己解决复杂问题、做好群众工作的本领。

领导干部错误观念举隅及纠正

观念是经过日常工作生活的常年累积、自然而然形成的各种认识的集合体。观念问题至关重要，有什么样的观念就有什么样的行为，任何工作的推进，都必须经历一个从观念到行动、从行动到效果的过程。观念具有主观性、实践性、历史性、发展性，要正确区分观念的好坏新旧，有些观念要努力接受和树立，有些观念则要下决心摒弃，不能把看似好实则不好的东西固化在脑子里，并因此产生错误的言行，影响个人的成长，阻碍工作的推进。当干部就得有高要求，这个问题不解决，很难做好工作。以下这些观念，有的过时了，有的不太全面，有的乍一看有道理但经不起推敲，对此应当有一个清醒的认识，并且下决心坚决予以摒弃。

一、权力观

1. 胆大得官做。胆量是做事的决心和气魄，是干事创业必不可少的要素，许多事情不是能不能的问题，而是敢不敢的问题。我们改革开放的伟大事业就是在“摸着石头过河”和“杀出一条血路”的胆识下起步的，也培养了不少有胆有识、改革创新的干部。现实中，一些敢闯敢干、敢为人先的干部得到了提拔重用，他们一往无前、义无反顾，创造了实实在在的政绩，他们的胆大是为了党和人民的事业。反之，一些干部把胆大用错了地方，他们是为了个人的前程和“乌纱帽”，有的弄虚作假、搞注水政绩、虚假宣传，捞取政治资本，以致“官出数字、数字出官”；有的认为风险与收益成正比，跑官要官买官卖官；有的年纪越活越小、履历越来越好看，被提拔的机会也就越来越多；还有的喜欢用这些所谓胆大的干部，助长了“胆大”之风。这些人即使一时“得官做”，最终也会被处理被问责，甚至“得牢坐”。

邓小平说得好，共产党员，特别是党员干部做事要有所畏，有所怕，不能无所顾忌。要常怀敬畏之心。不要认为自己担任了一定的职务就有多了不起，就可以肆无忌惮，任何人在组织面前都是渺小的。要敬畏规律、敬畏组织、敬畏群众、敬畏权力、敬畏党纪国法，时刻如履薄冰、如临深渊，有所为有所不为，心有所正、言有所规、行有所止。要常做老实之事。老实人不吃大亏。领导干部要说老实话、做老实人、干老实事。当然，这仅靠个体自觉还不够，还需要组织敢于向“不老实”的人和事“亮剑”，坚决遏制“老实人吃亏”的逆淘汰现象。要常有坦然之态。领导干部政治上追求进步、职务上谋求升迁无可厚非，但不能刻意谋求自己的升迁，刻意了就会扭曲，就会胆大到跑官、跑票、跑关系。要坦然面对升迁，把职位当作为党和人民作贡献的平台，把全部心思和精力放到干好工作上。

2. 有权就有威。有威而可畏谓之威。权威就是对权力的一种自愿的服从和支持，是极具公众影响力的威望。一般来说，正当合法的权力，都会有与其相对应的权威，这是权力运行的必然保障和基本要求。一些领导干部误以为“有权就有威，权失威散尽”。事实上，组织赋予的只是权力，如何加强或减少自身的威，就要靠干部自身锤炼。通常，领导干部的权威可以分成三个层次：一是力服，领导干部担任一定的职务便会拥有一定的权力，大家出于基本的职业素养会听你的，这是最初级的威，让人不敢不服；二是才服，身携真理的力量和预判、决断能力，工作能力水平高人一筹，让人不得不服；三是德服，拥有崇高的人格魅力，讲公道、顾大局、凡事率先垂范，让人不忍不服。真正的权威是一种自愿的跟随和支持，既不是被动更不是强迫，“权力任性”非但不能让人信服，反而会损害威望、毁坏形象。

作为领导干部，要获得真正的“威”，除了要慎用权、用好权，还必须从以下三个方面提升个人涵养。要以廉生威。“廉则吏不敢慢，公则民不敢欺；公生明，廉生威。”廉洁奉公者，没有把柄在别人手上，敢于对错误言行进行揭露、斗争，弘扬正气正义。廉洁自律的干部往往受人敬重，而贪污腐败、徇私枉法的干部则要遭到唾弃。领导干部要时刻不忘贪欲之害，自觉修剪“欲望”之枝，自重自省自警自励，慎独慎初慎微，才能成为“榜样”和“标杆”，才能有威。要以能立威。就是得有服人的真本事，有“两把刷子”，说话办事一针见血、抓住要害、直指本质和核心，遇到突发事件有危机公关的能力，遇到难啃的“硬骨头”有细化分解的能力，遇到尚不明确的挑战有未雨绸缪的能力，凡事深一层次、强一咫尺，叫人心服口服，威名自立。要以德树威。就是要有好的德行和个人形象，加强品德修养，靠道德的力量、人格的力量，成为高尚人格的代表，靠人格魅力聚人心，靠为官之德聚民意。

3. 有权不用，过期作废。领导有权十分重要，有职有权才能干事。但领导干部手上的权力也有期限，一旦转岗了、退休了，往往会门庭冷落车马稀，心理落差很大。所以，一些领导干部为了防止权力“过期作废”，拉山头搞团伙，把“自己人”安排在重要岗位，为离职做准备，这样权力就永远不会过期；有的把权力当作自己的私人物品和谋取私利的手段，滥用、妄用权力，在权力到期之前“大捞一把”，出现“59岁现象”，一些领导干部受此影响以权谋私导致晚节不保，甚至走上违法犯罪的道路。有了“有权不用、过期作废”的观念，很有可能导致“有权乱用、自己作废”的后果。权力有期限，但为人民服务永远没有期限，领导干部应该有这样的认识和境界。

一名优秀的领导干部在位期间一定要能正确行使权力，用权力为民造福。要珍惜权力、珍惜声誉。权力是国之公器，是为民服务的。组织和人民把我们推上领导岗位，我们就要珍惜这份信任，在权力的保质期内要以人民利益为重，以人民群众对美好生活的向往为努力方向，珍惜每一次为民用权、为民谋利的机会，勇敢地担起岗位责任，甩开膀子干出样子，严格要求和约束自己，不任性用权、不肆意妄为，珍惜自己的声誉。要公正用权、谨慎用权。权力是把双刃剑，可以成就人，也可以毁灭人，如何使用至关重要。要彻底摒除“以权谋私”的错误思想，心底无私，秉公办事，做到公开、公平、公正，公道正派。对权力常怀敬畏之心、戒惧之意，切不可一朝权在手，胡把令来行。要退休不退志、退岗不褪色。权力有期限、干部会退休，但为人民服务永远不过期、永远不作废。领导干部要正确面对个人的进退留转，不管是在岗还是退休，都把有限宝贵的时间放在有意义、有价值的事情上去。

二、政绩观

1. 没有功劳有苦劳。功劳就是通过辛勤工作取得的突出成就；而苦劳只是经历了一些基本的劳动，没什么成效。功劳与苦劳是相互联系的，有功劳必有苦劳，而有苦劳不一定有功劳。经常听到一些干部自我评价或评价他人时说，没有功劳也有苦劳，这些年虽没做出什么成绩，但也挺辛苦挺不容易。不仅成为聊以自慰的理由、替人说情的借口、邀功请赏的说辞，甚至一度成为评判、使用干部的一项标准，严重挫伤了干部干事创业的积极性，有的甚至以此为理由向组织讨价还价，要职务、要名誉、要待遇。干部干部，干字当头，当然要有实绩，这是本分。因此，对领导干部来说，无功就是过，没有功劳就没有资格说苦劳，有了功劳才有资格说苦劳，身居要职，又掌握着那么多的资源，却做不出与职位相称、让组织和群众满意的成绩，就是尸位素餐、为官不为、影响发展。有功劳的人不会拿苦劳说事，没有功劳而又善于反思的人不屑于拿苦劳作挡箭牌，只有那些没有功劳却又不知反思改进的人才会把苦劳看得那么重。所以，领导干部千万不要被“没有功劳也有苦劳”的观念蒙蔽了自己的心智，忘记了面临的形势和肩上的责任，沉浸在“有苦劳”的自我安慰中不能自拔。

领导干部不仅要勤政、廉政，更要善政，才能变“苦劳”为“功劳”。要有展示功劳的实在政绩。实干实绩最重要。组织安排一个人到领导岗位，他就应该珍惜机会、有所作为，多为群众办好事、实事，创造出经得起实践、人民、历史检验的政绩。只有这样，付出的苦劳才能得到社会的认可和尊重，成为功劳。要有创造功劳的方式方法。方向正确以后，方法便为王。既要想干愿干积极干，又要能干会干善于干，不断提升自己善谋良策的能力、善抓落实的功夫、善带队伍的本领，用正确的工作方法代替无用的苦劳，善作善成，取得实效。要有成就功劳的踏实作风。功劳与苦劳是有机联系的，苦劳是功劳的必然前提，功劳是苦劳的可能结果。只有付出艰辛的努力，才能取得成功。这种努力应该是积极主动、脚踏实地、埋头苦干、任劳任怨的。

2. 新官不理旧账。旧账，本意是指生意往来中遗留下来的债权债务关系，引申到领导工作中，一般是指前任领导或班子欠下的债权债务或是未完成的项目、工程等遗留问题。一些新上任的领导干部，认为这些旧账是上一任的事情，与己无关，不愿收拾烂摊子；有的则想另立“新篇”，将上一任的思路“兜底翻”，另搞一套。有这种错误观念，究其原因，除了怕事不敢理、懒政不想理、平庸不能理、为私不去理，根子还是政绩观出了问题，是典型的失职和不敢担当。新官不理旧账，往往导致政策缺乏连续性、稳定性，烂尾工程、无头债款就会层出不穷。

理好旧账是一种责任、一种担当、一种能力，更是一种品格和务实的作风。新官要主动承认这些“旧账”，正常的账要清，失误的账要纠，不完善的账要补，尤其是涉及群众利益的账要分文不差地还。要有正视“旧账”的担当。为官避事平生耻。要树立正确的政绩观念，无条件接受前任留下的债权债务，及时进行清算审计，不怕拖累和麻烦，更不能因前任被提拔为上级领导，就不敢较真碰硬。同时，也要有“一张蓝图绘到底”的境界和担当，考虑经济发展和政策落实的连续性，继承过去的好思路、好经验、好做法。要有偿还“老账”的能力。打铁要靠自身硬。要处理好“陈年旧账”，就要不断增强自身的能力素质，丰富自身的经验阅历，把一个个老账圆满了结。要有不欠“新账”的作为。解决了“老账”，并不意味着不会欠下“新账”。要遵循发展规律，多做打基础、利长远的实事、好事，创造经得起历史、实践和人民检验的“绿色政绩”。

3. 希望得到所有人的赞同。希望得到别人的认同和肯定是人之常情。被人赞同，可以激励自己更加努力，创造出更大的成绩，这是无可厚非、值得鼓励的事。但希望得到所有人的赞同，让所有人都满意，则容易陷入完美主义的陷阱，既不可能实现，也幼稚可笑。对于领导干部而言，做好官，坏人就不会喜欢你；做坏官，好人就不会喜欢你。领导干部对此必须有清醒的认识。希望得到所有人的赞同，则容易患得患失，甚至丧失原则、丢掉立场，其根本目的还是谋取个人私利。

公道自在人心，好与坏的界定，根据大多数人的口碑，就可以作出基本判断。干部也一样，只要组织认可、群众满意，自己就是一名“好干部”，无须刻意去寻求所有人的赞同。要善于听取不同意见获得多数人的赞同。兼听则明，偏听则暗。如果习惯听到一片“赞同”之声，就难以听进“反对”之言，就会“讳疾忌医”，不利于自身成长成才、不利于事业发展。领导干部要认真倾听群众诉求，多听“诤言、实话”，积极汲取好的意见建议，不断自我修正和完善，提升领导能力和水平，才能把握发展趋势，捕捉发展机遇，才能得到多数人的赞同。要敢于得罪坏人获得好人的赞同。要摒弃“老好人”思想，坚守原则底线，面对歪风邪气、大是大非，面对各种损害群众利益、阻碍事业发展的行为，必须“零容忍”，决不搞抓大放小、下不为例，以担当精神和浩然正气，弘扬社会“正能量”。这样虽然得罪了一部分人，但得到了大多数人的赞同。要大胆干事创业获得组织和群众的赞同。发展需要大刀阔斧的改革，必然要更新落后的观念、抛弃不良的风气，甚至要触碰一些潜在的利益。为了实现和维护群众的根本利益，领导干部要大胆开拓创新，积极投身改革发展各项工作中，服务改革发展稳定大局，在敬业奉献中彰显价值，赢得尊重和赞同。

4. 雪花膏要涂在脸上，不要涂到屁股上。雪花膏，是一种护肤品，有美容养颜之功效，大家都喜欢把它涂到脸上，使自己光鲜亮丽，得到赞美；倘若涂到屁股上，似乎没有这个必要。所以人们常说雪花膏要涂在脸上，不要涂到屁股上。一些领导干部也把这种观念带到工作中来，对他们而言，政绩就是能美化自己的雪花膏，只有涂在“脸上”，放在显眼处，看得见、摸得着，既能往脸上贴金，又能为升迁铺路，自己的努力才没有白费；如果涂到“屁股”上，放在了偏远和地下等别人看不到的地方、短期内很难产生效益但有利长远的事情上，就难以“显山露水”。所以，一些领导干部就热衷于搞“面子工程”“形象工程”，劳民伤财、贻误发展，组织反感、群众唾弃。

政声人去后，民意闲谈中。领导干部要想真正在群众中留一点“影”，留一点“声”，就要处理好“面子”和“里子”的关系，坚持两点论和重点论，真正创造出实实在在的政绩。要抓显绩，更要抓潜绩。显绩和潜绩，二者都重要。既要注重抓显绩，让群众得到更多更快的实惠，增强工作的动力和信心；又要注重抓潜绩，夯实显绩的基础，多做打基础、做铺垫、利长远的事，不贪一时之功，不图一时之名，耐住性子、扑下身子、撸起袖子，做好长远规划，一张蓝图绘到底。要抓亮点，更要补短板。要善抓亮点，抓好亮点，以此带动其他工作。但扬长更要注重补短，要充分认识到越是短板，就越有发展的空间，找准问题，精准施策，取得新成就，实现新跨越，促进经济社会全面均衡发展。要抓速度，更要抓质量。当前社会发展一日千里，不进则退，发展的速度上去了，其他工作就会有基础。但只有速度也不行，更要注重经济社会发展的质量和效益，要实现科学发展和可持续发展。

5. 不鸣则已，一鸣惊人。不鸣则已，一鸣惊人，多用来形容平时没有什么突出表现，一下子做出了惊人的成绩。领导干部有冲劲和闯劲、激情热情，有功成在我的抱负和不甘落后的想法，这是值得肯定的。但党的事业、领导工作都是一个循序渐进、继往开来、厚积薄发的过程，不可能一蹴而就、一下子就做出惊人的成绩。有些领导就是不明白这个道理，总想着一鸣惊人、一举成功，于是揠苗助长、急功近利，结果往往是不进反退，身败名裂。或者即使明白这个道理也要明知不可为而为之，跃跃欲试，一门心思总想弄出一点动静来、制造一些新闻来，吸引领导的目光、媒体的关注。这其实都是有自己的小算盘、小九九。

饭要一口一口地吃，事要一桩一桩地做，罗马城不是一天建成的。做工作、当领导要遵守这些基本规律，切不可老去想着一鸣惊人。要稳中求进。稳中求进工作总基调是领导工作的重要方法论，稳是发展的前提和基础，行稳方能致远；进是目的、是任务，只有积极进、主动进、持续进，才能更加稳。在工作中，要按规律办事、按辩证法办事，保持脚踏实地的作风，杜绝“头脑发热”的“大干快上”，既保持定力、稳定大局，又主动作为、攻坚克难，做到“蹄疾而步稳”。要“墩苗”“淬火”。经济社会发展可以提速，成人、成才、成功却要放慢脚步，确保走得稳、走得实、走得远。领导干部的眼睛不要总是盯着位子、总想着提拔，要知道不经过千锤百炼，根基浅、腹中空，就算到了重要岗位，也往往难以胜任，唯有沉下去，扎根、“墩苗”和“淬火”，多到基层一线和不同的岗位上锻炼自己，在急事、难事、大事中苦心志、劳筋骨，才能练就过硬本领，为长高长大提供所需的营养。要注重积累。台上一分钟，台下十年功。领导干部不要急于做“质变”的突破性工作，而要注重“量变”的积累。注重积累知识、积累经验，积蓄力量、汲取营养，完善知识结构和专业化能力，提升把握规律和驾驭全局的能力，提升领导经济社会发展的能力，时刻准备接受组织和人民的挑选。只有有了足够的积累，才会有一鸣惊人的可能。

三、工作作风

1. 随大溜无风险。随大溜就是顺着多数人的思想和行为说话办事。长期以来，由于受中庸思想的影响，再加上“出头的椽子先烂”“枪打出头鸟”等教训，有些干部有凡事“随大溜”的思想，这实质是一种从众心理。确实，随大溜可能会少犯错误，即使犯了错也可能没什么太大的风险，因为很多人认为法不责众。对领导干部来说，看似稳妥合群，其实是不敢负责、怕担责任，是不分是非的表现，如果对官场上一些不良习气盲目跟风，还会导致思想堕落，“随大溜”就会演化成随波逐流、同流合污，败坏了风气，阻碍了发展。在全面从严治党的大背景下，随大溜已经不再是推责诿过的挡箭牌，出了问题，就得承担责任。

领导干部要想有所作为，就必须强化事业心和责任感，摒弃从众心理和思维懒惰，心中有想法，手中有办法，发挥示范表率作用，带领群众走出一条跨越发展的新路子好路子。要坚守原则底线。“大溜”也有对错，随了正确的大溜，“跟着走”，对人对己对事业都是好事；倘若随了错误的大溜，不但会成为末溜，还会有大险。所以要正确地认识大溜，始终做到是非分明，始终坚定自己的理想信念，守住做人、处事、用权的底线。对错误的大溜，要大胆指出，合理引导；对正确的大溜，则应该坚守，始终牢记在不好选择时，坚持原则就是最好的选择，也是唯一的选择。要坚持独立思考。有无思想是评判一个领导干部才能高下的重要标志。思想来源于思考，思考的深度决定了思想的高度。面对纷繁复杂的工作局面，只有养成独立思考的良好习惯，才能培养出健全的人格，看问题才会更深刻，作决策才会更有针对性，从而失去随大溜的思想基础。当然，独立思考也不是固执己见，还必须学会吸收别人的思考成果，防止主观臆断，形成“理性思维”。要敢于求新求变。要树立敢于怀疑质疑，敢于创新创造的观念，敢闯敢试、敢冒风险，破除条条框框的限制，打破迷信经验、本本、权威的惯性思维，杜绝闭门造车、照搬照抄等行为，上接天线，下接地气，做好“结合”这篇大文章，创造性地开展工作，闯出新路子，开创新局面，绝不能一哄而上、一哄而散。

2. 多栽花，少栽刺。花柔和、芳香，闻着神清气爽；刺坚硬、锐利，一不小心会伤人伤己，所以大家都喜欢栽花，不喜欢栽刺。与人交往也是一样的道理，多说好听的话，多赔笑脸；少说不好听的话，少做得罪人的事。在无关是非对错和原则的日常生活中，“多栽花，少栽刺”问题不大。但如果把这个观念引入领导工作中，放弃积极的思想斗争、讨巧卖乖、回避矛盾，搞无原则的一团和气，就变成了庸俗的市侩哲学，是典型的明哲保身和精致的利己主义。早在革命时期，毛泽东就斥其为革命工作和队伍建设的腐蚀剂，是一种严重的恶劣倾向，必然难以担当重任。凡事有个度，花栽多了，香气浓了也不好，迷惑别人的同时也迷惑了自我；而刺有明目醒脑的功效，特别是花多的时候，刺就显得尤为重要。

习近平总书记指出：“好人主义盛行，有问题不指出，有过错不批评，这种庸俗作风盛行之处，往往就是党组织和领导上政治软弱、作风涣散的地方，就是党员、干部中出问题多的地方。”所以领导干部要多听“刺”言、少听“花”语，当“栽刺”时须“栽刺”，不能搞爱惜自己的羽毛那一套。要敢讲带“刺”的话。讲真话是一名领导干部有公心、有正气的重要体现。面对问题要敢讲真话、讲明话、讲让人警醒的话，不能只讲正确的废话、漂亮的空话、严谨的套话。尤其是上级领导工作中的失误，要大胆指出，这是对工作负责、对领导负责。自己也要听得进带“刺”的话，有则改之、无则加勉，让说真话者感受到正向激励，为说真话者撑腰。能够听到别人给自己讲实话，使自己少走弯路，少犯错误，这是福气和造化。要敢做栽“刺”的事。敢于向不良现象说不，该制止的制止，该惩处的惩处，敢于亮剑，不怕得罪人。这不是与谁作对，而是对同志的真诚关爱，对事业的高度负责。不要总想着八面玲珑，四处讨好，满足于“和稀泥”、当老好人。当前面有陷阱和风险时，栽的刺就是“安全网”和“防火墙”；当看到苗头性倾向性问题时，栽的刺就是“提神醒脑汤”，当事人即使一时不能理解，但事后会感激不尽。要修炼进“刺”的艺术。人非圣贤，孰能无过？这个“过”怎么指出来，既让对方能接受，又不至于伤人，就是一门艺术了。要注意“进言”艺术，讲究策略、场合、时机，采用合适的交流方式和表达方法，让带“刺”的话真正发挥作用，让对方感受到真诚的关心。面对栽花人多、栽刺人少的情况，领导干部要更加重视栽刺的人，高看一眼、厚爱三分。

3. 千穿万穿马屁不穿。马屁一般用来讽刺谄媚奉承的行为或话语。虽然是一种讽刺，但不少人却很乐意做。不少领导干部很喜欢听谄媚奉承的话，拍马屁，成本低，收益高，没风险，你好我好大家好，千穿万穿马屁不穿，不会被说破穿帮露馅。马屁实质上是一种“语言贿赂”“精神鸦片”，就像罂粟花，好看却充满了迷人的危险，让“被拍者”在恭维中自我麻痹、自我陶醉，久而久之会上瘾，以致最后被“捧杀”。而对于拍的人，不仅贬低了自己的人格，也贬低了领导的水平，时间久了，也会惹人厌烦，一旦拍得不好，还会拍到马蹄上，倒挨一脚，得不偿失。

领导干部要走在干事创业的大道上，不要去搞那些恭维献媚的雕虫小技，要把精力用在工作上，以实实在在的成绩“取悦”组织和人民。要醒脑，不听“马屁之言”。马屁不绝主要还是因为被拍者没有坚决抵制，甚至很享受这种“精神按摩”，从而让拍者有了市场。领导干部要有清醒的自我认知和自我定位，不断加强自身修养，增强思想定力，保持心正气淳，耳聪目明，敢听真话，善听真话，听得进真话，时刻警惕各种“精神贿赂”，自觉远离马屁人，警惕马屁精，不听马屁声。要祛疾，不行“马屁之事”。拍马屁容易降低自己的人格和形象，被下属看轻。领导干部要以身作则、率先垂范，运用好“批评和自我批评”的强大武器，不唯上，只唯实，敢于直言进谏，客观地评价他人，绝不恭维献媚。要清源，刹住“马屁之风”。领导干部不仅要自己不听马屁之言、不行马屁之事，还要教育引导下属摒弃马屁行为，以实干实绩立身。要树立正确的用人导向，知事识人、以事择人，让从严从实、苦干实干的人受重用，让“恭维者”和“马屁精”失去土壤，形成良好的政治生态和政治文化，让“马屁之言”无处说起、销声匿迹。

4. 自己不贪不占就不怕。俗话说，为人不做亏心事，半夜不怕鬼敲门。一些领导干部洁身自好，严于律己，不贪污受贿、不占公家便宜，认为自己没有做“亏心事”，就无所畏惧，就不怕组织的调查和群众的监督。其实做到这些只是尽本分而已，是最基本的要求。当干部尤其是当领导干部绝不只是管好自己就行了。如果没有管好班子成员和下属，致使本地区、本单位问题频出，甚至出现塌方式腐败；如果没有管好家人和亲朋好友，“后院着了火”，领导本人能说没有责任吗？能脱得了干系吗？事实上，这样的领导干部是不称职的，而且最后是必然要被问责、被查处的。

在全面从严治党制度化、常态化的形势下，领导干部不仅要守住自己，不贪不占；还要净化周围，扎紧自家篱笆，管好身边人，才能真正挺起腰杆，无所畏惧。要履行“一岗双责”，带好队伍。要干事，还不能出事；不仅自己不出事，下属也不能出事。在抓好职责范围内工作的同时，要切实抓好本地区本单位的党风廉政建设，知道干部在想什么、干什么，思想是否积极上进，作风是否扎实深入，要特别关注干部“八小时之外”的生活，对一些苗头性、倾向性问题，要及时咬耳扯袖、批评教育，防止不纯洁思想演变成不廉洁行为。要树立良好家风，管好家人。要弘扬遵纪守法、艰苦朴素、自食其力的家风，恋亲不为亲徇私，念旧不为旧谋利，济亲不为亲撑腰。切实承担起家庭责任，教育好亲属和子女，严格要求自己的家人，不让家人利用自己的身份搞权力寻租、权钱交易，更不能为他们谋取不正当利益，为他们的违纪违法行为充当保护伞。要净化朋友圈，慎重交友。要自觉净化朋友圈，防止被那些别有用心的“朋友”围猎，多交挚友、净友、益友，培养积极健康的生活情趣，守得住清贫，耐得住寂寞。

5. 遇到红灯绕道走。“红灯”本为警告车辆停止前进的意思，一般是指要停止干、不能干、严禁干的事。“遇到红灯绕道走”，绕开的是党纪国法，破坏的是政策的严肃性，走的是投机取巧的“捷径”，其本质与“闯红灯”并无区别，一旦越过了纪律红线、法律底线，就会弄巧成拙，造成秩序混乱，小聪明导致大错误。

领导干部决不允许“上有政策、下有对策”，决不允许有令不行、有禁不止，决不允许在贯彻执行上级决策部署上打折扣、做选择、搞变通。不能绕开政治纪律走。政治纪律是最重要、最根本的纪律，是为官从政最起码的要求。要保持清醒的头脑和坚定的立场，做到“四个服从”，在思想上政治上行动上同党中央保持高度一致，自觉维护党中央权威，做到党中央提倡的坚决响应，党中央决定的坚决执行，党中央禁止的坚决不做。讲政治是具体的，绝不能对党中央和上级的指示搞实用主义，搞变通执行、选择执行。不能绕开法律法规走。法律法规的生命力在于执行。领导干部要树立法治信仰和法治权威，强化法治思维和法治导向，始终把依法行政、依法用权当作思想指引和行为准则，带头尊法学法守法用法，养成遇事找法、办事依法、解决问题靠法的良好习惯，切实做到法定职责必须为，法无授权不可为，不闯红灯，不越红线。不能绕开各种监督走。遵守法律法规、方针政策既要靠行为自觉，更要靠对权力的监督制约。要积极适应全面从严治党各项要求，推进行政决策公开、执行公开、管理公开、服务公开和结果公开，主动接受组织监督、群众监督、媒体监督，真正把“权力关进制度的笼子”，让权力在阳光下运行，杜绝闯红灯、绕红灯的冲动和行为。

6. 拖也是一种办法。拖就是把要做的事情往后推迟，放一放再作决定。遇到一些重大问题，不急于拍板，反复思考、慎重决策无疑是正确的。有些事情解决的时机不成熟，等一等也许是明智的选择。但领导工作中，有些人把“拖”当成官场“真经”，当成一种解决问题的办法、一种工作习惯，毫无紧迫感，事事处处拖拉散漫。面对一些群体性、突发性事件，面对群众最迫切、最直接、最现实的利益问题，面对前有标兵、后无追兵的发展局面，靠“拖”是解决不了问题的。拖延是一种病，是工作不在状态的真实反映，有百害无一益。

当前正值全面深化改革的攻坚期，领导干部要以等不起的紧迫感、慢不得的危机感、坐不住的责任感，在“负重”中快速前行。要分清轻重缓急。事有先后，用有缓急。工作纷繁复杂，首先要分清主次、分出轻重缓急，把最重要最紧迫的放在第一位，集中精力，攻坚克难。要善于抓本质抓重点抓关键，对急事难事要打歼灭战、薄弱环节要打持久战，避免眉毛胡子一把抓，切实做到“打鼓打到重心处、工作抓到要害上”。要立即做马上办。树立强烈的时间观念和效益观念，增强“时不我待、只争朝夕”的紧迫感，立说立行。能办的事，能快则快，绝不拖延；定下来的事，快节奏、高效率完成；面对机遇，反应要快、落实要跟上，做到凡事先人一步、快人一拍。今日事、今日毕，努力做到日清月结，不守成、不观望，不让群众的“热期待”换来“冷处理”，不断把各项事业推向前进。要根除“拖延症”。拖延是扼杀成功的毒药，是工作不在状态的表现。拖延久了就会成为一种习惯，就会患上“拖延症”，今天拖明天、明天待后天，最终一事无成。凡事要长计划、短安排，分层次、有节奏地推进。遇到困难时，不要总想着给自己“留后路”，多为落实想办法，不为拖延找借口。

7. 只求过得去，不求过得硬。过得去就是满足于一般化，能交差应付、完成任务就行，是“差不多先生”；过得硬则不然，时时事事处处高标准严要求，让人挑不出毛病，是“大国工匠”。随着经济社会转型升级、人民群众诉求增多，领导干部工作任务重压力大，有的人发出了“为官不易”的感叹，于是降低标准、放宽要求，只求过得去，不求过得硬。“过得去”与“过得硬”，虽只一字之差，实则天壤之别，反映出工作学习生活中两种不同的格局境界和价值追求，最终也必然产生不同的结果。只求“过得去”者追求不高、小进即满，凡事推脱应付；反之，“过得硬”的人做事精致、细致、极致，不断追求卓越，自然也就会取得非凡的成就。

领导干部如果只求“过得去”，最终必然过不去；只有“过得硬”，才能真正过得去。那么，如何才能确保“过得硬”呢？思想上要认真较真。“取法乎上，得乎其中；取法乎中，得乎其下。”思想上处于什么站位往往就得出什么结果，甚至会产生递减效应。世界上的事最需要“认真”，也最怕“认真”，而我们共产党人最讲“认真”。所以，一定要继承和发扬好这一优良传统，要讲认真敢较真，高标准严要求。行动上要用精工出精品。拿出打铁的韧劲和绣花的功夫，发扬专业精神和工匠精神，严格严肃严谨地对待工作，精益求精，绝不忽视任何一个细节，绝不放过任何一个疑点，把“严细实”要求贯穿工作的全过程。效果上要组织满意群众满意。工作是否“过得硬”，评判者是组织、是群众。长期“过得去”，组织和群众必然对你“过不去”。领导干部不仅自己要过得硬，还要树立正确导向，让“过得硬”的干部腰板硬、立得住，让“过得去”的干部过不去、立不住。

8. 死猪不怕开水烫。杀猪褪毛都要用开水，但猪死了就算被开水烫了也不会感到疼痛。有的领导干部面对自身存在的问题，别人指出了，自己也意识到了，就是不改正，认为自己就这样了；有的特别是在落后偏远地区、弱势边缘部门任职的，认为组织的春风吹不到这“玉门关”，干事创业没有激情；有的长期得不到提拔使用，心灰意懒，对工作完全没有了斗志。他们对上级的部署、领导的安排、群众的呼声不落实不解决，一副“我就这样”的嘴脸，无欲无求、无所顾忌、不求上进，严重影响了干部自身以及党和政府的形象。究其原因是心中无党、心中无民、心中无责、心中无戒，既是政治品格的问题，也是精神状态的问题。

我们的第一身份是共产党员，第一职责是为党工作，身在工作岗位，就要保持为人民服务的热情，保持奋发有为的精神状态，在其位、谋其政，司其职、尽其责。要激活危机感。俗话说，人无远虑必有近忧。如果缺乏危机感或者没有危机感，就很难接收新知识、新理论，很难破旧立新，容易说话过时，办事老套，跟不上形势的发展。当今社会，糊涂官、太平官、慵懒官是愈来愈没有市场和空间的。要增强使命感。要有舍我其谁的使命感，要清醒地认识到，领导干部承担的是党和人民的事业，必须把主要精力用在工作上，义无反顾地去奋斗。要主动履职尽责，不推不诿、不慢不拖，秉着“我不干谁干，我不上谁上”的魄力，敢于直面问题、敢于啃下“硬骨头”、敢于解“挠头事”，在敢于担当中历练提高，在真抓实干中建功立业。要压实紧迫感。一名领导干部，在位在岗的时间是有限的，要倍加珍惜在岗在位的时间，不能仅仅把工作作为一种谋生手段，要把工作当成终生的事业来对待，以时不我待的紧迫感，以火一般的热情投入工作，以昂扬的斗志来对抗工作压力，以百折不挠的勇气和充满激情的干劲来面对工作中的困难和问题。

四、工作方法

1. 屁股指挥脑袋。从生物学角度来看，脑袋是神经中枢，屁股只是一个“信息终端”，理应是“脑袋指挥屁股”。但在日常生活中，每个人所处的位置不同、代表的利益不同，其考虑问题的出发点、思维路径和落脚点也就不尽相同，所以你的屁股坐在什么位置上，你的脑袋就自然会考虑这个位置上的事，也就是常说的“屁股指挥脑袋”。在其位谋其政，领导干部立足岗位实际履职尽责，这是其职责所在，无可厚非，但不等于说不要用脑袋进行思考、进行指挥，而是用屁股来指挥脑袋。这样局限就大了，并且容易出偏差。如果只盯着自己的一亩三分地，片面强调本地区本单位或分管部门的利益，就会变成本位主义，缺乏全局观念和大局意识，是私心在作祟。领导干部要始终明白一个道理，局部利益什么时候都不能置于整体利益之上，只能在融入全局发展中去谋求，否则，就会影响全局、损害整体。

不谋全局者，不足谋一域。领导干部既要立足自身看自身，又要跳出自身看自身，养成高出两三个层次看问题的习惯，涵养大气象，追求大格局，达到高境界。要增强大局观念。我们做任何事情，都要跳出以自我为中心的窠臼，自觉回到党和国家的工作大局上看问题，去思考、定位和摆布，正确认识大局、自觉服从大局、坚决维护大局。只有这样，才能摆脱自身局限性，找准前进的方向，才能围绕中心、紧跟节奏，也才有可能取得成绩。要学会换位思考。要克服本位主义，多从不同的立场看问题，多站在别人的角度上思考，多从自身找找原因，加强沟通交流，增进相互理解，心胸就会宽广，就能妥善面对和处理生活、工作中出现的问题。要提高协同意识。要用联系的观点看问题，多些协同思维，加强协作配合，做好补台补位，通过资源共享、信息互通，实现协调发展，取得共赢，决不能“事不关己，高高挂起”，有看客心态，更不能以邻为壑，损人利己。

2. 只要结果，不管过程。过程是事物发展所经过的程序、阶段，经过了一定的过程，必然会有一定的结果。“只要结果，不管过程”这句话在时下颇为流行，往往是领导对下属提出的硬要求。这是一种唯结果论，是典型的官僚作风和甩手掌柜的做法。过程是完成结果的方法步骤，没有过程哪儿来的结果。而脱离实际的结果导向，还会促使少数干部为了完成任务、交付差事而弄虚作假，欺上瞒下，造假数字、搞假政绩。事实上，过程同结果一样重要，过程管控好了，结果自然差不到哪里去。

过程管理是现代组织管理最基本的理念之一，更能反映领导干部的能力水平。领导工作要强化过程观念，遵从事物发展的规律，不急不躁，循序渐进，实现从量变到质变的飞跃。要合理安排任务。尊重客观实际，实事求是地给下属安排任务、下达指标，既不能当甩手掌柜，只提要求，只问结果，把责任和问题全部推给下属，也不能好高骛远，搞“大跃进”，不考虑实际情况和下属的承受力，逼着下属走“捷径”、犯错误，严重挫伤了工作积极性和创造性，这样的结果很有可能只是“后果”。要把握进度节奏。工作任务不能大而化之，要有可执行性。要细化任务分工，规范流程，压实责任，便于工作开展；要明确任务的时间节点，对进度提出具体要求，对标对表，提高效率；要强化督促检查，给下属传导压力，及时整改问题，推动各项任务落实到位。要注重纠偏。只有努力方向是正确的，才会有好的结果，注重过程必须注重纠偏。既要注重纠正偏向，避免大方向上的南辕北辙；又要注重纠正偏差，善于发现并关注下属在办事过程中出现的错误问题，认真帮助分析，出出点子，教教方法，及时修正完善，切实提高工作质量；还要做好绩效评估，定期反馈通报，注重总结反思，更好地推进工作。

3. 凭经验办事情，八九不离十。经验，是指从多次实践中得到的知识或技能。经验很重要，工作生活中借鉴以往的经验，可以使人少走弯路，提高效率。当干部需要重视经验的总结和借鉴，但不可只凭经验办事，认为凭经验办事“八九不离十”。如果忽视事物的特征和情况的变化，一味地迷信、套用经验，就会犯“经验主义”的错误，不仅解决不了问题，还会四处碰壁。许多时候，我们不是跌倒在自己的缺陷上，而是跌倒在自己的优势和经验上。

经验虽好却不可妄用。领导干部要总结经验、提高自己，但绝不能迷信经验，对经验的使用一定要多了解、多分析、多实践，靠科学的方式方法办事，靠合理的经验做法取胜，打破惯性思维，不做经验的奴隶，不养成“经验依赖症”。对经验要“学”。要从自身的经历中学，学会应对问题；从他人的教训中学，学会借鉴利用；从历史的传承中学，学会警醒自勉。通过学习和吸收好的经验，做到举一反三、触类旁通，使自身掌握的经验具备可用性和可行性，更好地推动工作、提升自我。对经验要“辨”。任何经验都是一定时空条件下的产物，都有其适用的条件和环境，不能把其当作“万能钥匙”，不加分析地盲目套用。要打破惯性思维，用联系的、发展的、全面的观点看待经验，要根据实际情况来作出决定，对照客观实际用好经验，不做经验的奴隶。对经验要“升”。经验来源于实践，很多人也会用以指导实践，但很大一部分经验只是浅层次的、表象式的，所以要运用马克思主义的立场、观点、方法认真分析研究经验，去粗取精、去伪存真，揭示内在规律，把经验升华为一般理论，开拓新的理论视野，用理论创新的成果指导新的实践。

修炼好从严治家的基本功

天下之本在国，国之本在家。习近平总书记指出，“领导干部的家风，不是个人小事、家庭私事，而是领导干部作风的重要表现”，“不论时代发生多大变化，不论生活格局发生多大变化，我们都要重视家庭建设，注重家庭、注重家教、注重家风”。一家仁，一国兴仁；一家让，一国兴让。优良家风是领导干部干事创业的“软实力”、修身齐家的“必修课”、作风状况的“晴雨表”、抵御贪腐的“防火墙”。坚定理想信念是树立好家风之根本，强化党性修养是树立好家风之重要法宝，增强公仆意识是树立好家风之思想基础，弘扬优良作风是树立好家风之内在要求，自觉接受监督是树立好家风之外部条件。家风如春雨，润物细无声。领导干部必须从十个方面修炼好从严治家的基本功。

一是必须有家国情怀。家是最小国，国是千万家。领导干部必须做到“君子检身，常若有过”，常修为政之德，练就“计利当计天下利，求名应求万世名”“我将无我，不负人民”“但愿苍生俱饱暖，不辞辛苦出山林”的家国情怀；“天下兴亡，匹夫有责”的崇高责任；“位卑未敢忘忧国”的深沉情愫和“苟利国家生死以，岂因祸福避趋之”的决绝担当，把个人进退荣辱、家庭兴衰成败与国家前途命运紧紧联系起来，把治家与治国统一起来，把家庭梦融入中国梦，以对党和人民的绝对忠诚，担负起实现中华民族伟大复兴的历史使命。

二是必须正确处理事业与家庭的关系。《了凡四训》中有四句话：“上思报国之恩，下思造家之福；外思济人之急，内思闲己之邪。”领导干部既要讲亲情，更要明大义。“从官重恭慎，立身贵廉明。”工作的事再小也是大事，家庭的事再大也是小事。要正确对待和处理公与私的关系，做到“内无杂念，外无妄举”。平安就是对家人最好的回报。要始终清正廉洁、勤政为民，不让家人为自己担惊受怕，不让家人因自己的错误而蒙羞，留一生廉洁给自己，送一份幸福给家人。

三是必须做到“欲当清官，先理好家事”。家庭是弘扬社会主义核心价值观的重要载体，是价值观的传播渠道，是人生的第一课堂。“一屋不扫，何以扫天下。”“治大国若烹小鲜。”对领导干部而言，必须坚持内外兼修、齐家治政，真正安好家庭成长摇篮、守好家庭廉洁堤防、建好家庭幸福港湾。“妻贤夫祸少，子孝父心宽。”领导干部不能让原则在亲情面前变通、不能让底线在亲情面前失守，要用清清白白、干干净净、堂堂正正的品性充盈家风、熏陶家人、默化家庭，以家风涵养官德，以官德淳化家风。

四是必须爱家有度，治家有方。礼义兴家，诗书传家；严是爱，宽是害。古人云，“爱子，教之以义方”；“爱之不以道，适所以害之也”。领导干部必须从身边人身边事严起，看好家门、管好家人、理好家事。要划清公与私分界线，吃透严与爱辩证法，对家属子女爱之有度、教之有方，管好自己不出事，管好家人不添乱。要算清“政治账”“经济账”“名誉账”“家庭账”“亲情账”，不为一己私利和儿女情长所羁绊，过好家庭关、亲情关，真正成为引领社会风尚、弘扬社会正气的好榜样和导向标。

五是必须以勤俭为家风之本。生活清简是领导干部应追求和保持的境界，要乐于把节俭作为培育良好家风的行为准则。大道至简，居敬行简；勤于持家，俭以养德。要把节俭持家与勤俭兴业结合起来，发扬艰苦奋斗的精神。由俭入奢易，由奢返俭难。要自觉远离奢侈的诱惑，不仅自己要以俭为荣、以奢为耻，还要教育子女摒弃“衙内”思想，克服优越感、纨绔气，力戒大手大脚、浪费挥霍。良好家风才是留给子女的最大遗产。要教会子女自立自强、遵纪守法、艰苦朴素、自食其力，成为有理想、有本领、有担当的时代新人。

六是必须尽孝道、崇厚道、行正道。“积善之家，必有余庆；积不善之家，必有余殃。”真善美是做人的高境界，求善行善是家风的高标尺。百善孝为先。领导干部要有孝顺父母的孝心、善待妻儿的爱心。“老吾老，以及人之老。”要坚持厚道为人、友善待人。厚道之人让人信赖、让人踏实，做朋友可交、为长辈可敬、当领导可从、居下属可用。人间正道是沧桑。必须坚定理想信念，坚持以实干立身，时刻保持清醒头脑，防微杜渐过好“诱惑关”，洁身自好过好“自律关”，从善如流过好“监督关”。

七是必须克己奉公，公私分明。“政在去私，私不去则公道亡。”权力只能用来为党分忧、为国干事、为民谋利，决不能异化为牟取私利的工具。计利当计天下利，求名当求万世名。习近平总书记指出：“作为党的干部，就是要讲大公无私、公私分明、先公后私、公而忘私，只有一心为公、事事出于公心，才能坦荡做人、谨慎用权，才能光明正大、堂堂正正。”心底无私天地宽。领导干部要掌权为公、用权为民，“清风两袖朝天去，不带江南一寸棉”，“捧着一颗心来，不带半根草去”。阳光是最好的“防腐剂”，监督是有效的“防火墙”。领导干部要自觉接受组织、群众和舆论的监督，慎独慎微慎欲，筑牢清白为官的“防火墙”。

八是必须摒弃“官本位”思想。“官本位”是一种以官为本、以官为贵、以官为尊的价值观，是中国封建专制文化的“糟粕”。曾国藩曾说：“做人一定要像人，做官不可太像官。”春秋时期宋国大夫正考父在家庙的鼎上铸上铭训：“一命而偻，再命而伛，三命而俯。循墙而走，亦莫余敢侮。”说的就是人不能因为升了官就得意忘形、颐指气使、嚣张跋扈，反而应该更加谨慎，甚至“诚惶诚恐”“夹着尾巴做人”。领导干部要本色做人、角色做事，履职尽责，切忌有权任性、“官升脾气长”、“错把平台当本事”。

九是必须做到“门无杂宾”。干净的生活必源自干净的圈子。领导干部交友，不仅是个人小事，也是事关干部作风建设和党的形象的大事。君子之交淡如水。领导干部应自觉净化自己的朋友圈，保持精神上的净土，守好内心的精神家园。领导干部手握公权，很容易成为被公关甚至“围猎”的对象。苍蝇不叮无缝的蛋。要自觉疏远小人，交友有方、交往有度，从思想上守住第一道防线，行为上把住第一道闸门。要加强党性修养，坚定理想信念，提升道德境界，远离低级趣味，追求高尚情操，自觉抵制歪风邪气，谨防在“爱好”上栽跟头。

十是必须防止“后院起火”。家庭是领导干部工作生活、成长进步的“大后方”。廉洁守家是领导干部从政的“护身符”、子女成长的“助推器”、家人平安的“保护伞”。一人不廉，全家不圆，正己才能正亲。身行一例，胜似千言；将教天下，必定其家，必正其身。领导干部首先要廉洁修身、清白传家，做家风建设的表率，既看好“前厅”，更管好“后院”。良好家风是抵御腐败的重要防线。领导干部要善于治家，清正齐家，严肃家规，从最近身的地方构筑抵御贪腐的防护网，管好“枕边人”“膝下人”“身边人”，让家人成为“廉内助”、当好廉洁“守门员”。

漫说“门无杂宾”

家庭是社会的细胞。党的干部特别是身居要职、握有实权的领导干部，倡导廉洁，需要严守“家门”。门风问题确实不可小视。时下，党风廉政建设仍在深入推进，党的纪律和廉政制度的约束力，使一些行贿送礼者难以堂堂正正地进入机关大院。于是，行贿送礼者便另辟蹊径，纷纷挤向领导干部的“家门”。因此，对于领导干部而言，把好“家门”就显得特别重要。

要把好“家门”，就要做到“门无杂宾”。所谓“门无杂宾”，就是指交友慎重。这则成语来源于《晋书·刘惔传》:“累迁丹阳尹。为政清整，门无杂宾。”刘惔自幼发奋读书、学识过人，调至外地当官以后，他信奉老庄哲学，主张清静无为，办事又非常严谨，以致他的衙门里非常清静；他的家也不像一般地方官的家那样，经常有人进进出出，而是像隐士的幽居，从未有杂乱的宾客上门。

要做到“门无杂宾”，需要有去贪欲、耐清贫、甘寂寞的境界。现在有不少领导干部认为，开放年代，朋友越杂路越多，他们往往对带钱物上门的抱有各种目的的人不顾原则乱许愿，不能办的事也给办，引得这类人白天不跑办公室，晚上成为领导家中的座上宾。领导干部家中这类“杂宾”如云、门庭若市的现象，必然会对领导造成污染，甚至将其引向邪路。已揭露的一些领导干部营私舞弊、贪污腐化等犯罪勾当，有许多不就是在家里做成权钱交易的吗?

要做到“门无杂宾”，还牵涉领导干部的交友之道。世人谁都有几个朋友，领导干部的朋友可能会更多一些。通过交朋友，特别是交一些讲真话、敢直言的基层朋友，领导干部可以了解到群众情绪、社会动态，有助于切实解决问题，密切党群关系、干群关系。朋友是多种多样的，有富朋友，也有穷朋友。对于一个领导干部来说，既要交富朋友，也要交穷朋友，而且要多交、深交一些穷朋友，特别要交真朋友。有些朋友其实很不够朋友，他们要结交的，并不是你这个人，而是结交你的职务、权力、地位、影响。他们给你送钱送物，其实是给你送“毒药”，送你进班房。他们吃小亏往往是为了占大便宜。一旦你失去了权力，他们就会像扔用过的一块脏抹布一样把你扔掉，当年的称兄道弟、两肋插刀之类的慷慨之词，也都随之抛到了九霄云外。这是权力之交、势利之交，也即小人之交的必然结果。所以说，在交友问题上，作为一个领导干部，一定要比老百姓更慎重一些。哪些人可交，哪些人不可交，哪些人应该多交，哪些人应该少交，要心中有数。否则，稍有不慎，就会栽在“朋友”的手里。

树起“门无杂宾”的好门风，主要靠领导干部本身坐得正、无杂念，使“杂宾”钻不进，歪风邪气入不了门。但领导干部也要提醒自己的家庭成员当好“守门员”，千万别让他们巧借领导干部的权力、影响力，做出损公肥私的丑事。只有这样，领导干部才会跟群众更贴近，家门里也才会有更多的真朋友。

第五部分

自我修炼提高拒腐防变能力

纪律和规矩

为政之道十二条

第一条　旗帜鲜明讲政治，不断增强政治意识大局意识核心意识看齐意识

举什么旗、走什么路，是关系党的事业兴衰成败第一位的重大问题，是为政之道的第一标准。年轻干部政治经验、政治定力、政治能力等方面的历练相对不够，必须加强政治历练。旗帜问题至关重要，年轻干部必须坚定“四个自信”。举旗问题是一个方向问题，更是一个信仰问题，理想信念不坚定政治上就靠不住，这样的干部再有本事也要一票否决、坚决不用。事实一再表明，迷失了信仰，就会站错位置，就会犯颠覆性的错误。周永康、令计划等人就是这样的反面典型。一些违法违纪干部“两面人”“两面性”的根源也是信仰上出了问题。前车之鉴，足以警醒。年轻干部，千万不要以为只要自己不贪污腐败就万事大吉、放松警惕。政治能力是第一能力，年轻干部必须树牢“四个意识”。政治标准是衡量领导干部的首要标准，提高领导干部能力第一位的是提高政治能力。习近平总书记反复强调：“培养选拔年轻干部，事关党的事业薪火相传，事关国家长治久安。”中国特色社会主义伟大旗帜能否始终高高飘扬，年轻干部不断提高政治能力特别重要，必须提高政治站位、政治觉悟，增强政治定力、政治担当，做政治上的明白人；必须通过政治历练这个必要途径，提高政治能力。政治能力最根本的是牢固树立“四个意识”，始终同以习近平同志为核心的党中央保持高度一致，坚决维护党中

央权威和集中统一领导。

第二条　老百姓是天，老百姓是地，自己永远是人民的公仆身份不能变

“为政之道，以顺民心为本，以厚民生为本，以安而不扰为本。”习近平总书记强调：“一个政党，一个政权，其前途和命运最终取决于人心向背。”这就要求我们，始终坚持人民至上的价值追求。人民群众才是最大的“靠山”。民心是最大的政治，中国共产党只有信仰人民才能领导人民，人民的信任和支持是我们最大的底气。现实中，有的领导干部习惯做“官老爷”，不会做公仆；拿着俸禄不干事、高高在上不管事、欺压老百姓干坏事。人民立场是中国共产党的根本政治立场。人民群众是我们无往而不利的“靠山”。然而有些领导干部，不信仰人民，不依靠人民，反而去依附权贵，搞政治攀附，结党营私获取“政治资源”，最终走向了人民的对立面。民心向背关系党的生死存亡。“衙斋卧听萧萧竹，疑是民间疾苦声；些小吾曹州县吏，一枝一叶总关情。”要始终把人民放在心中最高位置，与人民群众风雨同舟、生死与共。人民对美好生活的向往就是我们奋斗的目标。“治国有常，而利民为本。”中国是世界上最大的发展中国家的国情没有变。如何闯出一条跨越式发展路子来，让人民共享到发展成果，年轻干部肩上的责任很重很重。

第三条　职务就是责任，在岗一分钟、战斗六十秒，不偷懒不耍滑、尽心尽力、尽职尽责

“天地生人，有一人当有一人之业；人生在世，生一日当尽一日之勤。”人一生其实都是生活在责任之中，也是因为有了责任才让人变得坚强而勇敢。中年人有赡养老人、照顾下一代的责任，孩子有刻苦学习、

增强本领的责任。组织看干部就看其有没有担当精神。正确的世界观权力观事业观是干好工作的前提。世界观标举人生指南，权力观揭示权力本质，事业观蕴含工作取向。领导干部只有牢固树立正确的世界观、权力观和事业观，才能自觉做到知责、履责、尽责。领导干部能否用好权力，关键就在于权力观是否正确，要有“公器”不能“私用”的理念，把权力当责任，对党负责，对国家和人民负责。组织给了机会，一定要始终保持一种神圣的责任感、使命感和庄严感；一定要珍惜为党工作、为民奉献的机会。实干实绩最重要，说得漂亮不如干得漂亮。铁打的营盘流水的兵。人生难过一百年，而担任领导职务的时间更有限，千万不要以为还年轻，想着“再等等”，想着“还早”，占着位置碌碌无为。无功就是过，平庸就是错。干部就得“干”字当头，不干，再好的规划也是空中楼阁，再美的蓝图也是废纸一张。风华正茂日，干事正当时。如期脱贫等不来、全面小康等不来、跨越发展更等不来，干才有希望。每一个领导干部都要有“只争朝夕”的精神，倍加珍惜任职的时间，爱岗敬业、夙夜在公，不辜负组织、群众和同志的信任。信任一旦被破坏，要重新建立就非常困难。

第四条　与时俱进、顺势而为、遵循规律，按照辩证法办事

习近平总书记强调，在推进改革中，要坚持正确的思想方法，坚持辩证法。这就要求我们，要把唯物辩证法作为最根本的工作方法，坚持解放思想、开拓创新，紧跟时代步伐，把握大局大势，顺势而为。不破不立，创新先行。“苟日新，日日新，又日新。”党的干部更要与时俱进、孜孜以求，不断推陈出新。一段时期以来，我们有的干部思想保守、思路封闭、方法陈旧、激情不够、安于现状，给事业发展带来很大的障碍。要有时不我待的紧迫感，打破不合时宜的条条框框，破除迷信经验、迷信本本、迷信权威的惯性思维，不断闯出新路子，创造新局面。不创新

不行，创新慢了也不行，盲目创新更不行，不能为了出彩以“创新”之名故意搞“大动静”。创新不可能毕其功于一役，要坚持稳中求进。抢抓机遇，顺势而为。兵无常势，水无常形。做任何事情，都要善于把握形势，预判未来。什么是形势？形势就是当时当下所处的方位和基点。明者因时而变，知者随事而制。干事业谋发展要做到顺势而为、顺应事物发展的客观规律。年轻干部必须学会审时度势，用发展的眼光把握新形势，认识规律、找准规律、运用规律，研究新情况，解决新问题，顺势而为，乘势而上。

第五条　养成学习的习惯、思考的习惯、研究的习惯、立即就做的习惯

习惯靠自然养成。有人提出“21 天习惯养成法”，认为习惯养成分为三个阶段，15 至 21 天才能形成比较稳定的习惯。可见，习惯的形成是一个循序渐进、不断反复的过程。年轻干部一定要注意养成好的习惯，特别是学习、思考、研究和立即就做的习惯。学习学习再学习。学习是个好习惯。习近平同志曾有走 30 里取书的故事。如今我们不用走 30 里取书，但不能丢掉“30 里取书”的求学精神。有人说，在农耕时代，一个人读几年书，就可以用一辈子；在工业经济时代，一个人读十几年书，才够用一辈子；到了知识经济时代，一个人必须学习一辈子，才能跟上时代的脚步。如果我们不自觉学习，就会本领恐慌，工作也就无法赢得主动。所以，年轻干部必须提高学习能力。既要调查也要研究。习近平总书记强调，调查研究是谋事之基、成事之道。领导干部要练好这项基本功。现在的领导干部，有调查不够的问题，也有研究不够的问题，而后一个问题可能更突出。要解决这些问题，就要坚持在研究状态下工作，时时处处事事以研究的心态对待问题，以研究的目光审视问题，使自己逐渐成为一名研究型、学者型领导干部。总结反思是前进的阶梯，大总结有大收获，小总结有小收获，不总结没收获。要把平时零碎、肤浅、表面的感性认识，总结上升为全面、系统、本质的理性认识，提高认识和运用客观规律的水平，使思想和行动紧贴客观实际。只争朝夕、立即就做。人都有惰性，“拖延”是很多领导干部身上存在的毛病，慢慢吞吞的干部难成事，拖拖拉拉的干部走不远。年轻干部必须强化现在就做、马上就办的工作理念，凡事雷厉风行、日清月结，不因其易而轻视，不因其苦而放弃，不因其难而退缩，不因有功而骄傲，也不因无过而自喜。

第六条　懂规矩讲规矩守规矩，知敬畏知进退，谨言慎行，善始善终

有人做过一个实验：将一条鲨鱼和一群热带鱼放进同一个池子，用透明钢化玻璃将它们隔开。鲨鱼每次想捕食时，都会在钢化玻璃上碰壁。久而久之，即便将钢化玻璃取走，鲨鱼也不会再过去捕食。这个实验中的钢化玻璃，也可以理解为行为边界的标注。有了“规矩意识”，才能够自觉恪守底线、遵守规矩，“不敢越雷池半步”。政治纪律和政治规矩是最大的规矩。没有规矩，不成方圆。在我们党所有的纪律和规矩中，第一位的是政治纪律和政治规矩。干部在纪律规矩上出问题，对党的危害不亚于腐败问题，甚至比腐败问题更严重。所以谁都不能拿政治纪律和政治规矩当儿戏。

近年来党中央对妄议党中央大政方针、破坏党的集中统一等违反政治纪律、政治规矩的通报不在少数。这一定要引起我们深刻警醒。敬畏之心须臾不可忘却。敬畏，就是对自然的尊崇、对人民的爱戴、对组织的忠诚和对法纪的遵循。邓小平指出，共产党员要“一怕党，二怕群众”。这里的“怕”就是敬畏。官有所畏，业才有所成。常怀敬畏之心，不会轻易浮躁，不会进退无度，不容易出格；没有敬畏，权力就不受约束，就会出现滥权、专权、弄权。这样最后要栽大跟头。要做到慎言、慎行、

慎独，特别要把慎独作为从政为官的最高境界，时刻保持如履薄冰、如临深渊的心态，守得住清贫、耐得住寂寞。良好的开端是成功的一半，但善始善终才是真正的成功。从近几年落马的高官履历中可以发现，这些人开始都是勤勤恳恳、兢兢业业，但随着地位的提升和权力的扩大，面对权钱色的种种诱惑，丧失了慎终如初的自律能力，最终滑向了腐败堕落的深渊。如何做到善始善终，值得我们反思。行百里者半九十。不管是做人、做事还是做官，不仅要起好步，而且要行得稳，最后还要结好局。要保持力度、保持韧劲，越接近目标越要高标准严要求，不能因走得太远而偏离了方向、忘记了为什么出发。

第七条　能担当敢担当，智慧加勇气，永远在状态

敢于担当是我们党的优良传统，是衡量好干部的基本标准。习近平总书记强调：“为了党和人民事业，我们的干部要敢想、敢做、敢当，做我们时代的劲草、真金。”担当是一种政治品质，是干部的天职，体现着干部的能力和作风。有多大担当才能干多大事业。从政为官，是一种特殊的职业，在其位、谋其政、尽其责，天经地义，否则就是最大的失职，不但会受到道德谴责和良心拷问，也会受到党纪国法追究惩处。有了职务就要担当，不能只想当官不想担责，只想揽权不想担责，只想出彩不想出力。年轻干部年富力强，充满激情，正是干事创业的好时机，决不能搞不求有功、但求无过，不思进取、明哲保身的那一套，要拿出干劲，好好干事、踏实干事，把职业当事业，以最大热情投入本职岗位。最好的担当就是智慧和勇气合二为一。担当要有智慧，不能有勇无谋；担当要有勇气，不能畏首畏尾。“逢山开路、遇水搭桥”，不仅需要勇气，更需要能力。年轻干部“肩膀子”还不够硬、内心还不够强大，更需要锻造能担当的本领。要摒弃不愿担责、不敢超越的陈旧观念，做推动发展的“加速器”；要扎实苦干，真正做到平常时候看得出来、关键时刻站

得出来、危急关头豁得出来。

第八条　眼界宽思路宽胸襟宽，方向明方法对，拎得清不折腾

不谋万世者，不足谋一时；不谋全局者，不足谋一域。眼界宽思路宽胸襟宽是领导干部的基本要求，站得高、看得远、抓得准、拎得清是领导干部的基本方法，也是领导干部基本素质和综合素质的体现。高度决定视野。要学会登高望远，提升两三个层次看问题。领导干部如果目光短浅，胸无全局，只盯着眼前一亩三分地，不仅会影响本地区本部门的发展，也不利于个人的全面发展。“不审天下之势，难应天下之务”，要立足全国，放眼世界，跳出本单位看本单位、跳出本地看本地，县里的工作放在全市、全省来看，市里、省里的工作放在全国来看。“做事不由东，累死也无功。”要树立正确的目标方向，不能仅凭一腔热情，盲干瞎干。思路决定出路。领导干部的思路正确与否，对一个地区、一个单位、一个部门的发展起着至关重要的作用。正确的思路，能打开思维的空间，破除封闭的思维定式，以小见大、由远及近看问题，多角度、全方位审视复杂多变的情况。思路宽广来自对现实情况的掌握，干事情有思路才能做到成竹在胸。要吃透“上情”把握“下情”，找准“上下左右结合点”，把党中央大政方针、上级决策部署、指示精神与本地本部门实际有机结合起来，使做出的决策既符合上级要求，又切合本地实际。格局决定结局。有一种说法：如果能容两三万人的事你就可以当乡长，如果能容二三十万人的事你就可以当县长，如果能容两三百万人的事你就可以当市长。这当然只是一个说法，但也不全无道理，讲的是当领导胸襟很重要。要能容人之长，面对比自己优秀的人要点赞支持而非妒忌打击；能容人之短，在维护原则的前提下对他人的短处有所包容；能容人之过，对待他人的过错要公正看待，得饶人处且饶人，不要将人“一棍子打死”。特别是要能容人之言，对于反对的声音，要听得进去；对于批

评的话，有则改之、无则加勉；对于带刺的话甚至讽刺之词，要顾全大局，学会隐忍。

第九条　学会在不张扬中做大事，久久为功

年轻干部往往有冲劲闯劲、有热情激情，不甘于人后，急于干一番事业。这可以理解。但干成事业是一个循序渐进、厚积薄发的过程，不可能一下子就做出惊人的业绩，年轻干部在领导工作中更要谦虚低调，不浮躁、不张扬。低调是福，张扬是祸。低调行事，历来为中国传统文化所推崇。毛泽东在党的七届二中全会上告诫全党，“务必使同志们继续地保持谦虚、谨慎、不骄、不躁的作风”。满招损，谦受益。遗憾的是有的领导干部对谦虚低调却不以为然，太过张扬，太得意忘形，有的甚至飞扬跋扈，颐指气使。看似很威风、很有派头，其实已经埋下了毁灭的种子。低调是一种美德，领导干部必须不断加强自身修养，养成谦虚低调的性格，身居要职不显摆，有真本事不狂傲，取得成绩不炫耀，做出贡献不张扬，不忘乎所以、不盛气凌人，始终保持平静、平和、平淡的心态。咬定青山，专心致志。有一种毛竹，最初几年几乎没有变化。但几年之后，它会在短短几个月内疯狂生长，很快超过其他竹木。之所以如此，是因为在前几年的时间里，毛竹都在扎根，在不断积蓄迸发的力量。扎稳根基是很多植物的生长规律，也是领导干部成长的规律。大凡成功者，无不是把根深扎实践的土壤中，汲取大地的营养，积蓄向上的力量。台上一分钟，台下十年功，量变到了一定程度自然会发生质变，年轻干部要注重“量变”的积累，积累知识、积累经验，积蓄力量、汲取营养。要做一名潜心静气、专心致志、埋头苦干、积极作为的实干家。领导干部特别要有“功成不必在我”的理念和境界，不贪一时之功、不图一时之名，拿出滴水穿石的韧劲，以钉钉子精神抓好本职工作。

第十条 不信不立，不诚不行，诚实无破绽

人无诚信不立，业无诚信不兴，国无诚信不强，社会无诚信不稳。事实证明，说一个谎言，就得编织更多的谎言来弥补。领导干部唯有坚持诚实守信，才能无懈可击，不出一点破绽。组织对讲信用的人、诚实的人委以重任，一般来说都不会出现大的偏差。立信才能立威。表里如一、说到做到，这是诚信的本义，也是诚信的力量。“人而无信，不知其可也。”一个人在集体中有没有威望，良好的信誉是重要考量；一个领导在一个单位有没有威望，关键在于他是否公道正派、是否有一颗服务他人的心、是否能真正做到“一诺千金”。老百姓常说：“人哄地皮，地哄肚皮。”普通人不诚信，只是损害一己；领导干部不诚信，则无法取信于民。只有诚实守信的领导干部才能为群众所拥护。洋洋千言不如躬行一事、遮遮掩掩不如坦诚相待，言必信、行必果，要以实际行动取信于民。至诚才能致远。至诚是儒家的最高思想境界。《中庸》有云：“至诚无息，不息则久，久则征；征则悠远。”意思是，极端真诚是没有止息的，没有止息就会保持长久，保持长久就会显露出来，显露出来就会悠远。领导干部只有在诚实上做到极致，才能行稳致远。“诚者，天之道也；思诚者，人之道也。”诚实是面明镜，能洞察出一个人表里不一致的地方。诚实，就是要忠于事物的本来面貌，不虚伪，为人处世坦荡荡，做人、做官、做事不欺骗党和国家，不欺骗群众，也不欺骗自己的良心。不诚实、不老实的干部，再怎么伪装都不可能天衣无缝、不露马脚，终究走不远、走不下去。那些大大小小的落马贪官，他们言行不一、口是心非，当面一套、背后一套，搞一些虚假政绩，最后只能走上与党和人民相背离的不归路。一斤诚信胜过一吨精明，每一个领导干部都应以“做老实人”为荣，把“说老实话、办老实事”作为底线来坚守、作为党性来锤炼、作为境界来追求。

第十一条　不妄为不贰过，不卑不亢不避事，自我革命不停息

“胜人者有力，自胜者强。”改革创新的时代，需要面对的环境形势越来越多样、越来越复杂，党的干部要正确认识自己、改造自己、提高自己，始终保持一股谦虚谨慎、积极向上的精神，既不狂妄自大，也不妄自菲薄。有权不能任性。“大道至简，有权不可任性”，任何人都没有法律之外的绝对权力。现在一些干部手中有了一点权力，行为做事就无法无天，想怎样就怎样；有的人认为权力是领导给的，不是组织和人民赋予的，不怕群众不满意，只怕领导不注意。这些就是权力任性的表现。出现这种情况表面上看起来是因为自我膨胀、目中无人，根本还是权力观出了问题。党性和人民性是统一的，对事对人都得一个样。“对事”要依法依规，严守党纪和法律，坚持原则，公正办事，不怕事、不避事，推动一个地方、一个领域发展，为群众谋利益、谋福祉。“对人”不能区分待之，不能在上级面前“奴才”样，在下属、群众面前“老虎”样。要知道，任何人都是有人格、有尊严的，都需要尊重。干部不是谁的家臣，是组织的干部。要在不断磨炼中完善自己。自我革命精神是我们党的独特政治优势和鲜明执政品格。党是这样，年轻干部也应当这样，要及时革除不合时宜的落后思想观念、工作作风、工作方法。自我革新，必须善于自我认知，对自己是什么样的人、能力有多强、能干多大的事、到底有几斤几两，要有清醒正确的认识，不能只看到优势长处，看不到缺点问题。必须自觉加强修炼。做人做事第一位的是崇德修身、自我修炼，对于共产党人来说，就是党性修养和党性锻炼。领导干部最重要的就是要按照习近平总书记20字新时代好干部标准进行修炼、加强磨砺。

第十二条　为人应厚道，为子尽孝道，为官走正道

习近平总书记强调：“老老实实做人，踏踏实实干事，清清白白为官。”这蕴含了“为人应厚道，为子尽孝道，为官走正道”的好干部理念，也就是领导干部需要长修的修身齐家之道、为官从政之道。做官一阵子，做人一辈子。做人与做官是辩证统一的，所谓“修身齐家治国平天下”，说的就是做人与做官的内在联系。做人是做官的前提，好人不一定是好官，但好官必须首先是好人，是厚道的人。习近平同志讲过：“要会做人，做好人，注意自己的言行举止，珍惜自己的人格魅力，洁身自好，做一个有高尚品德的人。”人格魅力是聚集人脉的“吸铁石”，是获得机会的“资格证”。一个有高尚人格的人，做朋友可交、为长辈可敬、当领导可从、居下属可用。对于党员干部来说，人格高尚最重要的一条就是要对党忠诚、对事业虔诚、对同志真诚，靠正直厚道赢得组织、领导和群众的信任。百善孝为先，家风需挺前。孝道是中华民族的传统家风。我们党历来高度重视从中华民族传统文化中汲取营养，为治国理政提供有益借鉴。一方面，国风之本在家风。领导干部的家风，不仅是一身之进退、一家之荣辱，更关系到党风、政风、国风。家风坏，误国害民，那是最大的不孝。另一方面，家风坏是腐败之因。家风好，就能家道兴盛、和顺美满；家风差，难免殃及子孙、贻害社会。周永康、苏荣、刘铁男等家族式的腐败，父子皆成阶下囚，就是最好的证明。党员干部，必须把家风建设挺在前面，廉洁修身、廉洁齐家，严格要求配偶、子女和身边工作人员。“人间正道是沧桑”，清正廉洁、光明磊落、不搞歪门邪道，不搞“潜规则”“关系学”，就是从政为官的正道。黄埔军校门口有一副孙中山题写的对联：“升官发财请走别路，贪生怕死莫入此门。”当官就不要发财，发财就不要当官。领导干部要站得住、立得稳、走得远，就必须过好“三关”：防微杜渐，过好“诱惑关”，时刻保持头脑清

醒，自觉远离和抵制各种诱惑，始终保持拒腐蚀、永不沾的政治本色；洁身自好，过好“自律关”，必须自觉做到“吾日三省吾身”，经常扪心自问，自检自省、自我约束；从善如流，过好“监督关”，敢于接受组织、干部和群众的监督。

新时代党员干部根本之道

万事万物，皆有其道。“道”，是指世界万事万物的本原、规律、原理和原则。“根本”，是指基础、根基或本质，比喻事物最主要的、起决定性作用的部分。“根本之道”，顾名思义，就是指事物中最主要的、起决定性作用的“道”。任何事物的发展都遵循根本之道。党员干部根本之道，就是指党员干部之所以成为党员干部最主要的、起决定性作用的条件、标准和要求。党章规定，“中国共产党党员是中国工人阶级的有共产主义觉悟的先锋战士”，必须履行8个方面的义务。党章规定，“党的干部是党的事业的骨干，是人民的公仆”，必须模范地履行党章规定的党员的各项义务，而且必须具备6个方面的基本条件。党员干部任何时候都要牢记根本、抓住根本、遵守根本。结合新时代新使命新任务新要求，在此提出新时代党员干部必须遵循的11个方面根本之道。

一、坚定信仰之道

1. 革命理想高于天。志不立，天下无可成之事。理想信念是共产党人的精神支柱和政治灵魂。没有理想信念，理想信念不坚定，精神上就会得“软骨病”，就会在风雨面前东摇西摆。世界上最快乐的事，莫过于为理想而奋斗。新时代新征程，党员干部必须始终高扬理想信念的旗帜，用行动去浇灌理想之花、践行信念之志，做共产主义远大理想和中国特色社会主义共同理想的坚定信仰者和忠实实践者。

2. 心中有信仰，脚下有力量。信仰是信心之源、初心之源、力量之源、定力之源。习近平总书记强调，“只要理想信念在，党的事业一定会成功”。理想信念一旦入脑入心、铸进灵魂，就会让人超越现实功利去追求心中所向、追求无限伟业，展现出强大的精神力量。有信仰才有战斗力，有信仰的人是最幸福的人。新时代党员干部必须始终不渝坚定理想信念，站稳人民立场，增强政治定力，自觉将理想信念转化为展现新形象、取得新作为的不竭动力。

3. 马克思主义是共产党人的“真经”。无论时代如何变迁、科学如何进步，马克思主义依然显示出科学思想的伟力，依然占据着真理和道义的制高点。马克思主义是共产党人的科学世界观和理想信念之基，辩证唯物主义是我们最重要的思想方法、领导方法、工作方法。背离或放弃马克思主义，我们党就会失去灵魂、迷失方向。新时代党员干部必须坚定马克思主义信仰，学好马克思主义这门必修课，不断提高马克思主义思想觉悟和理论水平，使马克思主义世界观在灵魂深处扎根。

4. 真“信马”，才能真“姓马”。心有所信，方能行远。真“信马”，就是真诚地信奉马克思主义；而真“姓马”，是指一种身份属性，即党员干部作为党的一员，必须是真正的马克思主义者。“姓马”只是“表”，“信马”才是“里”。如果不是从内心深处笃信马克思主义，而是喊在口头上、用作“装饰品”，那“姓马”就空有虚名。新时代党员干部必须真“信马”，在思想深处、内心深处、灵魂深处做到对马克思主义虔诚而执着、至信而深厚，刻骨铭心进头脑、终身践行见行动，不断彰显“姓马”属性。

5. 坚定理想信念的“主心骨”，筑就“四个自信”的“压舱石”。信念不牢地动山摇，自信不足随波漂浮。只有坚定理想信念，才有安身立命的根本；只有筑牢“四个自信”，才能保持战略定力、坚持不懈奋斗，做到“风雨不动安如山”。新时代新征程，党员干部既要立得住，又要稳得住，必须理直气壮坚定理想信念，不断筑牢“四个自信”，永远保持对远大理想和奋斗目标的清醒认知和执着追求，毫不动摇坚持中国特色社会主义，丝毫不能有二心。

6. 坚持用习近平新时代中国特色社会主义思想武装头脑。习近平新时代中国特色社会主义思想是新时代中国共产党的思想旗帜，是统一全党意志的“定盘星”、是廓清思想迷雾的“指南针”、是解决实际问题的“金钥匙”，为实现中国社会主义现代化、中华民族伟大复兴提供了行动指南。新时代新征程，党员干部必须深入学习贯彻习近平新时代中国特色社会主义思想，真学真懂真用，学深悟透、入脑入心，知其然更知其所以然，做到学思用贯通、知信行统一，切实把学习成效转化为工作实效。

二、对党忠诚之道

1. 对党要绝对忠诚，关键在“绝对”。对党绝对忠诚，是党员干部的首要政治原则、首要政治本色、首要政治品质。习近平总书记强调：“对党绝对忠诚要害在‘绝对’两个字，就是唯一的、彻底的、无条件的、不掺任何杂质的、没有任何水分的忠诚。”忠诚不绝对，就是绝对不忠诚。忠诚胜于能力。新时代新征程，党员干部必须牢牢坚守对党忠诚的“100%”，爱党全心全意、忧党殚精竭虑、兴党不遗余力、护党矢志不渝，绝不能三心二意。

2. 第一身份是共产党员，第一职责是为党工作，第一使命是为党奋斗。每一名党员自入党那天起，个人命运就同党的命运血脉相融。党员不仅仅是身份标识，更意味着使命担当。党员干部不操为党尽职的心、不干为党分忧的事，就对不起党员的“党”字、干部的“干”字。新时代新征程，党员干部必须时刻牢记“入党为什么、在党干什么、为党留什么”，用党性守护誓言、用奉献扛起责任、用奋斗践行使命，始终与党同心同德、同向同行。

3. 以党的旗帜为旗帜，以党的意志为意志，以党的使命为使命。党政军民学，东西南北中，党是领导一切的。党和国家的全部事业都建立在中国共产党领导这个基础之上，都根植于这个最本质特征和最大优势之上。没有党的领导，民族解放、民族复兴就是空想。新时代新征程，党员干部必须始终在思想上政治上行动上同党中央保持高度一致，坚定不移听党话，一心一意跟党走，切实把坚持和加强党的全面领导贯彻落实到工作全过程、各方面。

4. 党员干部的身份不是一阵子坚持，而是一辈子坚守。入了党的门，就是党的人。组织入党一生一次，思想入党一生一世，只有起点，没有终点，是一个长期持久的过程。共产党员只要加入了党组织，就有了政治身份，就必须保持共产党人政治身份永远不褪色、不淡化。干部身份有退休，党员身份无期限。新时代新征程，党员干部必须增强身份意识，时刻不忘党员义务和身份，以身许党、以身许国，终身奉献于党的事业，永葆赤诚底色。

5. 事业是考题，忠诚是答案。评价一个干部，不仅要看他怎么说，还要看他怎么做，更要看他推动事业发展做得怎么样。事业最能检验党员干部忠诚度。如果没有忠诚或忠诚不纯粹、不牢固，就会不想干事、不思进取，贻误党和人民的事业。伟大事业是时代之卷，忠诚奋斗是唯一答案。新时代新征程，党员干部必须永葆对党和人民的无限忠诚，始终如一、不懈奋斗，以绝对忠诚答好事业这张考卷，在干事创业中践行对党绝对忠诚。

三、政治过硬之道

1. 讲政治是第一要求，政治标准是第一标准。政治问题任何时候都是根本性的大问题，关乎党的前途命运，关乎事业兴衰成败。政治性是党员干部第一属性，讲政治是党员干部的首要素质和立身之本。这一条不过关，其他都不过关，能力再大也不是我们需要的好干部。讲政治是具体的，不是抽象的、空洞的。新时代新征程，党员干部必须始终坚持把政治放在首位，自觉把讲政治贯穿履职尽责全过程，任何时候、任何情况下都做到政治信仰不变、政治立场不偏、政治方向不移。

2. 没有正确的政治观点，就等于没有灵魂。政治观点是人们对政治问题的理性认识，在党员干部的思想、工作中起着核心、统帅作用。正确的政治观点是讲政治的必备条件，始终坚持正确的政治观点，才是政治上的明白人。新时代新征程，党员干部必须树立正确的政治观点，用好马克思主义立场观点方法，增强辨别是非的能力，善于从政治高度、运用政治思维认识和处理问题，提高工作的原则性、系统性、预见性、创造性。

3. 理论上清醒，政治上才能坚定。没有革命的理论就没有革命的行动，保持理论上的清醒是党员干部政治坚定的前提和基础。只有在理论上真学真懂真信真用，在理论问题大是大非上不含糊、不糊涂、不动摇，才能在政治上成熟和坚定。很多干部出问题，就是世界观、人生观、价值观出了问题。新时代新征程，党员干部必须不断强化理论武装，真学常学深学，学思践悟、真信笃行，把理论的力量转化为坚定的政治信仰。

4. 政治能力是第一能力。政治能力是把握方向、把握大势、把握全局的能力，对其他能力的性质和方向有决定性影响，是党员干部各种能力中的核心能力。政治能力不强，其他方面的能力再强，也是靠不住的。党组织看干部，首先就是看政治能力强不强。新时代新征程，党员干部必须自觉加强政治历练，积累政治经验，不断提高把握方向、把握大局大势的能力，使自己的政治能力与担任的领导职责相匹配。

5. 始终把政治纪律和政治规矩挺在前面。习近平总书记强调，党的纪律是多方面的，但政治纪律是最重要、最根本、最关键的纪律。没有政治上的纪律和规矩不能成其为政党，也无法维护党的团结统一。严明党的纪律，首先要严明政治纪律。新时代新征程，党员干部必须强化自我约束，坚持纪严于法、纪在法前，把严守政治纪律和政治规矩放在首位，做政治纪律和政治规矩的坚决捍卫者，绝不越“雷池”一步。

6. 政治任务就是目标，政治要求就是方向。有任务才有目标，有要求才有方向。只有始终围绕目标，工作推进才能更加有力有序；只有坚持正确方向，工作才能不跑偏不走样。党中央的决策部署是最重要的政治任务，“两个维护”是最根本的政治要求，两者是内在统一的。新时代新征程，党员干部必须坚决履行党和人民赋予的政治任务，坚决落实政治要求，不打折扣、不搞变通，确保各项工作方向准、路线对、成效足。

7. 政治上的动摇是最危险的动摇，政治上的失守是最致命的失守，政治上的溃败是最全面的溃败。政治上的先进性，是马克思主义政党的突出特点和优势。如果丧失了政治上的先进性，党的先进性和纯洁性就无从谈起。政治上出问题，是比腐败更严重的问题。政治上有问题的人，能力越强、职位越高，危害就越大。新时代新征程，党员干部必须增强政治鉴别力、政治免疫力和防范政治风险的能力，始终政治过硬，做永不锈蚀的“政治钢铁”。

四、为民服务之道

1. 人民是我们党执政的最大底气。人民群众是历史的创造者。我们党来自人民、根植人民，为人民而生、因人民而兴。老百姓是天，老百姓是地，老百姓是党员干部最大的靠山、最大的底气。如果失去了人民的拥护和支持，党的事业和工作就无从谈起。人民性是中国共产党最鲜明的底色。新时代新征程，党员干部必须始终把人民放在心中最高位置，尊重人民群众的历史主体地位，牢记我是谁、为了谁、依靠谁，坚持一切依靠人民、一切为了人民，与人民心心相印、同甘共苦、团结奋斗。

2. 人民的幸福就是共产党的事业。习近平总书记指出：“共产党就是为人民服务的，就是为老百姓办事的，让老百姓生活更幸福就是共产党的事业。”为民谋利、为民造福既是政治立场，又是根本要求，深刻彰显和检验着共产党人的初心使命。我们党所做的一切工作都是为了人民幸福。新时代新征程，党员干部必须坚持以民为先、公字当头，珍惜每个为人民服务的岗位和机会，真正做到为人民幸福服务一辈子、奉献一辈子。

3. 坚持人民立场不动摇，始终把人民对美好生活的向往作为奋斗目标。立场不牢，地动山摇。为什么人的问题，是检验一个政党、一个政权性质的试金石。人民立场是中国共产党的根本政治立场，只有坚持人民立场不动摇，才能始终做到一心向民、无私奉献。人民向往无止境，党员奋斗不止步。新时代新征程，党员干部必须站稳人民立场，坚持人民向往什么，我们就干什么，多干让人民满意的好事实事，不断满足人民对美好生活的向往。

4. 一枝一叶总关情，为民情怀最动人。群众利益无小事，“枝叶”之处见情怀。人民群众在党员干部心中的“分量”，称出的是党员干部的“情怀”，折射出的是党员干部的“党性”。德莫高于爱民。新时代新征程，党员干部要始终把群众的“小事”当成自己的“大事”，时刻用情、用心、用力，从点滴做起、从身边做起，真情实意为群众谋利益、解烦忧。

5. 用脚丈量基层，用心思量民情。群众路线是党的生命线和根本工作路线。深入群众鱼得水，脱离群众树断根。脱离基层，脚就会落空；不解民情，心就会迷茫。脚下沾有多少泥土，心中就有多少热情。只有了解基层真实情况，我们的工作才会更有成效。新时代新征程，党员干部必须深入基层、融入群众，认真倾听群众心声、用心感受民情，始终与群众心贴心、情连情。

6. 我将无我，不负人民。习近平总书记说：“我愿意做到一个‘无我’的状态，为中国的发展奉献自己。”“无我”强调的是毫无私利、克己奉公，追求的是忧国忧民、牺牲奉献。只有无我才能无私、无畏、无憾，也才能真正做到全心全意为人民服务。新时代新征程，党员干部必须一心为民、无私无我，时刻以国家利益为重、以人民幸福为念，心甘情愿为党和人民的事业付出自己的时间、精力乃至生命，勇于为党和人民牺牲一切。

7. 把不忘初心、牢记使命作为终身课题。初心和使命是中国共产党人的政治宣言，是我们的根和魂，是激励中国共产党人不断前进的根本动力。不忘初心方能行稳致远，牢记使命才能开辟未来。如果我们忘记了当初为什么出发、为什么奋斗，就不能正确对待现实，也就没有未来。新时代新征程，党员干部必须恪守党员本色，以坚定的理想信念坚守初心，以不懈的自我革命担当历史重任，以实干实效实绩践行初心使命。

五、修身立德之道

1. 有德才有得，有诚才有成。人无德不立，官无德不为。立德守诚是从政之基础。如果不修官德、背信弃义，不仅败坏党的形象、损害政风民风，还会使自己身败名裂，结果只能一无所获、一无所成、一无所有。新时代新征程，党员干部必须加强道德修养，坚守正道、诚实守信，带头弘扬和践行社会主义核心价值观，真正成为党和人民需要的好干部。

2. 做老实人不吃亏。拙诚可以胜百巧。老实人才是世界上最聪明的人，干事一步一个脚印，做人踏实本分，看似慢了些，其实一生平稳，不会行差踏错，才是真正的不吃亏。偷奸耍滑、耍小聪明，最终都是得不偿失。做任何事情，没有老老实实的态度都是不行的。新时代新征程，党员干部必须说老实话、办老实事、做老实人，肯下“笨功夫”、愿坐“冷板凳”，踏踏实实，才能做出扎扎实实的成绩来。

3. 为人要有品德，做事要有品质，生活要有品位。高标准才有高品质。一个对自我要求严格的人，品德方面必然是追求最高线，做事上要经得起考验，生活中追求的也是高尚的品位，能够始终向上向善，保持内心的善良与纯净。如果只求“过得去”，不求“过得硬”，底线就很容易失守。新时代新征程，党员干部必须把立德与立行结合起来，划定高线，朝着最优努力，做品德高尚的人，干高品质的事，活出高品位大境界。

4. 百善孝为先。天地之性，人为贵；人之行，莫大于孝。孝是中华民族最古老的传统美德，是做人最基本的要求和底线。一个人如果对父母都不孝敬，指望他为国家、为民族、为人民作贡献，那无异于天方夜谭。当好官，就是对父母最大的孝。新时代新征程，党员干部必须常修为孝之德，赡养父母有孝心、善待妻儿有爱心，推己及人，把人与人的关爱之情延伸至整个社会和国家。

5. 当有大格局大境界大胸怀。格局带来境界，境界撑大胸怀。大格局、大境界、大胸怀是一代又一代共产党人砥砺传承的精气神，也是优秀党员干部成长成才的必备素质。如果格局境界太小，心里只是装着自己的“一亩三分地”，就只能固守狭小的利益藩篱，路也会越走越窄。新时代新征程，党员干部必须坚定革命理想，注重学习思考，强化实践磨炼，严格自律自省，不断涵养大格局大境界大胸怀。

6. 明大德、守公德、严私德。领导干部要讲政德。政德是整个社会道德建设的风向标，是干部必须恪守的职业道德、必须保持的政治操守，在道德建设中处于先导位置。好人不一定能做官，但当干部一定要首先是个好人。没有良好的道德品质和思想修养，即使知识再丰富、学问再高，也难成大器。道不可坐论，德不可空谈。新时代新征程，党员干部必须上好道德修养这一人生必修课，把道德修养落到实处，不断强化自律自省，戒贪止欲、克己奉公。

六、终身学习之道

1. 不管多大的官，不读书便不过是一介俗吏。学者非必为仕，而仕者必为学。领导干部学习不学习不仅仅是自己的事情，而是关乎党的形象和国家事业发展的大事。善于读书，就是善于进步。书读多了，气质自然改变。新时代新征程，党员干部必须永怀读书和思索的慧根，常读书、多读书、读好书，多些书卷气，少些烟酒气，不断求得真学问，练就真本领。

2. 构建自己基本的知识体系，广识而不乏其专。知识形成体系，犹如老虎插上翅膀。合理的知识体系就像蜘蛛网，能够把不同的知识点有规则地串联起来，形成思维闭环。各级党政领导干部不管在哪个岗位，都必须具备基本的知识体系。学习是构建知识体系的最有效途径。新时代新征程，党员干部必须博学多思，丰富知识储备，逐步构建与时俱进的知识体系，努力成为“又博又专”的干部。

3. 学习是唯一只赚不赔的投资，可以使自己不断增值。学习是一个人不断自我完善的过程，可以让心灵得到安宁，可以使灵魂不受干扰，可以让人遇见更好的自己。在学习上的每一次投入付出，都将内化为自身的能力素质，成为成长进步的阶梯。学习力是一个人的核心竞争力。事有所成，必学有所成。新时代新征程，党员干部必须重视学习、善于学习，带着问题学，在学习与工作的良性互动中不断超越自我、成就事业。

4. 工作学习化，学习工作化。学习和工作是融会贯通的整体，学习促进工作，工作促进学习，两者具有高度的契合性。离开工作的学习必定空洞无物，而缺少学习的工作必定是低层次的重复劳动。唯有把学习和工作有机结合起来，才能发挥出最大效能。新时代新征程，党员干部必须坚持干中学、学中干，始终在研究状态下学习和工作，做到学习和工作两手抓、两不误、两促进。

5. 学而不用等于没学，学习的目的全在于运用。一个人如果不注重把学到的知识运用到工作中、落实在行动上，即使他“学富五车、才高八斗”，也不能说达到了学习的最终目的。读书的目的在于运用，知识的价值在于转化。离开了实践运用，学习也就毫无意义。新时代新征程，党员干部不仅要爱学习、会学习，更要学以致用，及时把学到的知识运用于实践，用工作成果检验学习成效。

6. 学无止境，不断学习是成功领导的终身承诺。知识是在不断更新的，学习也必须及时跟进，否则就很容易落后于时代。古往今来，凡成就大事业者，无不是终身学习的典范。只有坚持学习、一直学习，加快知识更新、拓宽眼界和视野，才能赢得主动、赢得优势、赢得未来。抵制学习、抵制组织的教育，就是懈怠、抛锚、出问题的开始。学习不是一朝一夕的事，新时代新征程，党员干部必须把学习当作一种生活方式，从“学一阵”变为“学一生”，活到老、学到老、改造到老，终身学习。

七、能力本领之道

1. 绳短不能汲深井，浅水难以负大舟。不患人之不己知，患其不能也。一个人如果没有较强的能力本领、素质实力，就难堪大任，即使机会摆在面前，也抓不住。真担当要有真本领，干事业要有硬功夫。新时代新征程，党员干部必须在摸爬滚打中增长才干，在层层历练中积累经验，不断补齐本领上的短板、能力上的不足，克服本领恐慌，争做疾风劲草。

2. 官升未必水平长，权重未必本领强。能力本领没有生而知之，更没有“升而知之”，既不是天生的，也不会随着职位的提高而自然增长。倘若职务上稍有进步，就自我感觉良好，躺在“功劳簿”上睡大觉，那是会出大问题的。新时代新征程，党员干部必须全面提升履职尽责能力，练就一手“绝活”、“两把刷子”，不断进步、不断超越，把工作做出彩，把人生活精彩。

3. 必须掌握“八种本领”。政治过硬必须有高强的本领作支撑，否则，政治就会成为空头政治。“八种本领”是一个逻辑严密的科学体系，具有丰富的内涵，是领导干部的基本功。只有基本功扎实，工作才能平稳运行，才有可能出新出彩。新时代新征程，党员干部必须学深悟透“八种本领”，提升基本能力、基本素质，以“八种本领”推动经济社会高质量跨越式发展。

4. 没有金刚钻，揽不了瓷器活。习近平总书记指出，很多同志有做好工作的真诚愿望，也有干劲，但缺乏新形势下做好工作的本领，结果是虽然做了工作，有时做得还很辛苦，但不是不对路子，就是事与愿违。没有能力本领这把“利器”，干事创业说到底也是假把式、空架子。软肩担不起硬担子，有真本事才有真勇气。新时代新征程，党员干部必须把学习、实践贯穿领导工作全过程各方面，在干事中长本事、在历练中变老练，挑起硬担子，当好时代的劲草、真金。

5. 既要当“专家”，也要当“杂家”。业精才能成事，博学方能多才。专业和博学是辩证统一、相互支撑、相辅相成的。专博相济，才能本领高强，办事才会更有成效。新时代新征程，党员干部必须发扬工匠精神，聚精会神攻主业，成为行家里手、内行领导，也要博学多闻、开阔思路眼界，做工作的“多面手”，成为复合型人才。

6. 发扬斗争精神，增强斗争本领。有矛盾就有斗争，有斗争才会有胜利。敢于斗争、敢于胜利，是党和人民不可战胜的强大精神力量。新时代坚持和发展中国特色社会主义是一场伟大社会革命，要求我们必须时刻进行具有许多新的历史特点的伟大斗争。新时代新征程，党员干部必须始终保持敢于斗争、善于斗争的英雄气魄，讲究策略方法和斗争艺术，牢牢把握斗争主动权，追求斗争效果最大化。

八、作风养成之道

1. 作风问题本质上是党性问题。党性决定作风，作风彰显党性。有什么样的党性，就有什么样的作风，绝没有党性强而作风不正、作风正而党性弱的组织和党员。作风问题无小事，关系人心向背，关系党的生死存亡。新时代新征程，党员干部必须从党性高度抓作风，在思想上返璞归真，在党性上固本培元，以纯洁的党性纯正作风。

2. 共产党人最讲认真。你不认真对事，事就不认真对你。党的性质、宗旨决定了我们的工作态度、工作方法、工作过程必须最讲认真。干部多认真一分，群众就多认可一分。新时代新征程，党员干部必须把最讲认真贯穿为人民服务的全过程，锤炼最讲认真的政治品格，以细求实、以深求精，从细节中弥补疏漏，把小事做精致，把大事做精彩。

3. 说实话，办实事，求实效。大人不华，君子务实。习近平总书记指出:“唯有秉持求真务实精神，才能探究更多未知，才能获得更多真理，也才能为社会作出更大贡献。”否则一言不实，百事皆虚。“三严三实”是我们永远的座右铭。新时代新征程，党员干部必须把求真务实作为干事创业的作风要求，不求虚名、不务虚功，实事求是、脚踏实地，把职责范围内的工作抓实抓好抓到位，努力创造出经得起检验的实绩。

4. 调查研究是谋事之基、成事之道。调查研究是理论与实践相结合的基本环节，是我们党取得成功的重要法宝，是做好领导工作的基本功。没有调查就没有发言权，更没有决策权。新时代新征程，党员干部必须积极探索新时代调查研究工作的特点和规律，既要调查、又要研究，促进调研成果转化为政策建议，推动事业不断向前发展。

5. 不解决问题就是最大的形式主义，不化解矛盾就是最大的官僚主义。问题是时代的声音，解决问题是对时代的回应。我们党领导人民干革命、搞建设、抓改革，从来都是为了解决中国的现实问题。领导工作的过程就是发现问题、解决问题的过程。有问题不可怕，怕的是缺乏问题意识、看不到问题。新时代新征程，党员干部必须瞄着问题去、迎着问题走，善于抓主要矛盾和矛盾的主要方面，切实解决问题、化解矛盾、推动工作。

6. 改进作风绝非一日之功，一曝十寒只能隔靴搔痒。作风建设是攻坚战，也是持久战。缺乏常抓的韧劲、严抓的耐心，缺乏管长远、固根本的制度，作风建设就会陷入“一抓就好转、一松就反弹”的怪圈。新时代新征程，党员干部改进作风思想不能疲、劲头不能松、措施不能软，必须坚持真刀真枪、动真碰硬，在从严从紧从实上求深入见实效，推动新时代作风建设展现新气象，取得新成效。

九、担当尽责之道

1. 为官避事平生耻，重任千钧惟担当。欲戴其冠，必承其重。有权必有责，有责要担当。权力越大，承担的责任也就越大。如果只想当官不想干事、只想揽权不想担责、只想出彩不想出力，就不配当干部。担当是干部题中应有之义，为官一任，就应造福一方。新时代新征程，党员干部必须勇挑重担，以攻坚克难的勇气，引领担当作为的风气，事不避难、义不逃责，创造出无愧于新时代的业绩。

2. 有多大担当才能干多大事业，尽多大责任才会有多大成就。担当大小，体现着党员干部的胸怀、勇气、格局。真将帅必有真担当，真担当就要真尽责。是否具有担当精神，是否能够忠诚履责、尽心尽责、勇于担责，是检验每一个领导干部身上是否真正体现了共产党人先进性和纯洁性的重要方面。新时代新征程，党员干部必须自觉增强事业心、责任感，担当尽责、冲锋在前，在急难险重任务中百炼成钢。

3. 千担当，万担当，不履责就是没担当。习近平总书记强调：“责任重于泰山，事业任重道远。”责任担当是领导干部必备的基本素质。担当的核心是责任，能担责是本色，敢担责是胆色，敢于负责任，才能担重任。新时代新征程，党员干部必须知责、明责、负责、担责、尽责，担起该担当的责任，以责任激发工作积极性、主动性和创造性。

4. 责任有大小，责任心无大小。知责任者，大丈夫之始也；行责任者，大丈夫之终也。一个人成就的大小，很大程度上取决于他事业心、责任感的强弱。没有做不好的工作，只有不负责任的人。责任使一个人坚持、长久，活在责任中是人生的最大价值和意义。有多负责，才会有多优秀。新时代新征程，党员干部必须始终做到人在岗上、身在事上、心在责上，恪尽职守、夙夜在公，肩负好职责使命，做好应该做的工作。

5. 守土有责，守土负责，守土尽责。习近平同志曾说过："组织上让我们当领导干部，就是派我们在这里站岗放哨，这叫守土有责。"尽管职责分工、所处岗位有所不同，但无论所居何职、所事何业，都有不可推卸的责任。履职尽责是每一名党员干部的为政本分。新时代新征程，党员干部必须自觉守好"责任田"，把责任扛在肩上，把使命放在心中，按职能职责办事，思为、敢为、有为，保一方平安，强一方经济，富一方百姓。

6. 既要对上负责，也要对下负责。对上负责，就是对上级领导机关负责；对下负责，就是对人民群众负责。对上负责与对下负责从来都是统一的、不可分割的。利民为本，令行为上。为党分忧、为民尽责是党员干部的天职。新时代新征程，党员干部必须吃透上情、摸透下情，把对上负责与对下负责有机统一起来，让党心民意相映生辉，让事业发展所向披靡，把政通人和的善治理想变为现实。

十、干事创业之道

1. 不干，半点马克思主义都没有。大道至简，实干为要。习近平总书记反复强调，"社会主义是干出来的"。见之不若知之，知之不若行之。干部干部，就是要能干事、干成事。新时代新征程，是奋斗者的时代，党员干部必须以实干为荣，用实绩说话，不采华名、不兴伪事，脚踏实地、真抓实干，干一件事就成一件事，努力干出个样子来、干出个幸福来。

2. 干一行爱一行，做一行精一行。心贵于诚，业贵于专。习近平总书记强调，要沉下心来干工作，心无旁骛钻业务，干一行、爱一行、精一行。敬业、爱业、精业是对党员干部的基本要求，敬业方能爱业，爱业才能精业。这既是中华民族的优良传统，也是每个公民服务社会、履职尽责的基本要求。隔行如隔山，但隔行不隔理。革命干部是块砖，哪里需要哪里搬。不是因为喜欢什么就干什么，想到哪里就去哪里，而是干了什么就热爱什么，到了哪里就爱哪里。新时代新征程，党员干部必须把工作当事业，发扬“挤”和“钻”的精神，全心、全情、全力投入，把工作做到细致、精致、极致。

3. 想干愿干积极干，能干会干善于干。愿不愿干事、能不能干成事是评判一名党员干部是否合格的重要标尺。无论干事创业还是攻坚克难，不仅需要宽肩膀，也需要铁肩膀；不仅需要政治过硬，也需要本领高强。新时代新征程，党员干部必须把努力干事当作人生追求，增强“为官有为”的真自觉，练就“为官会为”的硬本领，通过思想淬炼、政治历练、实践锻炼、专业训练，不断补齐知识短板、能力弱项、经验盲区，展现“为官善为”的新气象。

4. 事成于和睦，力量生于团结。积力之所举，则无不胜也；众智之所为，则无不成也。团结协作是每个党员干部必须遵从的党性原则，是成就事业的必然要求。懂团结是真聪明，会团结是真本领，团结越紧力量越大。新时代新征程，党员干部必须树牢合作共赢的意识，把团结协作作为基本政治素质，任何时候都带头讲团结，善于团结一切可以团结的力量，寻求最大公约数，画好最大同心圆，营造同志之间坦诚相待、宽松和谐、团结共事的氛围。

5. 喊破嗓子几人听，做出样子众人跟。人不率则不从，身不先则不信。自身硬气才有公信力，以身作则才有感召力。否则，“声音”再大，嗓门再高，说话也不会有人听，办事也不会有人跟。一个行动胜过一打纲领，一个示范胜过千言万语。新时代新征程，党员干部必须时时带头、事事作表率，多用“身影”影响人，少用“声音”指挥人，变指派命令为行为感召，形成强有力的示范，凝聚起强大人心，推动事业向前发展。

6. 要拎着乌纱帽做事，不要捂着乌纱帽做官。党员干部的职权是人民赋予的，责任就是为人民服务，不能老想着自己的升迁。做人一世，为官一任，要有肝胆，要有担当精神。只有把事情干好，把职责履行好，把责任担当起来，这顶乌纱帽才能戴得更牢，位子才会坐得更稳。新时代新征程，党员干部必须常怀“百姓心”，力戒“官侩气”，以担当作为为荣，以消极无为为耻，用自己的“辛苦指数”提升群众的“幸福指数”。

7. 善于运用法治思维和法治方式开展工作。奉法者强则国强，奉法者弱则国弱。依法执政是最可靠、最稳定和最可持续的治理方式，离开了法治，一切将无从谈起，个人也可能踩“红线”、越“底线”。法定职责必须为，法无授权不可为。新时代新征程，党员干部必须树牢法治理念，带头学法尊法守法用法，自觉在法治之下想问题、作决策、办事情，不断提高科学执政、民主执政、依法执政水平。

8. 在危机中育新机，于变局中开新局。任何事物都有两面性，“危”和“机”总是同生并存的，克服了“危”即是“机”。习近平总书记强调，面对危机“要深入分析，全面权衡，准确识变、科学应变、主动求变，善于从眼前的危机、眼前的困难中捕捉和创造机遇”。新时代新征程，党员干部必须保持战略定力，增强预见性，准确识变、科学应变、主动求变，努力把危机化解在产生之前，以变求新、求进、求突破。

9. 功成不必在我，功成必定有我。“功成”在谁不重要，“功成有我”方可贵。出“功成”之力，而不求“功成”之誉，是中国共产党人的鲜明品格，也是实现中华民族伟大复兴中国梦的必然要求。如果急于求成、激进冒进，则有可能劳民伤财、得不偿失。新时代新征程，党员干部必须在干事创业中不断修炼大格局，看清名利、看轻名利，不贪一时之功，不图一时之名，甘于做铺垫性的工作，一任接着一任干，一张蓝图绘到底。

十一、清正廉洁之道

1. 清正廉洁是最根本的能力。廉洁是一种正义和威慑的力量，从政为官必须蓄积这股力量。一个人廉洁自律不过关，做人就没有骨气。廉洁受人敬，贪赃法不容。清正廉洁是为官从政的基本底线，也是党员干部最根本的能力，这个能力不过硬，其他能力都等于零。廉以养德，无欲则刚。新时代新征程，党员干部必须在廉洁自律上作表率，任何时候都要稳得住心神、管得住行为、守得住清白，炼就“金刚不坏之身”。

2. 从政者最大的危机和风险，就是公权私用。“政在去私，私不去则公道亡。”我们的权力是党和人民赋予的，姓公不姓私，只能用来为党分忧、为国干事、为民谋利。公权私用，损害的是党的形象和党员干部的个人威信，很容易走向腐败犯罪，最终坠入灭亡的深渊。心底无私天地宽。新时代新征程，党员干部必须摒弃私心杂念，让权力回归本源、公器回归本质，大公无私、公私分明、先公后私、公而忘私，始终做到依法用权、秉公用权、廉洁用权。

3. 法纪面前没有特权。哪里有特权，哪里就有不公，哪里就会滋生腐败。“法不阿贵，绳不挠曲。”法纪面前人人平等，遵守法律没有特权，执行纪律没有意外。干部就要坦然地、自觉地接受组织监督，这是一种政治要求，也是一种政治素养。任何想要超越法纪之外搞特权的人，最终都逃不脱党纪国法的严惩。新时代新征程，党员干部必须自觉摒弃特权思想，高悬法纪明镜，紧握法纪戒尺，立“明规矩”、破“潜规则”，把遵纪守法作为为官从政的底线、安身立命的根本，心有所戒、行有所止。

4. 廉以修身，廉以持家。一人不廉，全家不圆。家既可以是幸福温馨的港湾，也可能成为滋生祸患、催生腐败的温床。人要走正道、行正事，修身、齐家是基本前提。习近平总书记强调，党员干部“要做到廉以修身、廉以持家，培育良好家风”。新时代新征程，党员干部必须把修身、持家摆在重要位置，以修身涵养官德、以官德淳化家风，真正守好家庭廉洁堤坝，建好幸福美满家庭。

5. 自己不打倒自己，谁也打不倒你。内不腐则虫无以生，自身过硬才能百毒不侵。习近平总书记指出：“一个人能否廉洁自律，最大的诱惑是自己，最难战胜的敌人也是自己。”党员干部清正廉洁就是保全自己，手握公权，稍有不慎，就有可能误入歧途、被拖“下水”，不仅要他律，更要自律。新时代新征程，党员干部必须筑牢思想防线，杜绝侥幸心理，凡事多从自身找原因，勇于革除自身“病症”，从小节、小事、“小意思”严起，慎独慎初慎微，做到有权不任性，律己不放松。

6. 不要人夸颜色好，只留清气满乾坤。共产党人不求清誉、不尚清谈，为官从政，不是为了获得赞美，而是要留下实实在在的政绩和一身正气。这是中国共产党人的人生态度和高尚的情操、博大的胸怀。“政声人去后，民意闲谈中”，为官从政政绩如何、名声好坏，人民群众最清楚。新时代新征程，党员干部必须扑下身子、苦干实干，创造出经得起实践、人民、历史检验的政绩，赢得广大人民群众的信任和拥护。

领导干部自我修炼十六法

领导干部只有把不断自我修炼作为终身课题，才能炼出高境界、硬本事、真水平。修炼是什么？本义是指一个人修身、炼性，即心理更加积极向上，身体更加强壮健康。领导干部的修炼是什么？是指领导干部不断自我净化、自我完善、自我革新、自我提高的过程，就是不断改造自己的主观世界，不断锤炼自己忠诚、干净、担当的政治品格，不断提高自己的能力素质。习近平总书记在全国组织工作会议上的讲话中指出："干部的党性修养、思想觉悟、道德水平不会随着党龄的积累而自然提高，也不会随着职务的升迁而自然提高，而需要终生努力。成为好干部，就要不断改造主观世界、加强党性修养、加强品格陶冶。要时刻用党章、用共产党员标准要求自己，要有'与人不求备，检身若不及'的精神，时刻自重自省自警自励，努力做到'心不动于微利之诱，目不眩于五色之惑'，老老实实做人，踏踏实实干事，清清白白为官。"新时代新征程，错综复杂的国际形势和艰巨繁重的改革发展任务对领导干部的能力素质提出了新的更高要求。领导干部要更好地履行领导职责、推动经济社会高质量发展，特别需要不断加强自我修炼、提升自身素质。

1. 为官先修德，官德修炼重在明大德、守公德、严私德。国无德不兴，人无德不立。习近平总书记强调："政德是整个社会道德建设的风向标。立政德，就要明大德、守公德、严私德。"德以配位，方能致远。领导干部要坚持以德为先，把加强官德修炼作为为官从政之要。古训告诫我们，"厚德载物"，"德不配位，必有灾殃"。德国哲学家康德曾说："这个世界上只有两样东西能引起人内心深深的震动，一个是我们头顶上灿烂的星空，一个就是我们心中崇高的道德准则。”做官先做人，为官先修德。对于领导干部来说，“有德有才是上品，有德无才是中品，无德无才是庸品，无德有才是毒品”。领导干部加强官德修炼，就要明大德，铸牢理想信念、锤炼坚强党性；守公德，全心全意为人民服务，立党为公、执政为民；严私德，陶冶道德情操，坦坦荡荡、光明磊落。

2. 权力只能显赫一时，人格魅力可以穿越时空。人格魅力也是领导力。魅力像淡雅的香水，它不是突然扑面而来的浓香，而是一点一滴地沁人心脾。人格魅力，产生感召力、凝聚力和影响力。邓小平曾说：“共产党人干事业，一靠真理的力量，二靠人格的力量。”领导干部作为领者导者，人格魅力的大小直接反映领导能力和水平，关系领导工作的成效。领导干部的人格魅力不是靠一时的权威、一事的表现，而是靠一如既往地让大家心悦诚服的做人的品格、做事的风格、做官的标格，靠始终如一地坚持真理、自我修炼、向上向善。领导干部要少一些戾气、霸气和官气，多一些地气、民气和正气，以人格魅力赢得同事和群众发自内心的服气。

3. 没有为民情怀的干部不是好干部，为官一任必须造福一方。老百姓是衣食父母，心无百姓莫为官。人民对美好生活的向往，是我们矢志不渝的奋斗目标。邓小平曾说：“什么叫领导？领导就是服务。”习近平同志指出：“作为执政党，党员干部与人民群众的关系就是公仆与主人的关系。离开了人民，我们将一无所有、一事无成；背离了人民的利益，我们这些公仆就会被历史所淘汰。”作为党的干部，我们就是为人民服务的，就是为老百姓办事的，就是让老百姓过上好日子的。没有为民情怀的干部不是好干部，没有为民境界的干部就不能行稳致远。要把为民情怀、为民境界养成一种自觉，而不是装点门面的工具。“领导干部要想真正在群众心目中留下一点‘影’、留下一点‘声’、留下一点印象，就要精心谋事、潜心干事，努力为人民多作贡献。”领导永远靠政绩说话，为人民谋幸福就是干部的最大政绩。如果在领导的位置上却没干活儿，没有为国家作贡献，没有为老百姓作贡献，没有为地方发展作贡献，那就是失职。人生不过百年，当领导的时间就更短了，更要“一草一木当晓百姓利益，一言一行勿忘党的宗旨”，努力用自己的辛苦指数换取群众的幸福指数。

4. 凡大气者，皆有大境界、大格局、大情怀，如此才能挑大梁、干大事、成大业。欲成“大器”，必修“大气”。领导干部修炼大气，必须培育“我将无我”的高境界、“胸怀天下”的大格局、“忧国忧民”的大情怀。必须自觉把“小我”归入“大我”，“小局”归入“大局”，“自我”归于“无我”，必须海纳百川、豁达洒脱，能容人容言容事，正确对待一时的成败得失。“不谋万世者，不足谋一时；不谋全局者，不足谋一域。”我们要以开阔的视野、广阔的胸襟去看待问题，这样才能站得更高，走得更远。毛泽东说过：“没有全局在胸，是不会真的投下一着好棋子的。”领导干部在想问题作决策时，要有大境界、大格局和大情怀，自觉从党和国家大局出发想问题、办事情、抓落实，不拘泥于眼前的“半亩方塘”“蝇头小利”，跳出“围城”本身、立于“围城”之上，把本地区本部门的工作放在全局中去谋划、去推进，努力做到既为一域争光、又为全局添彩，不断从胜利走向新的胜利。

5. 心无私欲，自然会刚；人无邪念，自然会正。林则徐在广东禁烟时曾写过一副对联，其下联是：“壁立千仞，无欲则刚。”人们也常说：“万恶皆由‘私’字起，千好都从‘公’字来。”无私者无畏，无欲者身正，一个领导干部如果没有私心和杂念，心之所想都是党和国家事业发展，目之所及都是民生疾苦，那就会不为私欲所惑、不为私情所困、不为私利所动，也就能做到在关键时刻敢于亮剑、在是非面前坚守立场、在困难面前毫不退缩。作为领导干部，要把欲望关进自律的笼子，抛弃一切私心杂念，真正做到“清风两袖朝天去，免得闾阎话短长”。

6. 不畏难，方能克难；不怕事，方能成事。“历史的道路，不全是坦平的，有时走到艰难险阻的境界，这是全靠雄健的精神才能够冲过去的。”革命先驱李大钊的警世格言犹然在耳。遇到困难矛盾畏畏缩缩甚至绕着走，是解决不了问题的，而且矛盾只会越积越多，最后积重难返。前进征程上，越是困难如山、挑战艰巨，越考验我们迎难而上的勇气、不畏险阻的气魄。作为领导干部，要充分发扬遇事不怕事、遇难不怕难的精神，拿出“越是艰险越向前”的决心和勇气，勇于战胜前进道路上的一切艰难险阻。

7. 身先才能率人，律己才能服人。以身作则、身先士卒，是历来朴素有效的领导哲学，也是中国共产党人的优良传统。明朝文学家陈继儒在《小窗幽记》中写道：“律己足以服人，量宽足以得人，身先足以率人。”领导干部是“领头雁”“带头羊”，其言行直接影响一个单位、一个地方的干事风气和政治生态，职位越高权力越大，示范引领的作用和影响就越大。“人不率则不从，身不先则不信。”领导者以身作则、率先垂范，就能以上率下、不令而行；反之，则可能出现说话没人听、干事没人跟的尴尬局面。为人做事，要求群众和下属做的，自己要先做好，要台上台下一个样，莫做“两面人”。有的领导干部“当面一套背后一套”，以至于“台上说人，台下人说”，这样造成的负面效应更大。领导干部树立良好作风和威信的关键是要从自身做起、严起，冲在前、干在先，“领”字当头、“担”字为要，以身作则、率先垂范，一级做给一级看、一级带着一级干，以自己的身端影正为身边人作出身先士卒的示范效应，不断提升公信力、凝聚向心力。

8. 识人育人用人不仅是基本能力，更是一份重要责任。“治天下惟以用人为本”；“用人之要，莫先于识人”。毛泽东曾反复强调，“政治路线确定之后，干部就是决定的因素”。他还提到：“领导者的责任，归结起来，主要地是出主意、用干部两件事。”能不能知事识人、辨才识德，能不能精心育苗、悉心培养，能不能知人善任、科学用人，不仅检验领导干部的能力水平，更事关党和人民事业兴衰成败。领导干部必须敢为伯乐、乐为伯乐、善为伯乐，不断提高识人育人用人的能力水平，切实担负好为党选贤任能的重要职责。

9. 既能“兼听”又要“能容”，拥有兼容并包的蓄力。兼听则明，偏信则暗。历史上，唐太宗兼听、善听创“贞观之治”流芳百世，楚霸王不纳逆言尝“别姬之悲”警戒世人。做人做事，既要能做到“兼听”，更要有容言容人容物的胸怀。无论是逆耳忠言，还是持平之论，都是原汁原味的真话，往往能为科学决策提供重要依据。如果不善于充分听取各方意见，就容易偏信一面之词；而如果听了各方意见，却没有包容的心胸，往往比不听还坏。领导干部要容得下批评之声，听得进逆耳之言，始终保持海纳百川的心胸，充分集聚各方智慧，减少工作盲目性。

10. 慎“好”慎“独”慎“微”，具有心如止水的定力。明朝文学家方孝孺说：“人之持身立事，常成于慎，而败于纵。”谨慎能捕千秋蝉，小心驶得万年船。能不能严格管理自己的爱好，使之陶冶身心而不被人利用；能不能在人前人后、台上台下一个样，日三省吾身而不随波逐流；能不能一点一滴、一言一行不放松，最讲认真而不得过且过，反映一个人自律的程度，决定人生的高度。而做到这一切，关键在于要有“宠辱不惊，看庭前花开花落；去留无意，望天上云卷云舒”的境界，要有心如止水、静若安澜的定力，始终做到“心不动于微利之诱，目不眩于五色之惑”。

11. 奖以励先进，惩以策后进，拥有赏罚分明的腕力。严管厚爱结合、激励约束并重，不断激发干部干事创业的活力，是我们党干部管理的一贯方针。只有让吃苦者有甜头、懒惰者吃苦头，优秀者上得去、平庸者下得来，才能让先进者鼓足干劲，让后进者看到差距，释放出最大的激励效果。古人有云：“功必赏，过必罚。”做领导工作，要善于区分功过是非，做到赏罚分明，让干与不干不一样，干多干少不一样，干好干坏不一样，真正用奖惩的指挥棒激励人、鞭策人、凝聚起干事创业的强大合力。

12. 内心世界，既能柔情似水也要阳刚不阿。“凡为将者，当以刚柔相济，不可徒恃其勇。”对于领兵打仗，刚中有柔、刚柔并济是一种很好的克敌之法。一个地方、一个单位，人员众多、性格迥异，一味地宽厚仁慈，就会难以约束，不能形成战斗力；如果对人太过严苛，就会毫无生气，让人战战兢兢，就没有亲和力。过刚易折，过柔则靡。刚柔并济才可以更好地驾驭工作局面。领导干部要准确把握刚与柔的辩证关系，刚而不露、不直、不愎，柔而不弱、不娇、不软，既要形成一定的压力，又要使下属不过于紧张。

13. 生命的质量需要阅读来锻铸，人生的境界需要阅读来提升。中华民族自古以来讲究读书修身。治心养性、提升境界，一个直接、有效的方法就是读书。“我爱好挺多，最大的爱好是读书，读书已成为我的一种生活方式。”习近平总书记对读书的热爱与痴迷，贯穿了他的人生轨迹。莎士比亚说，“书籍是全世界的营养品”。高尔基说，“读书，这个我们习以为常的平凡过程，实际上是人的心灵和上下古今一切民族的伟大智慧相结合的过程”。阅读是最容易让人的灵魂走向高远的路径，也是获取知识最便捷最有效的方式。一个人不读书，只能感知眼前的那点事，做人往往就浑浑噩噩；一旦读了一些书，思想就会有新变化，做人也透亮了一些；等书读到一定量的时候，人的气质就会转变，境界和格局也大不同于以前，人生的“高峰期”自然就会不期而至。领导干部要牢记阅读不止、知识日长、精神永进，既要读有字之书，也要读无字之书。

14. 自律是解决人生问题最主要的工具，也是消除人生痛苦最重要的方法。“自觉自律是人向上向善的内在动力”，一切优秀的背后往往是苦行僧般的自律。习近平总书记多次强调领导干部要“严格自律”，自律其身、自律其位、自律其权、自律其行。《国语》有云：“从善如登，从恶如崩。”自律的人，追求美好的过程，即使道路是曲折的，内心也是充实的、前途也是光明的，一切问题或艰难终将在自律的过程中被破解，我们也终将在自律的过程中收获理想、价值和快乐。可以说，正是艰苦的自律，成就了人的优秀；也正是自律得艰苦，使优秀更具夺目的光芒。领导干部一定要把自律形成习惯，养成自觉。

15. 玩物丧志，贪欲败身；欲望过多就会相应地缺少智慧与灵性。天下大福，莫大于无贪欲；天下大祸，莫大于欲无底。领导干部也是普通人，也有自己正当合理的欲望。但是如果沉溺于外界享乐，成为欲望的奴隶，就会败坏道德、危害健康、损害事业，内心也难有空间去容纳人生的智慧。人至官位要缚心，“千贪万贪，都是思想先贪”。事实上，领导干部最大的诱惑是自己，最难战胜的敌人也是自己，一定要经常给自己醒醒脑、提提神、敲敲钟，多为群众想、少为自己谋，自觉祛除私心杂念，坚决遏制欲望升腾。

16. 守住亲情关，管好身边人，做到爱家有度、治家有方。堡垒最容易从内部攻破，能不能过好亲情关，特别是家属子女关，对每个领导干部来说都是很现实的考验。习近平总书记指出：“要守住亲情关，严格家教家风，既要自己以身作则，又要对亲属子女看得紧一点、管得勤一点。”家庭是领导干部工作生活、成长进步的“大后方”，既要讲亲情，更要明大义，领导干部必须做到爱家有度、治家有方，管好自己不出事，管好家人不添乱。首先要廉洁修身、清白传家，让廉洁守家成为领导干部的“护身符”、子女成长的“助推器”、家人平安的“保护伞”。一人不廉，全家不圆，正己才能正亲。牢记平安就是对家人最好的回报，良好家风才是留给子女的最大遗产。欲当清官，先理好家事。良好家风是抵御腐败的重要防线。领导干部要善于治家，严肃家规，管好“枕边人”“膝下人”“身边人”，既看好“前厅”，更管好“后院”，从最近身的地方构筑抵御贪腐的防护网，让家人成为“廉内助”、当好廉洁“守门员”。“爱之不以道，适所以害之也。”领导干部对家属子女要爱之有度、教之有方。算清“政治账”“经济账”“名誉账”“亲情账”，划清公与私分界线，吃透严与爱辩证法，不为一己私利和儿女情长所羁绊，不让原则在亲情面前变通、不让底线在亲情面前失守，过好家庭关、亲情关。

同时，铭记生活清简是领导干部应追求和保持的境界，自觉远离奢侈的诱惑，教育子女摒弃“衙内”思想，克服优越感、纨绔气，力戒大手大脚、浪费挥霍，让自己和家人真正成为引领社会风尚、弘扬社会正气的好榜样和导向标。

做一个好干部必须坚持五项“修炼”

围绕培养选拔党和人民需要的好干部，习近平总书记提出了“信念坚定、为民服务、勤政务实、敢于担当、清正廉洁”20字新时代好干部标准。每一名党员干部都应时刻对标对表，持续进行五项“修炼”，努力成长为新时代党和人民需要的好干部。

一、筑牢信念坚定根基，自觉做中国特色社会主义的坚定信仰者和忠实实践者

对马克思主义的信仰，对社会主义和共产主义的信念，是共产党人的政治灵魂，是共产党人经受住任何考验的精神支柱。一些党员干部之所以出现这样那样的问题，追根溯源都是理想信念这个“总开关”出了问题，思想防线失守、价值观念错位、精神家园荒芜，导致政治上变质、经济上贪婪、道德上堕落、生活上腐化，背离了共产党人的初心和使命。理想信念不会随着党龄的积累而自然提高，也不会随着职务的升迁而自然提高，需要终生努力，在长久的实践中锤炼和养成，始终坚定共产主义远大理想，真诚信仰马克思主义，矢志不渝为中国特色社会主义而奋斗，坚持党的基本理论、基本路线、基本纲领、基本经验、基本要求不动摇。

革命理想高于天。志不立，天下无可成之事。为什么我们过去能在

非常困难的情况下奋斗出来，战胜千难万险取得革命胜利呢？就是因为我们有理想，有马克思主义信仰，有共产主义信念。革命战争年代，一代又一代共产党人为了实现革命理想，英勇奋斗、无畏无惧、前仆后继，用鲜血染红了党旗，“砍头不要紧，只要主义真”“敌人只能砍下我们的头颅，决不能动摇我们的信仰”，这些视死如归、大义凛然的铮铮誓言彰显了共产党人坚定的理想信念。进入新时代，伟大复兴的进程也不会一帆风顺，我们党面临的“四大考验”“四种危险”依然长期存在且形势复杂严峻，要战胜诸多前所未有的风险挑战，必须时刻把坚定理想信念作为思想建设的首要任务，铭记于心、见诸行动。

学好马克思主义这个共产党人的必修课。习近平总书记要求，广大干部特别是年轻干部要在真学真懂真信真用马克思主义中坚定理想信念。要养成主动学习马克思主义的习惯，用心读懂、反复琢磨、常学常新，特别是要掌握贯穿其中的立场、观点、方法，深刻认识共产党执政规律、社会主义建设规律、人类社会发展规律，进一步坚定理想信念，筑牢精神家园。要深入思考学、联系实际学，把自己摆进去、把职责摆进去、把工作摆进去，在道理上弄懂、思想上弄通、理论上弄清，做政治上的明白人，着力提高政治素养和解决实际问题的能力。要自觉用习近平新时代中国特色社会主义思想武装头脑、指导实践，在学懂弄通做实上下功夫，筑牢信仰之基、补足精神之钙、把稳思想之舵，持之以恒地改造主观世界，经常对照党章党规党纪，检视自己的理想信念和思想言行。

永葆共产党人对党忠诚的政治本色。坚定理想信念，根本的就是要保持对党绝对忠诚，不断增强“四个意识”、坚定“四个自信”、做到“两个维护”。如果没有对党绝对忠诚作为政治上的“定海神针”，就很可能在各种考验面前摇摆不定、败下阵来。当今世界正经历百年未有之大变局，坚决维护习近平总书记党中央的核心、全党的核心地位，坚决维护党中央权威和集中统一领导，是推进我们党和国家事业，实现中华民族伟大复兴的根本保障。要增强思想自觉、政治自觉、行动自觉，树立崇高的政治理想和政治追求，锤炼对党绝对忠诚的政治品格，严守党的政治纪律和政治规矩，坚决把政治上的“两面人”识别出来、清理出去。要把“两个维护”作为最高政治原则和政治规矩，坚决贯彻执行党中央的决定，落实党中央的方针政策，确保党中央政令畅通，保证党的团结统一，实现党员干部思想步调一致，齐心协力谋复兴。

把理想信念落实到具体工作中。一名党员干部是否具有坚定的理想信念，要看他的实际行动。要自觉把理想信念转化为行动力量，体现到做好本职工作中，带头践行、率先垂范，把践行中国特色社会主义共同理想和坚定共产主义远大理想统一起来，把握正确政治方向，坚持真抓实干、求真务实，勤勤恳恳、一步一个脚印地推进各项工作，在不断的实践和历练之中，保持初心使命，磨砺出坚毅、沉稳的品格，做到以理想信念立身，以实干精神力行。

二、恪守为民服务宗旨，自觉树立正确的人民观、政绩观

密切联系群众，保持与人民群众的血肉联系，是中国共产党立于不败之地的根基。世界上很少有哪个政党能像中国共产党这样，把“为人民服务”庄严地写进党章，把以人民为中心的发展思想贯穿治国理政的各个环节。中国共产党自成立以来，“全心全意为人民服务”的宗旨就贯穿在百余年的党史之中，1939 年 2 月，毛泽东在致张闻天的信中，首次把“为人民服务”作为无产阶级的道德观；1942 年 5 月，毛泽东在延安文艺座谈会上完整地提出为人民服务的命题；1944 年 9 月，毛泽东在张思德的追悼会上，发表了《为人民服务》的著名演讲；党的七大第一次把“全心全意为人民服务”的精神写入党章，后来党章几经修改，“为人民服务”始终是其不变的宗旨，成为我们党始终高扬的一面旗帜。新中国成立后，我国第一部宪法总纲明确规定：“一切国家机关工作人员必须效忠人民民主制度，服从宪法和法律，努力为人民服务。”至此，为人民

服务从对全党的基本要求被进一步推广为全体国家机关工作人员的行为规范、价值追求。

立党为公，共产党没有自己的特殊利益。正如毛泽东所说：“我们一切工作干部，不论职位高低，都是人民的勤务员，我们所做的一切，都是为人民服务。”党和人民让我们走上领导岗位，是一种信任、一种重托，必须始终把“公”字摆在首位、挺在前面，把权力行使的过程作为为人民服务的过程，祛除私心杂念，正确处理好公务和私事、公利与私利的关系，为公与私划上“楚河汉界”，自觉做到不假借公家之名办理私事，不利用公共资源为私事提供便利，坚持严以用权、为民用权，让权力回归公器本质，任何时候都不搞特权、不以权谋私。

中国共产党的力量从何而来，为什么可以得到广大人民的坚定拥护，为什么能够战胜一切困难、无往而不胜？靠的就是始终把人民放在心中最高位置，人民的底色经久不衰，为民的情怀历久弥新，“人民至上”的价值追求体现在国家进步的每一个足迹里。人民是国家的坚实根基，也是我们党执政的最大底气，失去了人民的拥护和支持，党的事业工作就无从谈起。要树立正确的权力观、政绩观，心中装着老百姓，对群众利益想得多、看得重，对个人名利想得透、看得淡，把群众呼声、群众需求作为干事创业的第一信号，把群众满意作为工作的根本目标，千方百计为民服务解难题、尽心尽力为民办实事，始终保持同人民群众的血肉联系。

三、秉持勤政务实作风，真正把全部心思和精力用在干事创业上

勤政务实是对领导干部执政能力的基本要求，是党的实事求是思想路线和中华民族传统美德在干部作风上的真实体现。世界上只有干出来的精彩，没有编出来的辉煌，更没有坐享其成的好事。如果工作不能落实，事业发展不好，民生得不到改善，话说得再漂亮，也只是徒有“唱

功”。中国特色社会主义进入新时代，中国共产党领导全国各族人民实现第一个百年奋斗目标，开启向第二个百年奋斗目标迈进的新征程。广大干部必须对标看齐，不断修炼勤政务实的干事之风，埋头苦干、真抓实干，以实干促发展，以实绩论英雄，促进雄伟蓝图早日实现。

勤不道苦，当干部就要担责任。“勤政”，既表明了为政者的担当和责任，也是人民对为政者的一种要求和期望。官职高一步，责任便大一步，忧勤便增一步。做官一日不勤奋，就会受蒙蔽，就会误事、坏事。一勤天下无难事。在其位就要谋其政。要坚持以勤为先，集全部心思于工作，倾一切才智于事业，勤勤恳恳、任劳任怨，坚决克服“平平安安占位子，忙忙碌碌装样子，疲疲沓沓混日子，年年都是老样子”的庸懒散习气，真正做到工作1分钟，战斗60秒。

空谈误国，大兴求真务实之风。习近平总书记多次强调，要从实际出发谋划事业和工作，使点子、政策、方案符合实际情况、符合客观规律、符合科学精神，不好高骛远；要坚持政贵有恒，树立功成不必在我的思想，一张蓝图干到底，不要搞那些脱离实际、脱离群众、劳民伤财、吃力不讨好的东西；要深入调查研究，增强看问题的眼力、谋事情的脑力、察民情的听力、走基层的脚力。这为我们做好工作提供了科学的思想方法和工作方法。但实际工作中，一些领导干部满足于拍脑袋决策，习惯于按老经验、老办法办事，不是落后于实际就是超前太多，工作效果总不理想。实践反复证明，坚持求真务实，就能兴党兴国；违背求真务实，就会误党误国。要摸清实情，把每一项工作的渊源由来、发展方向、问题症结等思考深、研究透，了解实际、掌握实情，使自己的思想和行动紧贴客观实际。要真抓实干，树立正确的政绩观和事业观，办实事不图虚名，求实效不做虚功，多做打基础利长远的工作，让求真务实在全党全社会蔚然成风。

去伪存真，力戒形式主义官僚主义。勤政务实，既要勤奋又要务实，而不能忙着搞形象工程造政绩，用形式主义应对官僚主义，看似忙忙碌碌，实则劳而无功。形式主义、官僚主义同我们党的性质宗旨和优良作风格格不入，是我们党的大敌、人民的大敌。时下有些干部，不是真勤真实，是在假装勤奋务实。理论学习蜻蜓点水、浅尝辄止，不入脑不入心；调查研究时“出发一车子、开会一屋子、发言念稿子”，搞作秀式盆景式调研；查找问题大而化之、隔靴搔痒、避重就轻、避实就虚；整改落实虎头蛇尾、议而不决，甚至是纸上整改、数字整改、虚假整改。特别是在工作中的形式主义、官僚主义，群众非常反感。反对形式主义、官僚主义，各级领导干部要身体力行，以上率下，形成“头雁效应”，既要带头转变作风，更要带头同形式主义、官僚主义的种种表现进行坚决斗争，铲除滋生形式主义、官僚主义的土壤。

四、弘扬敢于担当精神，努力创造出新业绩、新成果

是否具有担当精神，是否能够忠诚履职、尽心尽责、勇于担责，是检验党员干部先进性和纯洁性的重要方面。习近平总书记指出，敢于担当是共产党人的政治品格，也是我们党对领导干部的一贯要求。干部就要有担当，有多大担当才能干多大事业，尽多大责任才会有多大成就。搞改革、谋发展，比认识更重要的是决心，比方法更关键的是担当。只要各级领导干部心系使命、扛起责任，就没有过不去的坎。做人一世，为官一任，要有肝胆，要有担当精神。不能只想当官不想干事，只想揽权不想担责，只想出彩不想出力。只要是为了党的事业、人民的利益，该做的事顶着压力也要干，该负的责冒着风险也要担，拿出明知山有虎、偏向虎山行的劲头，积极寻找克服困难的具体对策，豁得出来、顶得上去，真正成为带领人民群众战风险、渡难关的主心骨。

提升想担当的政治自觉。沧海横流方显英雄本色。在困难面前，人是要有点精神的，共产党的干部更是要有勇于担当、无私无畏的英雄气概，平常时候看得出来、关键时刻站得出来、危急关头豁得出来。为官

避事平生耻，能否敢于负责、勇于担当，最能看出一个干部的党性和作风。担当是作风问题，更是政治问题。不担当就是不忠诚，就没有政德，就不配当干部。在其位、谋其政、尽其责，天经地义，否则就是虚食重禄、尸位素餐，就是最大的失职。当下，我们已经到了船到中流浪更急、人到半山路更陡的时候，还有许多娄山关、腊子口需要征服，应该说不进则退，慢进也是退，实现第二个百年奋斗目标，唯有以更加强烈的担当精神，勇于涉险滩、破坚冰、攻堡垒、拔城池。有些问题并非无解，关键在于有没有担当。要拎着乌纱帽为民干事，不要捂着乌纱帽为己当官，心系使命、扛起责任，看准了的事情，就要咬定青山不放松，拿出政治勇气来，敢于担当，坚定不移干。

锻造能担当的素质本领。干部干部，干是当头的，既要想干愿干积极干，又要能干会干善于干。真担当要有真本事，没有本事的担当说到底就是花架子。要敢啃最硬的骨头、敢挑最重的担子、善接最烫的山芋，自觉到条件艰苦的基层、国家建设的一线、项目攻关的前沿，经受锻炼，增长才干，在完成急难险重任务中提升处理复杂危机问题的能力。要增强学习新知识、掌握新本领的自觉性和紧迫感，不断掌握新知识、熟悉新领域、开拓新视野，注重培养专业能力、专业精神，自觉补齐本领上的短板、能力上的不足，全面提高领导能力和执政水平。要增强能力不足的危机感，做起而行之的行动者，不做坐而论道的清谈客，当攻坚克难的奋斗者，不当怕见风雨的“泥菩萨”，在摸爬滚打中增长才干，在层层历练中积累经验，增强八种本领，使自己的能力素质跟上时代节拍、与岗位职责相匹配。

营造乐担当的良好氛围。探索就有可能失误，做事就有可能出错，洗碗越多摔碗的概率就会越大。容错纠错的目的是激励干部在遵规守纪的前提下改革创新、担当实干，卸下包袱轻装上阵，让担当者不担心。要坚持“三个区分开来”，宽容在改革中可能出现的失误，保护那些作风正派又敢作敢为、锐意进取的干部，为敢于担当者担当、为敢于负责者负责，让有为者有位、吃苦者吃香、流血流汗者流芳，让敢担当的党员干部释放干事的蓬勃朝气，让负责任的党员干部大步前行。要树立正确的用人导向，在选人用人上体现讲担当、重担当的鲜明导向，把敢不敢扛事、愿不愿做事、能不能干事作为识别干部、评判优劣、奖惩升降的重要标准，把干部干了什么事、干了多少事、干的事组织和群众认不认可作为选拔干部的根本依据，选拔任用敢于负责、勇于担当、善于作为、实绩突出的干部。干部只要负责干事，其他的都交给组织，真正发现敢于担当的干部并使用起来。

五、守住清正廉洁底线，清白为官、干净做事、老实做人

为政清廉才能取信于民，秉公用权才能赢得人心。中央要求领导干部“清正廉洁作表率”，就是要自觉同特权思想和特权现象作斗争，坚决预防和反对腐败，清清白白为官、干干净净做事、老老实实做人。清廉是福，贪欲是祸。当官就不要想发财，想发财就不要当官。清正廉洁是马克思主义政党的内在要求，是中国共产党人与生俱来的价值取向和一以贯之的政治本色。我们党百余年砥砺奋进的进程中，清正廉洁的政治本色在一代代共产党人中生生不息、薪火相传，使我们党在人民群众心中树立起了崇高形象，赢得了人民的信赖、爱戴和拥护。历史和现实都一再表明，始终保持清正廉洁的政治本色，既是我们党战无不胜、攻无不克的制胜法宝，也是共产党人在“不忘初心、牢记使命”的生动实践中不可动摇的基本遵循。

物必先腐而后虫生。诱惑也好，围猎也罢，总归都是外因；洁身自好、严于律己，才是内因，是关键。对于党员干部而言，廉洁自律这根弦永远不能松，否则就会“一次做让步，次次守不住”。堡垒都是从内部攻破的，所有出问题的干部都是自己打倒自己的。必须在工作和生活中自觉做到慎权、慎独、慎微、慎友，把行使职权作为为人民谋利的出发

点和归宿，习惯“日三省吾身”，经常扪心自问，自检自省、自我约束，择善交友，保持清醒头脑，构筑起预防和抵制特权的防护网，炼就共产党人“金刚不坏之身”，避免一失足成千古恨。

身正方能带人，廉洁方能聚人。如果说我们党是一个整体，党员干部就是党的细胞，人民群众总是从党员干部身上看党的形象。党员干部纪律严明、清正廉洁、作风优良，党的组织就有创造力凝聚力战斗力。要坚持公正用权、依法用权、为民用权、廉洁用权，坚持自我净化、自我完善、自我革新、自我提高，同一切影响党的先进性、弱化党的纯洁性的问题作坚决斗争，带头弘扬清正之风，带头守护廉洁之宝，影响和带动广大干部群众团结一心，奋力推进经济社会发展。要认真自觉接受组织和群众的监督，自觉接受班子成员的监督，自觉接受同事的监督，及早发现问题，及时纠正错误，摒弃侥幸心理。要监督好、管理好自己的家人，树立良好的家风，使家风更加清正、和顺。

保持敬畏之心，敬畏权力敬畏法纪敬畏人民。心有所戒，方能行有所止。邓小平曾指出，共产党员“一怕党，二怕群众，三怕民主党派，总是好一些”。这个“怕”，就是敬畏。要敬畏权力、慎用权力，注重小节、防微杜渐，提高辨别是非的能力，经常用反面典型警醒自己，时刻保持清醒头脑，过好自律关，做到立身不忘做人之本、为政不移公仆之心、用权不谋一己之私。要敬畏法纪，抵挡住诱惑，不为钱财所迷惑，始终牢记自己是一名党员干部，时常对照党章党规党纪检视自己，扫去灰尘，保持初心，保持拒腐蚀、永不沾的政治本色。要敬畏人民，始终牢记权力是人民赋予的，只能用来为民办事，不能用来为己谋私，不忘初心、牢记使命，做一个堂堂正正的共产党人。

领导也要学会交朋友

一、朋友是一面镜子

领导干部也有友谊和情感，也需要结交朋友。一个人走上领导岗位之后，交际面会宽一些，朋友也可能会多一些。这样一来，和谁交朋友，交什么样的朋友，就显得非常重要。近些年来，少数领导干部因为“傍大款、交恶友、养小蜜”而导致违法乱纪、“中箭落马”。这固然与其本人各种素质有关，然而这些领导干部交友不慎，不能不说是一个重要原因。

古人云：“近朱者赤，近墨者黑。”交上一个好朋友，就等于多了一面镜子，多了一个参谋，多了一个同伴。成功的时候，可以和朋友共享；疑惑的时候，可以向朋友求教；困难的时候，可以得到朋友帮助。真正的朋友，同声相应，志趣相投，真诚相待。而交上一个坏朋友，就等于雪入墨池，虽融为水，其色愈污。

古人说，“交友须慎，不慎招祸”。对于领导干部来说，尤其如此。孟郊有诗云：“种树须择地，恶土变木根；结交若失人，中道生谤言。”如果你不愿意“中道生谤言”，甚至被坏人拉下水，就得谨慎交友，冷静交友，从善交友，择廉交友。下决心不与“阿谀”者交友，不与来路不明的“大方”者交友，不与“懒散”者交友。

事实上，对于领导干部如何交友，交什么样的朋友，这牵涉许多方面。从表面来看，一些问题的出现，好像是由于领导干部交友不慎而导致腐败问题出现，但有一些却可能是条件环境的变化，自身的思想观念或价值观念发生变化而引起的。如果我们都把自己所发生的问题归结到交友不慎上，这也未免有点太武断，太片面化了。如果是因为自身不注重世界观的改造，自己意志不坚定，或者交友不慎、乱交朋友，那是领导干部自身的问题，应当从领导干部自身找原因。常言道，苍蝇不叮无缝的蛋，讲的也是这么个道理。

古今中外许多择友的故事，至今对我们仍有教育意义。如家喻户晓的“孟母三迁”的故事，讲的就是孟子的母亲为了孩子结交读书的朋友，养成勤奋好学的习惯，曾三次搬家选择邻居；三国时期的管宁，对受到金钱和官禄诱惑的朋友华歆“割席而坐”，宣布绝交；小说《钢铁是怎样炼成的》的主人公保尔和恋人冬妮娅，由于理想和志趣不同，终于分道扬镳。交什么样的朋友，说起来简单，实际上还挺有学问，它折射出一个人的心灵道德观念和情操等方面的是非情趣。

二、什么样的朋友交不得？

如何交友，交什么样的朋友，是需要认真考虑有所选择的。尤其是作为领导干部，在交什么朋友，与什么朋友密切来往上，往往也能够看出其品质的高尚与否来。交友不慎而一失足成千古恨的教训，古往今来不少，但关键的问题还是领导干部从心底里拿什么标准来交朋友，如果怀有一颗全心全意为人民谋利益的心，就会千方百计地去结交广大的人民群众，就会把人民群众当作亲密的朋友，从而得到老百姓的认可和爱戴。如果领导者本身就以金钱和利益为条件作标准，以个人私利来衡量，那么那些歪门邪道的朋友就会踏破领导干部家的门槛，那些个狐朋狗友很快便会聚集在领导干部的身边。

早在 2000 多年前，孔子就提出：“益者三友，损者三友。友直，友谅，友多闻，益矣。友便辟，友善柔，友便佞，损矣。”他主张同正直、诚实、有学问的人交朋友，而对那些善逢迎、两面派、华而不实的人则不能相交。明代学者苏浚把朋友分为“畏友、密友、昵友、贼友”四类，并在《鸡鸣偶记》一书中解释说：“道义相砥，过失相规，畏友也；缓急可共，死生可托，密友也；甘言如饴，游戏征逐，昵友也；利则相攘，患则相倾，贼友也。”拿现在的话说就是，畏友、密友可以知心、交心，互相帮助并患难与共，是交朋友选择的对象。而那些互相吹捧、酒肉不分的昵友，口是心非，当面一套、背后一套，有利则来、无利则去甚至还要在背后踹一脚的贼友，那是无论如何也不能交的。

概言之，交不善不廉之友，会断送一个好干部；一个变坏的干部，又会坑害一方百姓。所以，择善而交，择廉而交，至关重要。

三、交什么样的朋友，识什么样的人

要善交诤者。俗话说：“千金难买是诤言，人生难得是诤友。”正所谓诤言可贵，诤言可敬。领导干部常处矛盾焦点，如果身边没有几个道德纯洁、情操高尚的诤友，就容易成为孤家寡人，容易出错。事实证明，交诤友是事业不断发展的“助推器”，领导干部在开创事业中，如果能有几个高明的诤友相助，就会如虎添翼；交诤友是坚持党性原则的“监视器”，那样耳边就会常有不同的声音，言行就会有人提醒，头脑就会始终清醒，就会避免做一些错事；交诤友是提升个人素质的“倍增器”，如果能交得一些作风正派的人，对于提升自身素养会有帮助。

要善交智者。博览群书、饱学之士能够让领导干部获得不少教益；见闻广博、有识之士能够帮领导干部出谋划策、指点迷津。很明显，如果领导干部身边多一些智谋之士，又能很好地发挥他们的参谋作用，则领导干部的指挥决策定能少走一些弯路，更少一些盲目。

要善交能者。领导干部要多推广能人的创业经验，引导能人带群众致富，帮助百姓致富。能人成功的经验与失败的教训，都是领导干部可

资借鉴的精神财富。

要善交穷者。领导干部切不可嫌贫爱富。有些富朋友其实很势利。他们要结交的，并不是你这个人，而是结交你的职务、权力、地位、影响，吃小亏是为了占大便宜。一旦你失去了权力，他们对你就像用过的一块脏抹布一样扔掉。当年的称兄道弟、两肋插刀之类的慷慨之词，也都罢了。而穷朋友，往往不致如此。多交几个百姓朋友，可倾听民声，了解民情民意，密切干群关系。

交友的问题，对领导干部来说，不是个人的私事，而是政治生活的一个重要原则。有位哲人说过："看一个人的交际圈，就能知道此人的学识、品行和社会声望。"窥一斑而知全豹，领导干部的私交圈也反映了其为人处世和审美价值观。

远离小人

在中国古代伦理评价中，常常将小人与君子相对而言。小人，原意是指受君子支使的非在位者。孔子的学生樊迟曾向他请教农业生产技术，孔子不懂，反而生气地说："小人哉，樊迟也。"这里说的小人，是指樊迟没有远大的政治抱负，只为切身利益及其谋生手段而苦苦奔忙，孔子自然看不上他。后来，小人则转化成一种道德人格的概念，专指那些人格卑下、品质恶劣的人。

见利忘义是小人的一大特征。小人溜须拍马，其拍马是为了骑马。拍马之时装出一副可怜相，一旦得志便猖狂。小人白天是人，夜里是鬼，人鬼交替而行。这可谓"易涨易退山溪水，易反易复小人心"。小人当面口如蜜糖，转脸便是仇人。小人是一个可怜、可恨、可悲、可怕、可鄙、可笑的复合体，是一个不可近、不可靠、不可信的怪胎。

小人的心理特征是"恨人有，笑人无"，即不论他人是兴旺发达，还是穷困潦倒，都可被其视为发泄和攻击的对象。这种人惯用"暗箭"伤人或者说"软刀子"杀人，明着甜言蜜语，暗里造谣中伤，甚至搞人身攻击，令人防不胜防，往往是几毛钱一封匿名信，或者一份小字报，先把你折腾得声名狼藉，看你还有什么心思去办正经事。正所谓"明枪易躲，暗箭难防"。古往今来的政治家无不把"近君子，远小人"作为自己人际交往的要诀而铭刻于心。

反复无常的小人，往往不知自尊、不讲人格、见风使舵、见机行事，凡是利于个人猎取名利的时机，决不放过；上蹿下跳，四处钻营，不把名利弄到手，决不罢休。这种人善于观察人事的变化，见有人较有把握接班、掌权，就狐媚万状、勤套近乎，极尽趋炎附势之能。这种人宁肯把栽培过他、在危难时搭救过他的领导一脚踢开，也要千方百计投靠可能接班的新秀，努力另攀高枝。这种人以个人利益支配自己的行动，常开顺风船。

小人虽小，而其害人败事之能量却很大。小则可以“借刀杀人”，谋害忠良，弄得许多实干之士不得不一边干事业，一边防备小人背后的暗算；大则可以把一个单位、一个地区的水搅浑，可以败坏纲纪、误国害民。因此，对迎合奉承的小人，不警惕、不疏远，往往会遭大祸。据《梁书》记载，朱异由于善于揣摩梁武帝的心理，对梁武帝的指令阿谀奉承，得到梁武帝格外的宠爱和信任，居权要之位达 30 多年。后来，梁武帝招引降敌，以致国家败亡，主要就是由于朱异一味逢迎拍马、任事居权而造成的。

小人常常因为个人的某种利益未得到满足或为追随他人谋利，而对他的恩人以怨报德、忘恩负义。唐朝李德裕在《小人论》一文中，有力地鞭笞了这样的人。他认为，对迎合奉承的小人，疏远他们，就没有什么祸患；对反复无常的小人，不信任他们，就不会有什么过失；只有以怨报德的小人，不能预先防备，他们是小人中最坏的。

小人中还有一族——“可怜人”，或称奴性小人。鲁迅笔下曾刻画了一个奴才，他声泪俱下地向客人诉说自己如何遭主子的虐待，客人听后勃然大怒，要找主子论理，不料这位奴才却大叫：“救命呀，客人要杀主子了！”事后，奴才又殷勤地向主子表白忠心。尽管他又照例地得到一番训诫呵斥，但仍旧自鸣得意，保住了饭碗。鲁迅描写的奴才，正是指这种“可怜人”。奴性小人往往心胸狭窄，又缺乏必要的道义，“卖师傅”则成为其向上爬的得力武器。如果没有切实的考察而滥用同情怜悯之心，结果常常是被对方出卖，落得个里外不是人。

小人就像癌细胞。癌细胞不除，人体的各个健康组织就要受损。小人只图私利，没有远谋，让他们得势，好人就要受气，事业就将被毁。因此，对小人要坚决抨击、抵制、揭露、远离。领导干部需要不断锤炼自己的党性，加强人格修养，立志做正人君子，决不做戚戚小人，使得邪不近身；要下决心远离小人，善于识破小人的伎俩；坚决不任用小人，以避免不必要的麻烦。特别是身处高位的领导干部更要做到“开直臣忠谏之路，杜小人幸进之门”。与此同时，要有自我保护意识，防止陷入小人设置的陷阱和圈套，还要善于运用法律武器来保护自己，捍卫自己的正当权益，以便自己能踏踏实实地工作、从从容容地生活。

党纪笔谈

第六部分

把权力关进制度的笼子里

纪律和规矩

警惕“裸官”外逃

网络世界日新月异，各种新词层出不穷，仅就“裸”字而言，本意为赤身露体，一向为生性含蓄的国人所忌讳，然而在网上也衍生出不少使用频率颇高的新词，如“裸捐”“裸退”等。2008年，又冒出了一个令人惊诧的新词——“裸体为官”（简称“裸官”）！

何谓“裸官”，即指那些配偶、子女以及财产都已转移到国外，自己独自留守国内的领导干部，一旦感觉到风吹草动，有东窗事发前兆，他们便会迅速抽身外逃，溜之大吉。令人忧虑的是，“裸官”并非个别现象，而是一个具有一定数量的群体。“裸官”虽并不能直接等同于腐败证据，但领导干部将自己的家人及财产转移到国外，至少可视为一种腐败的信号，应引起有关部门的高度重视。

“裸体为官”是我们所不赞成的。这种现象的出现，反映了那些时刻准备外逃的官员对党和国家的背叛，其危害是极其严重的。一些“裸官”在腐败行为尚未暴露之前，一方面，在台上教育群众要对党和国家忠诚；另一方面，自己却悄然安排好了退路，随时准备“胜利大逃亡”，与家人“会师”国外。“裸官”一旦外逃势必给国家的政治、经济造成严重损害，同时也损害了党的形象。

外逃“裸官”现象本质上是一些官员理想信念丧失。实践证明，理想和信念是共产党人安身立命之本，任何时候都不能动摇。共产党人的奋斗目标是实现共产主义，在现阶段则是全面建设社会主义现代化国家、实现中华民族伟大复兴。坚定的理想和信念，是共产党人的灵魂，是共产党人前赴后继、奋斗不息的精神支柱和力量源泉。在战争年代，凭着坚定的理想信念，千百万革命者经受了血与火、生与死的考验，迎来了新中国的诞生。在社会主义建设和改革开放新的历史时期，同样凭着坚定的理想信念，广大党员干部经受了执政和改革开放的考验，团结和带领亿万人民群众，取得了社会主义建设的一个又一个辉煌胜利。共产党人一旦丧失理想信念，就会蜕化变质滑向腐败的深渊。那些被查处的腐败分子虽然案情各异，但无一不是从丧失理想信念开始的。

防止“裸官”外逃，必须加强教育，筑牢思想道德防线。要教育广大干部深入、全面、系统地学习马克思列宁主义、毛泽东思想、邓小平理论、“三个代表”重要思想、科学发展观、习近平新时代中国特色社会主义思想，真正理解和掌握人类社会发展的客观规律，坚定共产主义理想信念，使共产主义的理想深深地扎根于自己的脑海里、铭刻在自己的心目中，筑起拒腐防变的思想长堤。牢固树立正确的世界观、人生观、价值观，始终保持理想不变、信念不失、宗旨不忘、传统不丢、本色不改，对党、对国家、对人民、对社会主义无限忠诚。

防止“裸官”外逃，必须按照全面从严治党的要求，切实加强对党员领导干部的管理监督。针对干部容易犯错误、群众反映强烈的问题，要及时制定行为准则和道德规范，完善规章，建立制度，为实施有效的管理监督提供制度保证。特别是要针对已暴露出的干部管理监督上的薄弱点甚至空白点，从机制、管理等方面着手，进一步加大对党员领导干部的监督力度，将监督的关口前移。尤其要坚持和完善领导干部重大事项报告制度，发现问题及时提醒、及时纠正。除了对领导干部工作时间内的表现要监督外，还要强化对领导干部工作时间以外活动的监督管理，努力做到领导干部的权力行使到哪里，监督就跟进到哪里；领导干部活动延伸到哪里，监督就跟进到哪里。

防止“裸官”外逃，关键是要从制度上切断贪官外逃的退路。必须加强对领导干部因公因私出国的管理，包括出国培训及因私出国护照的管理，对领导干部出国实行严格审批制度，对其直系亲属出国留学、定居实行申报备案及公示制度。建立领导干部家庭财产公布制度，领导干部必须定期向社会公布家庭财产及收入情况，及时接受群众监督。同时要加强对党员干部廉政情况的分析，对于群众反映比较大的干部，出国应从严控制。

从严管理监督干部重在日常

加强干部日常管理，贵在经常、重在认真、要在细节。2015 年 1 月，习近平总书记在考察云南时的重要讲话中指出："要深刻吸取白恩培、高严、李嘉廷等严重腐败案件的沉痛教训，坚持思想建党和制度治党，加强组织制度建设和组织日常管理。要严格管理标准、延伸管理链条、落实管理责任，使每个党员、干部都及时纳入组织管理，使党组织对每个党员、干部都做到情况明、问题清、措施实。"我们要深入学习贯彻习近平总书记关于从严管理监督干部的重要指示精神，牢固树立信任不能代替监督，信任是前提、严管就是厚爱的理念，把从严要求、从严管理贯穿干部队伍建设全过程，突出问题导向，抓住"关键少数"，精准科学施策，推动从严管理监督干部进一步走向制度化、规范化、常态化。

把谈心谈话作为强化干部日常管理监督的"基本功"。完善和落实干部谈心谈话制度，把功夫下在平时，经常性、近距离、有原则地接触干部，构建干部思想与诉求表达机制、干部苗头性问题纠正机制，使咬耳扯袖、红脸出汗成为干部日常管理的基本手段。分层分类落实谈话责任，明确谈话内容，加强督促检查，坚持"一对一"谈话和"双向约谈"，做到上级一把手与下级一把手必谈，党政正职与班子成员必谈，各级领导干部经常性地与所联系的班子和干部主动谈、深入谈、有针对性地谈，组织部部长对本级管理的干部应普遍地开展谈心谈话活动。认真落实《关于组织人事部门对领导干部进行提醒、函询和诫勉的实施细则》，对干部苗头性、倾向性问题，及时进行提醒、纠正，有的放矢进行函询和诫勉，使干部切身感受到组织就在身边，监督无处不在、约束无时不有。

把经常性考核作为激发干部干事创业热情的“动力源”。把日常考核与选拔任用、培养教育、管理监督、激励约束、追责问责等有机结合起来，推进干部考核工作常态化。强化平时考核，改进年度考核，根据工作需要开展专项考核，构建年度考核、专项考核、任职考察、换届集中考察配套衔接的考核考察体系。在对干部考核过程中既要以目标为导向，又要以问题为导向，严把政治关、廉洁关，坚决防止“带病提拔”。注重树立在一线考核干部的导向，通过实地调研、民主生活会、述职述责述廉等方式，多渠道、多层次、多侧面深入了解、全面掌握干部的现实表现，在经常性考核中发现问题、分析问题、解决问题。把严格管理干部和热情关心干部结合起来，针对一些干部中存在的“为官不为”问题，健全完善容错纠错机制，最大限度调动广大干部的积极性、主动性、创造性。

把严肃党内政治生活作为党员干部自我监督的“净化器”。从思想教育入手，利用理论中心组学习、教育培训等形式，抓好党章、《关于新形势下党内政治生活的若干准则》、《中国共产党党内监督条例》、《中国共产党纪律处分条例》等党内法规的学习教育，教育引导广大党员干部增强纪律规矩意识，自觉同形形色色违反党内政治生活原则和制度的现象作斗争。严格落实民主生活会、“三会一课”等组织生活制度，认真对照检查，开展批评和自我批评，找准问题、对症下药、抓好整改，切实增强党内政治生活的政治性、时代性、原则性、战斗性，促使每个干部都按照党内政治生活准则和党的各项规定办事。

把完善监督体系作为强化干部管理监督的“制度链”。把“选、育、考、管”等各个环节贯通起来，把事前、事中、事后监督统一起来，把行为管理和思想管理、工作圈管理和社交圈管理统一起来，补齐制度短板，注重配套衔接，形成更加完整的干部监督管理链，从整体上提高监督效果。充分调动各方资源，织密监督之网，将监督途径由组织监督、纪检监督、巡视监督向司法监督、审计监督、舆论监督不断拓展，积极发挥人大、政协以及群众监督的作用，形成上下贯通、纵横交错的监督体系。注重运用信息化手段，加强干部监督信息档案建设，将举报信访信息、党纪政纪处分情况、巡视报告、审计报告、个人有关事项报告、选人用人检查问题线索等整合起来，加强梳理分析和甄别，发挥大数据系统预警功能，提高监督信息运用的科学化水平。

着力打造一支特别能战斗的巡视干部队伍

党章规定，“党的中央和省、自治区、直辖市委员会实行巡视制度”。巡视是党章赋予的重要职责，是加强党的建设的重要举措，是全面从严治党、维护党纪的重要手段，是加强党内监督的重要形式。我们党的巡视工作，从1922年党的二大首次确立党的特派员制度以后，就伴随我们党一路走来，无论是革命战争年代，还是从新中国成立到改革开放年代，在发展壮大党组织和党员队伍、推动重大方针政策落实、解决党内自身突出问题等方面都发挥了重要作用。特别是党的十八大以来，中央颁布《中国共产党巡视工作条例》，党的十八届六中全会审议通过《中国共产党党内监督条例》，2023年新修订《中国共产党纪律处分条例》，进一步推进了巡视工作制度化、规范化，巡视工作聚焦党风廉政建设和反腐败斗争，在力度和强度上空前强化，实现了“全覆盖”，查处的违法违纪案件很多是巡视发现的线索，巡视成为党内监督的重要方式，成为推进全面从严治党的一把“利剑”。巡视取得的这些成绩，关键在于以习近平同志为核心的党中央推进全面从严治党的坚定决心和对巡视工作的坚强领导，也取决于广大巡视干部自身过硬、特别能战斗。全面从严治党永远在路上，巡视工作不是权宜之计，是严格党内监督必须长期坚持的重要方法和手段，巡视工作只能加强、不能削弱。所以，巡视干部一定要提高政治站位，提升专业素养，认真履职尽责，努力成为一支让党放心、人民信赖、忠诚干净担当的过硬队伍。

第一，锤炼对党绝对忠诚的政治品格

对党绝对忠诚是好干部的首要品质，是对党员干部的基本要求。党的十八大以来，以习近平同志为核心的党中央，以清醒坚定的政治力掌控大局方向，以现代科学的治国理政思想引领国家发展，以持续不断的变革创新激活内生动力，以天下为公的博大情怀凝聚力量，统筹推进"五位一体"总体布局和协调推进"四个全面"战略布局，使伟大斗争取得了新胜利、伟大工程取得了新成效、伟大事业取得了新进展。这样的党中央是值得全国人民拥护的党中央，是值得全体党员干部绝对忠诚的党中央。巡视部门是政治机关，巡视工作是政治工作，必须把讲政治作为第一要求。巡视干部要把对党忠诚作为一种深入骨髓的基因，这样才能让党放心。对党忠诚不忠诚，直接体现在是否牢固树立"四个意识"，能不能以强烈的责任感、使命感，把巡视工作任务牢牢扛在肩上、紧紧抓在手上。

对党忠诚是持之以恒的忠诚。锤炼对党忠诚的政治品格，就要加强党性锻炼，加强马克思主义理论修养，加强党员意识的培养，坚定正确的理想信念，强化共产党员的宗旨意识，强化科学文化修养等，在改造客观世界中自觉运用党性规范自己的行为，克服和抵制各种错误思想，改造主观世界，不断开创实践和认识的新境界。首要的是坚定理想信念。党的奋斗史表明，共产党员坚定的理想信念是党的事业不断成功并兴旺发达的强大动力和根本保证，是加强党性锻炼的"压舱石"。习近平总书记把理想信念比作共产党人精神上的"钙"，理想信念不坚定，就会"缺钙"，就会得"软骨病"；在党的十八届六中全会上习近平总书记进一步强调，党内政治生活出现这样那样的问题，根子还是一些党员干部理想信念这个"压舱石"发生了动摇，世界观、人生观、价值观这个"总开关"出现了松动。在二十届中央纪委二次全会上，习近平总书记强调，

我们必须坚守奠基创业的初心，坚守党的理想信念宗旨。就巡视干部而言，党性强不强直接影响工作底气，关系到能不能坚持原则，能不能向问题精准“开刀”。关键是要开展严肃认真的党内政治生活。列宁说过，无产阶级政党不是一个简单的组合体，而是一个“按照民主集中制原则建立起来的有组织的部队”。开展严肃认真的党内政治生活，是我们党作为马克思主义政党区别于其他政党的重要特征，是我们党的光荣传统。1927年，毛泽东通过“三湾改编”把“支部建在连上”，使革命有了中心力量，使红军历经艰难奋战而不溃散。现在，每一个巡视组都建立了党支部，巡视组的干部，要很自觉、很严肃地参加组织生活会，把组织生活会作为自我教育、自我管理、自我改造，增强党性修养的内在要求和必要途径，认真开展批评和自我批评，深刻剖析自身存在的问题，切实提高自我净化、自我完善、自我革新、自我提高的能力。

第二，严守纪律规矩的底线

打铁必须自身硬。正人先正己，监督者更要接受监督。有的巡视干部认为，进了巡视组，就是进了“保险箱”“避风港”，有了“护身符”，法规纪律的“刀口”就不会朝向自己。有这个想法是很危险的。有的巡视干部管不住嘴、收不住手，来者不拒。更有甚者打着巡视的旗号办私事，借巡视之机谋取私利。“吃人嘴短，拿人手软”，千万不要往别人布下的“地雷阵”里钻。在实际工作中，巡视组一入驻某个单位，就会被很多人盯上，打探消息的，反映情况的，甚至套近乎、交感情的，什么情况都有，存在被“围猎”的风险。所以，一定要慎之又慎，“台风的中心是平静的”，自己不打倒自己，谁也打不倒你。

信任不能代替监督，巡视干部作为监督别人的人，更要把党的纪律和规矩挺在前面，严格遵守政治纪律、组织纪律、廉洁纪律、群众纪律、工作纪律、生活纪律。这些纪律中，特别要严守政治纪律。政治纪律是最根本、最重要的纪律，遵守党的政治纪律是遵守党的全部纪律的基础。遵守党的政治纪律和政治规矩，最核心的是坚持党的领导，任何时候都要保持头脑清醒、站稳立场、保持定力，把政治纪律和政治规矩挺在前面，坚决维护党中央的集中统一领导。决不能口无遮拦，说三道四，口大气粗、自以为是、高高在上、盛气凌人。特别要严守廉洁纪律。在干部群众看来，巡视干部是作风过硬的表率、廉洁自律的模范、刚正不阿的代表。如果在巡视干部中发生了腐败问题，对党的形象和威信杀伤力更大。“举头三尺有神明”，“若要人不知，除非己莫为”。东汉刺史杨震路过昌邑时，王密送上十斤黄金，并告诉“晚上没有人知道”，但杨震生气地说：“天知、神知，我知、子知，何谓无知？”这也是巡视干部要有的节操气度。大家一定要牢记：“天上不会掉馅饼，地上到处是陷阱”，“手莫伸，伸手必被捉”。一定要严格遵守《中国共产党廉洁自律准则》《中国共产党纪律处分条例》《中国共产党巡视工作条例》的纪律要求，用更高的标准、更严的要求约束自己、规范自己，从拒绝一份礼品、一顿宴请、一个红包做起，净化自己的生活圈、朋友圈、社交圈，真正做到挡得住诱惑、耐得住寂寞、经得起考验，崇廉拒腐，清白做人，干净做事，努力做一个高尚的人、纯粹的人、有益于人民的人。

第三，保持敢于担当的精神品质

敢不敢担当，不仅直接关系到巡视工作的质量水平，还关系党的形象，关系人心向背，关系事业成败。巡视干部是我们党的诊断器，是“X光机”“望远镜”，是“千里眼”“顺风耳”“侦察兵”。巡视干部就要敢于当“包公”、唱“黑脸”，“米缸里挑虫子”，一定要敢于担当。

敢于担当，就要敢于坚持原则、敢于亮剑，敢于同歪风邪气作坚决斗争。要敢于向问题亮剑，紧扣政治标准和政治偏差，深入查找被巡视单位党的组织和党的领导干部尊崇党章、党的领导、党的建设和党的路线方针政策落实情况、加强党风廉政建设情况，着力发现解决党的领导弱化、党的建设缺失、全面从严治党不力，党的观念淡漠、组织涣散、纪律松弛，管党治党宽松软等问题。当然，我们不能搞“欲加之罪、何患无辞”的那一套，一定要客观公正、公道正派。要敢于坚持原则，依法依规依纪办事，把个人关系和社会干扰置于脑后，不怕得罪人，面对矛盾和问题，不绕过，不躲闪，敢于较真，把使命责任扛在肩上。有的巡视干部存在“怕”的心理，谈话轻描淡写，有的甚至把巡视当作自己拓展人脉、建立私人感情的机会，这是不敢担当、思想不纯、律己不严的表现。要敢于紧盯重点难点，也就是要善于抓住重点人、重点事、重点问题，比如，紧盯经济活动多、专项经费多、人财物集中及群众反映多的部门、处室，紧盯与群众利益密切相关的地方和单位领导班子，特别是主要负责人等，什么关键就抓什么，什么是重点就盯什么。要敢于一抓到底，敢盯关键人，敢盯关键事，敢啃“硬骨头”，以钉钉子精神一抓到底，敢于动真碰硬，发现了苗头就要有“九头牛也拉不回”的较真劲，不管问题有多大，有多复杂，只要露头，就敢于穷追猛打，不辨出个真伪绝不松手。

第四，培养精良的专业素养

《中国共产党巡视工作条例》明确规定，对应当发现的重要问题没有发现，视情节轻重，依据有关规定给予批评教育、责令检查、诫勉、组织处理或者党纪、政务处分；构成犯罪的，依法追究刑事责任。这就要求巡视干部业务能力必须过硬，要提高专业素养。专业素养是专业知识、专业能力、专业作风、专业精神的统一。巡视干部的专业素养最终体现在能不能发现问题，这也是巡视干部的思想政治水平、政策理论水平、实际工作能力的体现。巡视中很多问题潜藏隐蔽很深，如果思想政治水平、政策理论水平达不到一定程度，就没有了“尺子”，失去了标准；如果知识面不够广，谈话就问不到点上，不能把问题发现出来、挖掘出来，很容易被“障眼法”蒙蔽。特别是当前巡视工作重点转到政治巡视上来，政治巡视是政治体检，重点查找的是政治标准、政治偏差方面的问题，要求巡视干部具备更强的政治警觉性和政治鉴别力。

随着全面从严治党向纵深推进，巡视任务不断增多、内容不断拓展，巡视对象对我们专业能力的挑战越来越突出。很多时候，巡视组与被巡视单位是一种“博弈关系”，也有人比喻为“猫和老鼠”“猎人和猎物”的关系，这些都说明巡视工作应对的挑战和考验在不断增大。所以，巡视干部要认清自己的短板，自觉主动地补齐自己的短板。要提高单兵作战能力。巡视谈话期间，有的单位有四五百人，而巡视组只有几个、十几个人，如果不能单兵作战，覆盖面就会很小，发现问题的渠道就窄了许多。所以，对于巡视干部来说，提升个人实践能力，增强单兵作战能力很重要，也很紧迫。要提高发现问题的能力。树立问题导向，把有没有问题、是什么问题作为巡视工作的重要目标，敢于大胆假设，慎于小心求证；善于抓住问题本质，运用“大数据”思维，搜集处理来自纪检监察、组织、审计等部门的大量信息，将不同来源、不同部门的信息交叉印证，相互比对，去粗取精，去伪存真；善于“解剖麻雀”，透过现象看本质，分析问题的根源，注重研究个性与共性的关系，见微知著。要善于优化工作方法。发扬党的优良作风，坚持走群众路线。有时领导干部是不会主动交代问题的，大多数问题线索是一般干部和群众提供的。巡视干部要深入群众，善听群众语言，乐于跟一般干部群众打交道，打消他们的顾虑，这样才能听到真话实话。要练就调查研究的基本功，掌握调查研究工作方法、技巧，避免摸不着头脑，辨不清方向。要提高工作的机动性，善于开展机动式专项巡视，因人而变，因事而变，更加机动灵活，这样才能找准问题，更有针对性。

第五，提高知大局晓大势的能力

不管从事什么工作，首先要弄清楚这个机构为什么存在、工作职能是什么，把工作规律、特点研究深、研究透。还要善于站在高于自己所处位置的一两个层次，来思考、谋划、推进所从事的工作，把与所从事工作相关联的已经存在的形态、状态和尚未出现、将要出现的事情分析研究透彻。这是一名干部，特别是领导干部非常重要的能力，看一个干部有没有真本事、真功夫，这一点很重要，也是把工作干出彩最重要的能力。做不到这一点，就算不上一名优秀的干部。

巡视干部要知晓大局大势，就要强化学习钻研，提高认清形势、把握形势的能力。不能凭经验、照习惯办事。经验是好东西，但如果过分依赖经验，不结合变化的形势、出现的新情况，工作就会陷入被动，更做不到对自己的“一亩三分地”精耕细作。要知晓服务的中心、大局是什么。要站在党委的角度，搞清党委在思考什么、在干什么、需要我们做什么。也要知道中央、中央纪委、中央巡视办指示要求是什么、主要在做什么、招法招式是什么。不然，不仅自己的视野、思路、办法会受到局限，还容易出现工作上的偏差。“做事不由东，累死也无功。”如果自作主张，另搞一套，工作就没有什么意义，还可能带来损害。要认识到巡视工作永远在路上。全面从严治党、作风建设、反腐败斗争永远在路上。随着全面从严治党向纵深推进，巡视工作作为党内监督体系的重要组成部分和有力举措，肩负的政治责任会更加聚焦，标准要求会更严更实，工作任务会更加系统，工作机制会更加科学。要紧扣巡视工作的重心。随着形势环境的变化，不同时期、不同阶段，巡视工作的重点任务在不断调整、不断变化。比如，当前的重点是政治巡视，查找重点是政治上存在的偏差。此举意味着巡视不仅要查找领导干部的腐败问题，更要查找其政治问题，决不允许领导干部与党中央步调不一致，与中心任务相偏离。

第六，养成学习研究的自觉习惯

任何工作要干出彩，都得在学习研究中推进。工作的过程就是发现问题、解决问题的过程。巡视干部是否具备学习研究能力，直接关系到查找、发现问题的能力。当前，巡视工作正朝着政治巡视聚焦发力，正朝着更严更实的方向迈进，如果不重视学习、不重视研究，要想把工作干出彩是很难的。所以，巡视干部要把学习放在第一位，把在研究状态下工作作为一种习惯。

要把学习作为一种常态。现在是知识本位、能力本位的时代，知识就是能力。据统计，最近50年的书籍及信息总量比过去3000年的总和还要多，知识更新的周期从过去的100年、50年、20年缩短到5年、3年。美国未来学家托夫勒说过，“未来的文盲，不再是不识字的人，而是没有学会学习的人”。就是说，不学习就是庸俗的开始。所以，巡视干部要把重视学习、重视研究作为一种责任、一种精神追求、一种生活方式。巡视干部学什么？要学好党章党规，掌握开展巡视工作的遵循和“尺子”，把握巡视工作定位、问题界定、性质明确等，增强工作的底气；要深入学习习近平新时代中国特色社会主义思想，掌握巡视工作的思想武器和行动指南，深刻把握党要管党、全面从严治党的深刻内涵，确保思路清、方向明；要学习巡视工作业务知识，掌握发现问题的方法技巧，提高发现问题的能力，更好地抓住问题的本质，努力拓宽知识面、优化知识结构、完善知识体系。不管是哲学、历史、文学，还是经济、科技、法律、领导科学等，都要主动学习、广泛涉猎。同时，还要积极主动地向实践学习、向群众学习。有个“127”的法则叫领导学原理，即10%是书本上学的，20%

是跟着别人学的，70% 是自己实践磨炼出来的。实践磨炼，就要善于取人之长、补己之短，使自己的沟通协调、应对复杂局面、解决问题、文字综合等能力得到提高。要坚持在研究状态下工作。巡视工作要求越来越严，如果不去深入研究，就把握不住工作的特点和规律。特别是政治巡视，查找的是政治偏差，发现起来难度更大。所以，巡视干部要学习研究、重视研究、善于研究，把研究作为一种工作理念、工作方法，深入研究巡视工作的过去和现在、本质特征、深层次矛盾等问题，在研究中改进工作方式方法，在研究中深化认识，在研究中找寻规律。

第七，加强道德品质的自我修养

以德立身是中华民族传统文化的重要组成部分。不论是在革命战争年代还是和平建设年代，德才兼备、以德为先始终是我们党的干部路线。发现领导干部道德品质方面的问题，是巡视工作的重要内容。巡视干部作为监督干部的干部，人品素质更要过硬，人格修养更要好，示范作用更要强。

很多干部出问题，不是出在“才”上，而是出在“德”上。巡视干部要坚持以德修身，加强中华民族优秀传统文化的自我教育、自我塑造，加强政治道德、思想道德、职业道德建设，常修为政之德，不断提高道德水平、陶冶道德情操，做一个讲道德、有操守的人。要坚持以德用权，增强宗旨意识、服务意识和组织观念、纪律观念，遵守党的纪律规矩不动摇，执行党的纪律规矩不走样；常怀敬畏之心，敬畏权力、敬畏法纪、敬畏人民，时刻警醒自己，慎权、慎独、慎微、慎友，如履薄冰、如临深渊，做到为政不移公仆之心、用权不谋一己之利，刚正不阿、公道正派。要坚持以德律己，加强道德自律，坚守道德底线，自重、自省、自尊、自爱，常思贪欲之害、常怀律己之心，以高尚的精神追求抵御腐朽思想和灯红酒绿的侵蚀，一尘不染、一身正气，堂堂正正做人、老老实实干事、清清白白为官，永葆共产党人的政治本色，以严防“灯下黑”的实际行动确保巡视干部队伍的先进与纯洁。

图书在版编目（CIP）数据

党纪笔谈：严明党的纪律和规矩 / 晓山著 .— 北京：东方出版社，2024. 8.
ISBN 978-7-5207-4012-8

Ⅰ . D262.6

中国国家版本馆 CIP 数据核字第 20247B1Q98 号

党纪笔谈：严明党的纪律和规矩
（DANGJI BITAN：YANMING DANG DE JILÜ HE GUIJU）

作　　者：晓　山
责任编辑：张永生
责任审校：金学勇
出　　版：东方出版社
发　　行：人民东方出版传媒有限公司
地　　址：北京市东城区朝阳门内大街 166 号
邮　　编：100010
印　　刷：三河市龙大印装有限公司
版　　次：2024 年 8 月第 1 版
印　　次：2024 年 8 月北京第 1 次印刷
开　　本：710 毫米 ×1000 毫米　1/16
印　　张：18
字　　数：240 千字
书　　号：ISBN 978-7-5207-4012-8
定　　价：68.00 元
发行电话：（010）85924663　85924644　85924641

如有印装质量问题，我社负责调换，请拨打电话：（010）85924725